ちくま学芸文庫

MiND《マインド》

心の哲学

ジョン・R・サール

山本貴光 吉川浩満 訳

JN259352

筑摩書房

MIND : A BRIEF INTRODUCTION
by
John R. Searle

Copyright © 2004 Oxford University Press, Inc.

Mind : A Brief Introduction was originally published in English in 2004.
This translation is published by arrangement with Oxford University Press.
Chikumashobo Ltd. is solely responsible for this translation
from the original work and Oxford University Press shall have
no liability for any errors, omissions or inaccuracies or ambiguities
in such translation or for any losses caused by reliance thereon.

目次

ダグマーに

謝辞

　本書の内容のほとんどはバークレーでの講義によるものだ。熱心に聴講し、しばしば疑義を呈してくれた学生たちに感謝する。なかでも、ファ（リンダ）・ディンとナディア・テイラーの二人は、手稿の全体に目を通したうえで有益なコメントを寄せてくれた。電子テキストの準備には、マリア・フランシスカ・レインズとジェシカ・サミュエルズ、ジン・フォン・ウィリアムズ・インの協力を得た。ジャネット・ブロートン、ジョゼフ・ムーラル、アクセル・シーマン、マルガ・ヴェガからは哲学的に重要な助言をいただいた。また、オックスフォード大学出版局の二人の読者、デイヴィッド・チャーマーズと匿名氏からは、たくさんのありがたいコメントを。私の研究助手であるジェニファー・ハディンには、初期の発想段階から仕上げの索引作成まで隅々にわたって手伝ってもらった。とりわけ、たえまない助言と支えを与えてくれた、わが妻ダグマー・サールには最大の感謝を。本書を彼女に捧げる。

MiND《マインド》

心の哲学

凡例

一、傍点は原文のイタリックを示す。

一、〔 〕は訳者による補足を示す。

一、原註ならびに訳註はそれぞれ巻末にまとめた。原註については本文中で＊とともに番号を示し、訳註については番号を（ ）で括った。

はじめに——この本を書いたわけ

心の哲学にかんする最新の入門書はごまんとある。程度の差こそあれ、現代の主要な見解や議論を日配せよく概観したものもある。たいへん明晰、厳密、知的で、学識にあふれた書物もいくらかある。では、こんなふうに供給がだぶついている状況で、さらに一冊を加えるとはどういうつもりなのか？　もちろん、あるテーマを熱心に探求している哲学者が、同じテーマについて他人が書いた本で完全に満足するなどということは、およそありそうもない。思うに、この点で私はいかにも哲学者だ。しかし、自分なりの異論を提示したいというありふれた欲求だけでなく、心の哲学にかんする概括的な入門書を書いておきたいという重大なわけもある。これまでに読んだ本のほとんどは、心の現象のなかでもとりわけ意識について、旧態依然とした共通の用語の一式を伝統的な哲学から受け継いでいる。また、意識やその他の心の現象がどのようにして互いに、そして外界に関与しているかについての諸前提もまた受け入れている。これらの用語一式と、それがまるで重たいお荷物のように運んでくる諸前提が疑問視されることもなく議論が進められているのだ。さまざまな立場があるものの、どれも誤った一連の前提のうえに成り立っている。その結果はどうかといえば、よく知られている理論、しかも影響力のある理論が、そもそも全部誤っているという点で、心の哲学は、哲学のなかでも類を見ないテーマである。ここで誤った理論というのは、呼び名のなかに「主義（イズム）」という言葉を含むものを指している。私が念頭においているのは、二元主義——性質二元主義と実体二元主義——、唯物主義、物理主義、計算主義、機能主義、行動主義、随伴現象主義、認知主義、消去主義、汎心主義、二重相貌理論《デュアル・アスペクト・セオリー》[1]、創発主義等々、標準的な理論として認知されているものだ。これらの理論の多く——とりわけ二元論と唯物論——は、心の哲学というテーマ全体を理にかなったものにするために、なにがしかの真実を述べようと努力している。だが私の目的の一つは、そうした誤った理論へ向かおうとするやみがたい欲求から真実を救い出すことにある。私はこれまでにも他の書物、とくに『ディスカバー・マインド！』[*1]においてこの課題をいくらかこなそうとしてきた。だが、本書こそが、心の哲学というテーマ全体への包括的な入門書の試みである。

さて、先に述べた誤った諸前提とは正確にはどのようなものか？　なぜそれらは誤っているのか？　いまはまだそれを伝えることはできない。予備的な作業を抜きにして、てっとりばやく要約することが許されないからだ。本書の前半は、大部分がそれら諸前提の列挙と克服にあてられる。なぜ要約しがたいのかといえば、心の現象を記述するための偏りのない語彙が不足しているからだ。そこで、あなたの経験に訴えるところからはじめなければならない。いまあなたはテーブルに向かって今日の政治情勢について考えているとする。たとえばワシントンやロンドン、パリで起こりつつあることについて。そして本書に注意を向けて、このページまで読み進めたとしよう。ここで、先に述べた誤った諸前提についての要領を得てもらうために、右手で左の前腕をつねってみてほしい。そしてそれは自分で意図して行ったのだと想定してみよう。ここでは、あなたの意志が右手で左腕をつねる動作の原因になったと考えられる。あなたは軽い痛みを感じるだろう。この痛みにはおよそ次のようなはっきりした特徴がある。その痛みは意識のうえで経験されるかぎりにおいて存在する。したがって、それはある意味でまったく「主観的」であって「客観的」ではない。さらに、その痛みには質的な感じがともなっている。意識のうえの痛みは、少なくとも主観性と質感という二つの特徴を備えている。

こうした考察は退屈かもしれない。しかし悪気のないことはわかっていただきたい。これまで、あなたは三種類の意識体験をしてきた。つまり、なにかについて考えること、意図的になにかをすること、そして、ある感覚をもつこと。なにか問題があるだろうか？では、今度はまわりにあるイス、テーブル、家、木といったいろいろな物を眺めてみよう。これらの物はどんな意味であれ「主観的」とはいえない。これらは、だれかに経験されるかどうかにまったく関係なくそこにある。さらに言えば、それらがもっぱら物理学が説明するような粒子からできていることや、物理的な粒子があることや、そうした物質がテーブルを構成していることには質感がともなわないのを、私たちは個別に知っている。そうした物は世界の構成要素であって、人間の経験とは関係なく存在している。このように、私たちの経験と、経験とは独立に存在する世界を単純に対照させると、一つの特徴がもたらされる。それを哲学的な伝統に根ざした語彙でごく自然に言いあらわすとしたらつぎのようになる。つまり、一方には心的なものがあり、他方には物理的もしくは物質的なものがある、と。(2)ここでは、心的なものはあくまで心的であって物理的ではない。また、物理的なものはあくまで物理的であって心的ではない。多くの問題を導いているのは、このような簡単な事態である。無害に見える先ほどの三つの例は、三つの最悪の問題を例示している。痛みのような意識経験が、いったいどうやって物理的な粒子からできている世界のなかに存在できるのか？　また、脳内にあるとされる物理的な粒子が、いったいどうやって心的な経験を引き起こせるのか？（これがいわゆる「心身問題」である）。だが、たとえこの問題の答えを得たとしても、依然として困難を乗り越えたことにはならない。というのも、そのさいの問題は明らかに、「主観的で、実体がなく、物質的ではない意識という心的状態が、いったいどのようにして物理的な世界においてなにかしらの原因になりうるのだろうか？」ということだからだ。あなたの意志、つまり物質的な世界の一部ではないものが、どうやってあなたの腕を動かす原因になりうるのか？（これがいわゆる「心的因果の問題」である)。最後に、政治について考えたことが三つめの手に負えない問題を惹起する。頭の中にある考えが、どうやって遠方の対象や事態に及んだり注意を向けたりできるのだろうか? たとえばワシントンやロンドン、パリで起こりつつある政治的な出来事に(これがいわゆる「志向性の問題」だ。ここで「志向性」というのは、心が注意を向けたり関心をもつさまをいう)。

ありのままの経験から、私たちは先に見たような説明を得た。そこでは、「心的」「物理的」という哲学の伝統的な語彙に影響されないわけにはいかない。この伝統的な語彙は、心的なものと物理的なものが相互に排除しあうことを当然の前提としている。そうした前提は解決できないさまざまな問題を生み出し、そこから無数の本がつくり出されてきた。心的なものが実在し、それが物理的なものへと還元できないと考えている人びとは、自らを二元論者だとみなそうとする。しかし、他の人びとにとって、物理的なものへと還元できない心的な要素を認めることは、じつのところ科学的な世界観をあきらめることのように思える。だからそうした人びとは心的なものの実在を認めない。彼らは心的なものはすっかり物質的なものに還元できるか、または完全に消去できると考えている。この人たちは自らを唯物論者だと考えたがる。(3) 私に言わせてもらえば、どちらも同じ誤りを犯している。

私はこれらの語彙と前提を克服するつもりだ。また、それをとおして従来の問題を解決もしくは解消したいと思う。しかし、いちどそのようにしおおせたからといって、心の哲学というテーマが終わってしまうわけではない。むしろそれはより興味深いものになるだろう。以上が、この本を書きたいと思った二つめの理由だ。このテーマについての入門書の多くは大きな問題ばかりを扱っている。たいていの議論は心身問題に集中しており、心的因果の問題にはせいぜいいくらかの注意を、志向性の問題についてはさらに小さな関心を向けるだけだ。心の哲学では大きな問題だけが興味深いわけではないと私は思う。大きな問題をとりあえずわきに置けば、より興味深いにもかかわらず軽視されてきた一群の問題に答えることができる。具体的にはどういうことか？

私には次のように思える。必要なことは、意識の詳しい構造と、目下の神経生物学が取り組んでいる研究の意義を調査し考察することだ。本書では一章をまるまるこの問題に向けよう〔第五章〕。志向性の可能性をめぐる哲学的なパズルに答えが出たら、次は人間の志向性が備える実際の構造を調べてみることにする。さらには、いやしくも心の働きを完全に理解したといえるためには、解決しておかなければならない根本的な一連の問題がある。それは一冊の本で論じきれるものではないが、心的因果の実際の働き〔第七章〕、自由意志の問題〔第八章〕、無意識の性質と機能〔第九章〕、知覚の分析〔第一〇章〕、自己という概念〔第一一章〕についてそれぞれ一章ずつ割くことにした。入門書という性格上、詳述はできないが、本書をつうじてこのテーマの豊かな広がりは感じてもらえるだろう。

それは一般に入門書では得がたいものだと思う。

はじめるにあたって、二つの区別があることをしっかりわきまえてほしい。これは今後の議論にとって必須のことだし、それを理解しそこなうと哲学的な大混乱に陥ってしまうからだ。一つめは、世界の性質には、観察者から独立した性質と、観察者に依存する、もしくは観察者に関係している性質がある、という区別だ。人間がなにを考えなにをしようと存在する物事について考えてみよう。力、質量、重力、太陽系、光合成、水素原子といった物事だ。これらはどれも、人間の態度に依存することなく存在しているという意味で、観察者から独立している。他方でその存在が、私たち自身や私たちの態度に依存している物事もいろいろある。お金、財産、政府、フットボール・ゲーム、カクテル・パーティは、その大部分を、私たちがそのことについて考えていることに依拠している。これらはどれも、観察者に関与もしくは依存したものだ。一般的に、自然科学は観察者から独立した事象を扱い、社会科学は観察者に依存する事象を扱う。観察者に依存する事実は意識を備えた行為者によってつくり出されるが、意識を備えたその行為者の心の状態自体は、観察者とは独立した心の状態だ。私の手にある一枚の紙きれは、私や他の人がそれをお金だとみなすかぎりにおいてお金であるにすぎない。お金は観察者に依存している。だが、人びとがそれをお金だとみなしているという事実は、それ自体観察者に依存していない。私や他の人びとがこの紙きれをお金だとみなすことは、人びとについての観察者から独立した事実だ。

次に、心が関係している場面では、オリジナルで本来的な志向性と派生的な志向性とを区別することも重要だ。たとえば、サンノゼへの行き方の情報が私の頭に入っているとする。私はサンノゼへの経路についての真なるあれこれの信念をもっている。私がもっている情報と信念は、オリジナルな志向性もしくは本来的な志向性の例である。他方、私の手元にある地図にもサンノゼへの行き方についての情報が掲載されており、それは街や高速道路その他を指し示し、あるいはそれにかかわり、表象したシンボルと表現を含んでいる。といっても、地図が含む情報、指示、関連性、表象といった志向性は、地図作成者や利用者のオリジナルな志向性から派生してきたものだ。本質的には、地図はインクの染みがついたセルロース繊維のシートにすぎない。地図が備える志向性はどれも、人間に由来するオリジナルな志向性によってもたらされるものだ。

以上の二つの区別があることを心にとめておいてほしい。第一は、観察者から独立した事象と観察者に依存する事象の区別。第二は、オリジナルな志向性と派生的な志向性の区別。この二つの区別は系統的に関連しあっている。というのも派生的な志向性はつねに観察者に依存しているからだ。

第一章　心の哲学が抱える一二の問題

本書の狙いは、読者に心の哲学を手ほどきすることだ。私には三つの目標がある。一つめは、この分野の最も重要で現代的な問題と議論、そして歴史的背景についての理解を読者が得られるようにすること。二つめは、これらの問題への正しいアプローチと私が考えるものを明らかにすること。提出した問題の多くに解答を与えてみたいとも思っている。そして三つめは——これがもっとも重要なのだが——、本書を読み終えた後に読者が自分自身で問題を考えるようになってほしいということ。これら三つの目標を次のように一言であらわすことができる。すなわち、自分自身がこの問題をはじめて考えたときに出会えていたらよかったのにと思える、そんな本を私は書こうとしているのだ、と。本書は、心の哲学こそが現代哲学で最も重要なテーマであり、現在の標準的な見解——二元論、唯物論、行動主義、機能主義、計算主義、消去主義、随伴現象説——はすべて誤っているという確信のもとに書かれている。

心について論じるさいに面倒がないのは、それがなぜ重要であるかの説明を要しないことだ。「発語内行為」とか「量化様相論理」が哲学の重要テーマであるのを理解するには時間がかかる。しかし、心が私たちの生活の中心にあるのはただちにわかる。心の働き――知覚、行動、思考における、また感覚、情緒、反省、記憶、その他すべての特徴における、意識的かつ無意識的な、また自由かつ不自由な心の働き――は、私たちの生の一局面というよりは、ある意味で私たちの人生そのものである。

このような本を書くことにはリスクがともなう。なかでも最悪なのは、実際には理解してもいないのに理解したとか、実際には説明されてもいないのに説明されたとか、実際には解決されてもいないのに問題が解決されたとかいう印象を読者に与えることだ。私はこれらすべてのリスクを痛感している。だから私は、私たちが知っていることと同様に知らないこと――他人の無知だけでなく自分の無知――をも強調していこう。心の哲学はそうしたリスクを冒すに値するほど重要だと私は考えている。歴史的に重要なさまざまないきさつを経て、心の哲学は現代哲学の中心トピックとなった。二〇世紀の大部分においては言語哲学が「第一哲学」(1)であった。哲学の他の分野は言語哲学から派生し、それらの解決も言語哲学の帰結に依存するものとみなされた。しかし、注目の的はいまや言語から心に移った。なぜか？　一つめの理由として、言語哲学に携わる者の大部分が、言語にかかわる問題の多くは心にかんする問題の特殊例だとみなしているという事情がある。人間の言語使用は生物のより根本的な心的能力の表現であり、それが心的能力にどのように根ざしているのかがわかるまでは、言語の機能は完全には理解できないだろう。二つめの理由は、いまや、特定の伝統的な問題を断片的に扱う哲学ではなく、より現実的で、理論的で、建設的な哲学に向けた準備ができているということだ。というのも、知識の発展にともなって、私たちはかつて哲学の中心問題であった知識理論や認識論から遠ざかりつつあるからだ。そのような建設的な哲学のための理想的な出発点は、人間の心の本性についての検討からスタートすることである。言語から心へと関心の中心が移った三つめの理由は、哲学者(私も含めて)の多くにとって、二一世紀初頭の哲学の中心問題は、人間が明らかに意識をもち、心があり、自由で、合理的で、言葉をあやつり、社会的かつ政治的な行為者であることをどのように説明するかということだからだ。この世界は心のない、無意味な、物理的な分子の塊にすぎないと自然科学が教えてくれているにもかかわらず、である。私たちは何者なのか? そして私たち人間は世界とどのように調和しているのか? 人間の生きている現実は世界の現実全体とどのように関係しているのか? つきつめれば次のような疑問に行き着く。つまり、人間であることはなにを意味するのか? これらの疑問に答えるためには、心の議論からはじめなければならない。なぜなら心的現象こそが、私たちと世界をつなぐ架け橋になっているからだ。心の哲学が卓越したテーマである四つめの理由は、「認知科学」の登場による。それは従来の経験的心理学で行われてきたよりも、より深く心の本性に切り込むことを試みる新しい学問分野だ。認知科学は心の哲学による基礎づけを必要としている。哲学の中心が言語から心へと移った五つめの、最後の理由は、異論もあるだろうが、言語哲学が相対的な停滞期にあることだ。現在の言語哲学は、いわゆる外在主義(4)に共通の誤りに陥っている。外在主義は、言葉の意味や心の内容というものは頭の中にあるのではなく、頭の中と外部世界とのあいだの因果関係にかかわるものだと考えている。ここでは詳細な検討を加えないが、このような外在主義の考えが言語の説明に失敗したことで言語哲学は休業状態に陥ってしまった。心の哲学はそのたるみを引き締めたのである。外在主義については第六章でより詳細に検討しよう。

心の哲学には、哲学の他の分野と違う特徴がある。ほとんどの哲学のテーマにおいては、専門家が信じるものと、教育を受けた一般人の見解のあいだに鋭い分裂はない。しかし心の哲学の問題では、一般人が信じるものと専門家が信じるもののあいだに大きなちがいがある。たとえば、今日の西洋世界ではほとんどの人がなんらかのかたちで二元論を受け入れていると思う(5)。人びとは自分が心や魂と身体の両方をもっていると信じている。それどころか、身体、心、魂という三つの要素をもっていると言う人すらいる。しかし、これは明らかに、哲学、心理学、認知科学、神経生物学、人工知能の専門家の見方ではない。専門家たちはほぼ例外なく、なんらかのかたちで唯物論を受け入れている。本書はこうした事情を説明するとともに、それに付随する諸問題の解決に大きな努力を払うつもりだ。

このような次第で、いまや心が哲学の中心トピックであり、他の問題――言葉や意味の本性、社会の本性、知識の本性――はすべて、人間の心の性質という、より一般的な問題の特殊例にすぎないと考えておこう。では、心の吟味をどのようにすすめたらよいだろうか？

I　デカルトが残した災い

哲学では歴史を避けてとおることはできない。ときどき考えるのだが、理想を言えば、私は学生たちに、ある問いにかんする立証された事実だけを伝えて、あとは家に帰すだけにしたい。しかし、そのような歴史を無視したアプローチは、哲学のうわっ面をなでるだけのものになりがちだ。むしろ、これらの問題が歴史的にどのように提起されたか、また先人たちがそれにどのような解答を与えたかを知る必要がある。近代における心の哲学は、実質的にはルネ・デカルト(6)（一五九六―一六五〇）の仕事をもってはじまる。デカルトは、彼が示したような見方を提起した最初の人物ではなかった。しかし、心にかんする彼の見解は、一七世紀以降のいわゆる近代哲学者のなかでもっとも影響力のあるものだった。デカルトの見解の多くは型どおりに解釈され、彼の名前を発音することすらできない人びとによって無批判的に受け入れられている。デカルトのもっとも有名な教義は二元論である。

これは、世界はそれ自体で存在しうる二種類の実体(7)または存在者(8)に分かれているという考えだ。心的な実体と物理的な実体が存在する。デカルトの二元論はしばしば「実体二元論」と呼ばれる。*1

デカルトは、実体はそれを実体たらしめるような、なんらかの本質《エッセンス》や特性をもっていなければならないと考えた（ところで、「実体」とか「本質」とかいうジャーゴンはすべてアリストテレス(9)に由来する）。心の本質は意識である。彼はそれを「思惟」と呼んだ。他方で身体の本質は三次元の物理的空間に広がりをもつことだ。彼はそれを「延長」と呼んだ。心の本質が意識であると言うことによって、デカルトは、私たちが意識をもっていればこその存在であること、そして私たちはつねになんらかの意識的な状態にあり、もし意識的な状態にあることをやめれば、それと同時に存在することもやめるであろうと主張した。たとえば、いまちょうど私の心は本書の第一章を書くことに意識的に集中している。しかしここで書くのをやめて、たとえばディナーを食べはじめたとしても、私はあいかわらずなんらかの意識的な状態にあるだろう。他方で、身体の本質は延長であると言うことによって、デカルトは、身体が空間的な広がりをもっていると主張している。私の前にある机、地球、そして駐車場の車はすべて空間の中に広がっている。デカルトのラテン語の用語では、*res cogitans*〔思惟スルモノ〕と *res extensa*〔延長スルモノ〕が区別される（ところで、Descartes という名前は Des Cartes の短縮形。ラテン語では Cartesius でカードの意味。対応する英語の形容詞は Cartesian だ)。

デカルトの二元論は、科学の領域と宗教の領域を分離しただけでなく、多くの理由から一七世紀において重要だった。当時、科学の新発見は伝統的な宗教をおびやかすように見えた。実際に信仰と理性の明白な対立をめぐって猛烈な論争が起こった。デカルトは、科学者に物質的な世界を与え、神学者に心的な世界を与えることによって、部分的にではあるがこの対立を緩和したのである。心は不滅の魂であり、科学的探究の適切なトピックではないと考えられた。他方で身体も含めた物体は、生物学、物理学[10]、天文学のような科学によって探究可能だと考えられた。彼の考えた哲学は、心と身体の両方を究明できるものだった。

デカルトによれば、それぞれの本質にはさまざまな様態《モード》[11]あるいは変容があり、そうした様態において本質はあらわれる。身体は無限に分割可能である。つまりそれらは原則としてはより小さな部分に無限に分割できる。その意味で、全体としての質料は破壊されえないにもかかわらず、個々の身体は破壊されうる。宇宙における質料の量は一定である。他方で心は分割不可能である。つまりそれらはより小さな部分に分割することができない。したがって、身体が破壊されるようには心は破壊されない。心はそれぞれ不滅の魂である。物理的な存在者としての身体は物理法則に服する。しかし心は自由意志をもつ。人は自己[12]としての自分の心によって同一性を保つ。生きた人間として、私たちは心と身体の両方を含む合成された存在者である。だが「私」という言葉によって指し示される自己は、どういうわけか身体と結びついている。二〇世紀の心の哲学者ギルバート・ライル(13)は、このようなデカルトの見方を「機械の中の幽霊」の教義と呼んで嘲笑した。私たちは機械(身体)に住まう幽霊(心)だというわけだ。*2 私たちは心の存在とその内容を直観的に知っている。これをデカルトは彼の哲学でもっとも有名な文章で要約した。「*Cogito ergo sum*〔コギト・エルゴ・スム〕」(われ思う、ゆえにわれ在り)と。これは前提として「われ思う」を、結論として「われ在り」を備えた形式的な論証に見える。しかし、デカルトはまた心の存在と内容についての一種の内的観察をも示そうとしたのだと思う。人は自分の意識の存在について思い違えることはできない。したがって自分の存在についても思い違えることができない。なぜならそれは意識をもつ(つまり思考する)存在であり、心をもっていることが自分の本質だからだ。心の内容についても思い違えることはできない。たとえば、もし痛みを感じているようであるならば、それは事実痛みを感じているということなのだ。

他方で、身体つまり物体を直接的に知ることはできない。物体の存在と性質は心の内容からの推論によって間接的に知られるにとどまる。目の前の机は直接的に知覚されているわけではない。というより、厳密に言えば、テーブルの意識経験――テーブルの「観念」(14)――が知覚されているだけだ。そしてその観念から、テーブルが存在することが推論される。目の前のテーブルの観念は私が引き起こしたものではない。だからそれはテーブルに

	実体	
	心	身体
本質	思惟（意図）	延長（空間的次元をもつ）
属性	直接的に知られる 自由である 分割不可能 破壊不可能	間接的に知られる 決定されている 分割可能 破壊可能

よって引き起こされたのだと考えなければならない。

心と身体の関係にかんするデカルトの説明は、上の図のように要約できる。それぞれの実体は本質を有することに加えて、一連の変容〔様態〕や属性をもつ。これらは本質がとる特定の形式である。

デカルトの見解は果てしない議論を巻き起こした。彼は解決よりも多くの問題を残したというのが公正な見方だろう。実在は心的なものと物理的なものに分割されている。先ほど要約したこの論点が、たくさんの難問を残した。デカルト自身とその直接の後継者たちをもっとも悩ませた八つの難問を列挙しよう。

1 心身問題

心的なものと物理的なものとはいったいどのように関係しているのだろうか？ とくに、それらのあいだにどのようにして因果関係が成り立つのか？ 完全に異なった二つの形而上学的領域⑮——延長をもつ物質的対象の物理的な領域と、心や魂の心的または霊的な領域――のあいだに因果関係があるなどということは不可能に見える。どのようにして身体の中のなにかが心の中のなにかを引き起こすのか？　どのようにして心の中のなにかが身体の中のなにかを引き起こすのか？　しかし、私たちは心と身体のあいだに因果関係があるのを知っているように思う。もし誰かが私のつま先を踏みつければ、たとえそれが物理的世界における物理的出来事にすぎないとしても、私は痛みを感じることを知っている。私が感じる痛みは魂の内部で生じる心的な出来事だ。どのようにしてこんなことが起こりうるのか？　厄介なことに、身体から心という向きとはちょうど逆向きの因果関係もまた認められるように見える。私が腕を上げようと決める。それは私の心的な魂の内部で生じる出来事だ。すると、なんと私の腕が上がるではないか。こんなことが起こりうることをどのように考えなければならないのか？　私の心的な魂の中の決定が、どのようにして世界の中にある私の身体のような物理的なものの運動を引き起こせるのか？　これこそ、デカルトが私たちに残したもっともよく知られた問題だ。これはふつう「心身問題」と呼ばれる。どのようにして心と身体のあいだに因果関係が成立しうるのか？　デカルト以降、心の哲学の多くはこの問題にかかずらってきた。数世紀にわたる知識の進歩にもかかわらず、心身問題はいまなお現代哲学において主要な問題でありつづけている。後に述べるように、この問題にはかなり明白で包括的な哲学的解決があると私は考えている。しかし、あらかじめ伝えておかなければならないが、デカルトの問題には手近な解決があるという私の主張は、多くの同業者――ひょっとしたらほとんどの同業者――の受け入れるところではない。

まさに二組の問題がある。一つは、なんであれ物理的なものがどのようにして物理的でない私の魂の中になんらかの結果を生み出すことができるのかという問題。もう一つは、私の魂の中の出来事がどのようにして物理的世界になんらかの結果を生み出すことができるのかという問題だ。過去一世紀半のあいだに、一つめの問いはデカルトなら受け入れなかっただろう変形をこうむった。その現代版において問いはこうなる。「脳の過程《プロセス》はいったいどのようにして心的現象を生み出すことができるのか?」「脳はどのようにして心を引き起こすのか?」。デカルトは、そんなことが可能だとは考えなかった。なぜなら、彼の説明によれば、心は脳とは完全に独立した実在性をもつからだ。デカルトにとって問題だったのは、心的実体がどのようにして神経生物学から独立にあらわれるのかということについての一般的な問いではなかった。なぜなら彼にとってそれはありえないことだったからだ。彼の問いはむしろ、痛みを感じるといった特定の心的内容が、どのようにして私の身体を傷つける打撃から生じうるのかということだった。私たちは、心の存在そのものが脳の活動によって説明されると考えている。しかしデカルトはそんなことが可能だとは思わなかった。彼にとっての問題はただ、痛みの感覚のような特定の思考や感覚が、どのようにして身体に生じる出来事によって引き起こされうるのかということだった。

この点を強調するのは重要だ。私たちは——二元論者さえも——脳を備えた身体が意識をもつと考えがちだ。デカルトはそのようには考えなかった。彼はテーブルやイスや家、その他がらくたの塊が意識をもたないのと同様、身体や脳も意識をもちえない、と考えた。人間の魂は身体とは区別されるけれども、それはどういうわけか身体とむすびついている。しかし、物質的対象は生きていようと死んでいようと意識をもつことはない。そうデカルトは考えた。

2　他人の心

デカルトによれば、私たちそれぞれが一個の心的な存在であり、自分の心の内容を直接的に知っている。しかし、他人にも心があることを人はどうやって知るのだろうか？　たとえば誰かに会うとき、その人に心があると確信させるものはなんだろうか？　観察できるのは結局その人の身体——身体の動きや、その口から発せられ言葉として解釈される声——だけだ。こうした物理現象の背後になにかがあると、どのようにして知ることができるのか？　直接知ることができるのは自分の心だけなのに、相手に心があると知るのはどのようにしてなのだろうか？

自分の心的状態との類推《アナロジー》によって、他人の心的状態を推測できると考えられるかもしれない。ちょうど自分自身について刺激の入力や内部の心的状態と外部にあらわれるふるまいの相関関係を観察し、それを相手の場合に当てはめるように。自分の身に起こる刺激の入力とふるまいの出力は観察できる。そこからの類推によって、相手もまた内部に自分の場合に対応する心的状態をもっているにちがいないと推論するのだ。というわけで、もし私がハンマーで自分の親指を打ちつけたら、刺激の入力が私に痛みの感覚を引き起こし、ついで絶叫という出力を引き起こす。相手の場合にも同じことが起こるとき、私は刺激の入力と絶叫という出力を観察し、相手と私のあいだの類推を利用して、自分と他人とのあいだの隔たりを埋めるわけだ。

これは「類推論法」と呼ばれる有名な議論である。しかしこれではうまくいかない。一般に、推論に基づく知識が妥当なものであるためには、原則としてその推論を検証するための独立した方法、または推論に基づかない方法が必要となる。たとえば、私が隣の部屋から聞こえてくる音から推論して、そこに誰かがいるだろうと思ったなら、いつでも隣の部屋に行ってみて、実際に誰かが音を立てているのかどうかをチェックできる。しかし、もし私があなたの感じる刺激やふるまいからあなたの心的状態を類推するとしたら、いったいどのように私はその推論をチェックできるのだろう？　どのようにしたら私は自分が正しく推論したのであり、ただの当て推量をしたのではないということを知りうるのだろうか？　もし、あなたの心的状態が一種の科学的な仮説――観察可能な刺激や反応パターンに対応しているかどうかが科学的な方法によって検証される仮説――にすぎないとすれば、本当に心的状態をもつ人間は世界中で私一人だということになる。たとえば、私が教室にいる全員に親指を机の上に置くように命じたとする。そして、もし痛むとしたらどの親指が痛むのかを調べるために、全員の親指をハンマーで叩いてまわるとする。すると、少なくとも私が観察できるかぎりでは、痛むのはたった一つの親指――私の親指――だけだということになる。他の親指を叩いてみても痛みなどどこにもない。

心的状態をもつのは自分だけだという見解は「独我論」と呼ばれる。独我論は少なくとも三つの段階をもつ。一つめはもっとも極端な形式だ。この立場によれば、私こそが世界でただ一人の心的状態をもつ人間であり、実際、私の心的状態のほかに世界にはなにも存在しない。二つめは認識論的独我論である。それによると、他人もひょっとしたら心的状態をもっているかもしれないが、それを確かめることはできない。他人もまた心的状態をもつということはいかにもありそうなことだが、私が観察できるのは外部にあらわれるふるまいだけなのだから、それを確認するすべはない。三つめはこうなる。他人も心的状態をもっているが、それが私の心的状態のようなものであるかはわからない。私の知るかぎりにおいて、私にとっての「赤を見ている」という経験は、あなたが「緑を見ている」ときにもつ経験とまさに同じものかもしれない。また、あなたが「赤を見ている」という経験は、私が「緑を見ている」ときにもつ経験とまさに同じものかもしれない。私たちは同じように色を区別しているのだから、同じ色盲テストをパスしているといえる。赤鉛筆の入った箱から緑鉛筆を拾いだすように言われたら、私たちはともに緑鉛筆を拾いだせる。しかし、色の区別を可能にする内的体験があなたと私とで似通っているということを、私はどのようにして知るのだろうか?

独我論は哲学史においてはまれであり、有名な独我論者というのもいない。これまで、ときには高名な哲学者、あるいはそうでない哲学者たちによって、想像できるかぎりのあらゆる途方もない哲学的立場が提唱されてきたが、私の知るかぎり、歴史上高名な哲学者で独我論者であった者はいない。もちろん、もし誰かが独我論者だったとしても、その人が私たちに向かって「自分は独我論者だ」などと伝えるにもおよばないだろう。というのも、その人の立場からすれば、私たち他人は存在していないのだから。*3

独我論には独特の非対称性が備わっている。あなたの独我論は私にとってなんの脅威にもならず、また私の独我論——私が独我論に惹かれるとしてだが——があなたによって論破されることもありえない。そういうわけで、たとえあなたがここにやってきて、「私は独我論者です。あなたは存在しません」と言ったとしても、私が「なんてことだ、この人は正しいのかもしれない。ひょっとして私は存在しないのかもしれない」などと考えたくなるはずもない。同様に、私が独我論に魅力を感じたとしても、あなたを訪ねていって「あなたは存在するのですか? あなたは本当に心をもっているのですか?」と問うのはばかげている。というのも、あなたがどんなことを言おうと、独我論の仮説に抵触することはないのだから。

3　外部世界への懐疑

4　知覚

デカルト的二元論によってもたらされた他人の心にかんする懐疑は、より一般的な意味における懐疑の一特殊例にすぎない。その懐疑とは外部世界の存在にかんする懐疑だ。デカルトの見解では、人が獲得できる確実な知識のすべては自分自身の心の内容――自分がいま抱いている思考、感情、知覚など――である。しかし、まわりに見えるイスやテーブル、山や川についてはどうだろうか？　それらは本当に存在しているのか、また、それらをあるがままに知覚しているのかどうかを確実に知ることはできるだろうか？　ここで重要なことは、人は世界の中にある対象や事態を直接的に知覚しているのではないというデカルトの見解を理解することだ。直接的に知覚できるのは、いいかえれば、どんな推論過程もなしに知覚できるのは、自分自身の心の内容だけである。だから、顔の前に手をかざした場合、直接的に知覚できるのは――厳密かつ文字どおりの意味で知覚するのは――、デカルトによれば、ある種の視覚経験である。デカルトはこうした経験を「観念」と呼んだ。[16]人は手そのものを知覚しているのではなく、ある種の手の視覚的な表象、つまり一種の手の心的描像を知覚しているのである。しかし、そうなると疑問がわいてくる。手の心的描像が引き起こされるだけでなく、そこに本当に手があることは、どのようにしてわかるのだろうか？　というのも、知覚しているのは手そのものではなく、手の心的な表象にすぎないからだ。ここに疑問が生じる。その表象は本当に対象を再現しているのだろうか？　あるいは、その表象が手を正確に再現しているかどうかをどのようにして知ることができるのか？　デカルトの立場は、一七世紀には一般的なものだった。それは「知覚の表象理論」と呼ばれる。のちほど詳しく検討するが、デカルトにとってなにが問題になっていたのかをここで指摘しておこう。それは、「私たちはどのようにして本当に確信できるのか？」「視覚経験を引き起こす対象がそこに存在するということ、また、その視覚経験が対象をあるがままに正確に再現していること、それをどのようにして確実に知ることができるのか？」という問題だ。

しかしながらデカルトは、私たちがテーブルやイスや山などを直接に知覚することはできないこと、私たちはこれらの観念を知覚できるにすぎないことを示す論証をほとんど残していない。彼は本当の対象を知覚することから自分の心の内容を知覚することへと、じつに無頓着に議論を移しかえる。このような見解を抱くにいたった哲学者は彼が最初ではない。しかし、人は本当の対象を知覚しているとする見解から、人は対象の観念を知覚するにすぎないという見解への移行は、哲学の歴史においては決定的に重要な移行であった。実際、これは過去四世紀間の哲学史における最大の災いだといえる。現代的なジャーゴンいる「感覚与件《センス・データ》」を知覚しているにすぎない、と。これについては第一〇章で詳しく論じよう。

ここには密接に関係している二つの問題がある。一つめの問題は、「知覚を介した世界との相互作用をどのように分析できるのか?」というものだ。一方には私たちの内的な知覚経験があり、他方に物質的対象や外部世界の性質がある。これらの関係は正確にはどのようなものなのだろうか。二つめの問題は、「知覚経験の対極にある外部世界についての知識をどのようにして確実に知ることができるのか?」というものだ。二つの問題は密接に関係している。というのも、私たちは外部世界の知覚を分析することで、外部世界についての知識の可能性にたいする懐疑論に答える手段を得たいと思うからだ。

5 自由意志

私は物事を自分で決めるという経験をする。それは、いくつもの選択肢から一つの決定を下すことであり、しようと思えば他のこともできたのに一つのことをするということだ。これは、自分の意志が自由であると私がみなしていることのあらわれである。しかし、自然とこんな疑問がわきおこる。私は本当に自由意志をもっているのか? それはただの錯覚ではないのか? デカルトにおいて、この問題は非常に深刻な様相を帯びる。というのも、もし私の自由意志が私の心の性質であり、他方で物理的世界ではあらゆることが決定されているとしたら、心がどのようにして物理的な世界に影響をおよぼせるのかがわからなくなるからだ。これは、心身問題と同じではないが、その延長線上にある問題だ。仮に私たちが心身問題を解決したとしても、つまり思考や感情が身体をどのように動かすのかを示すことができたとしても、なおも問題は残る。自由意志は、「物理的世界は完全に因果的に閉じた決定論的システムである」というデカルトの時代の物理学の発想と、どのように一貫するのか？　物理世界で起こるすべての出来事は、先行する物理的な出来事によって決定されている。だから、もしなんらかの方法によって私たちが心的な自由意志をもつことを証明したとしても、それは私の身体のふるまいになんの影響も与えない。なぜなら私の身体のふるまいは、先行する私の身体と物理世界の状態によって引き起こされたものだからだ。自由意志の問題は誰にとっても難しいものであるように見える。しかしじつのところ、それは二元論を受け入れる人にだけ例外的にあらわれる問題である。

この問題は今日でもいまだにデカルトの時代と同様、鋭く提起されている。今日では、量子物理学[17]が原子以下のレヴェルにおける粒子のふるまいの非決定性を明らかにしたと考えられている。古典物理学[18]が想定したようには、あらゆるものが決定されているわけではないのだ。しかしこれは自由意志の問題にはなんの助けにもならない。量子の非決定性はランダムなかたちをとるが、そのランダムさと自由とは同じではないからだ。ミクロレヴェルでの粒子のふるまいは完全には決定されず、それゆえ完全には予測できず、ただ確率的にのみ予測できる。しかしその事実は、自由に思える私たちの行為が本当に自由なものであるという考え方をいささかも支持しないように思える。たとえ私たちの決定が、脳内における量子レヴェルの出来事の非決定性をなんらかのかたちで引き継いでいるとしても、だからといって私たちが自由意志をもっているということにはならないだろう。それは単に私たちの決定やふるまいには予測不可能なランダムな要素があるということにすぎないのではないか。これについては第八章で詳しく論じよう。

6　自己と人格の同一性

デカルト自身は直接取り組まなかったが、彼の説明が最終的な解答を提供したとデカルトの追随者たちが考えた、もう一つの問題がある。それは、自己の存在と、時間や変化をつうじて不変な自己の同一性の存在にまつわる問題だ。なにが問題なのかを知るために、こんな例を考えてみよう。私はいま、スウェーデンの湖を眺めながら、ある一群の問題に取り組んでいる。ひと月前には、私はカリフォルニアの沖合いを眺めながら関連した問題に取り組んでいた。二つの経験はまるでちがうにもかかわらず、私はどちらも自分の経験だと考えている。なぜだろう？　どうしてそれを正当化できるのか？　まさにここに問題のすべてがあり、哲学の紛糾がある。これらの経験にかんするどんな事実が、この二つを同一人物の経験にしているのだろうか？　私にかんするどんな事実が、カリフォルニアにいた人物と現在の私を同一人物にしているのだろうか？　ここで、「この人物はあの人物と同じ身体をもっているのだから同一人物なのだ」と言いたくなる。しかし、この身体は私の同一性にとって本質的なものなのだろうか？　少なくとも、カフカの小説〔『変身』〕に出てくるグレーゴル・ザムザのように、似ても似つかぬ身体で目覚めるといったことを想像できるように思える。しかし、もし同じ身体をもっているということが私を私にするのでないとしたら、なにが私を私にするのだろうか？　私の人格的な同一性と身体の同一性の関係はどうなっているのだろうか？　あれこれの特定の経験のほかに、私は自己としての私自身の経験をもっているのだろうか？

こうした疑問にたいして二元論者はたくみに答える。私の身体は私の同一性とはなんの関係もない。私の同一性は、もっぱら同一の心的実体、同一の魂あるいは「*res cogitans*」〔思惟スルモノ〕の継起のうちに存する。物質的対象はつかの間のものであるかもしれず、経験もまたつかの間のものかもしれない。しかし私の同一性は私の心的実体が同一であることによって保証されている。というのも、私はその心的実体と同一だからだ、と。デカルトにとっては、さらに二つの問題がある。それらは彼が取り組んだ難問の本性により深く根ざしたものであり、彼の解決はきわめて興味深いものだった。それは人間以外の動物の問題と、睡眠の問題である。

7　動物の心

すべて心というものは霊的あるいは心的実体であり、また不滅であるとしよう。そうすると、もし動物たちが心をもつならば、どんな動物も不滅の魂をもっているということになる。しかし、すべての犬、猫、ネズミ、ノミ、バッタたちが不滅の魂をもつことがわかったとしたら、控えめにいっても、天国はあまりに人口過剰になってしまうだろう。動物の心の問題にたいするデカルトの解決は躊躇なく乱暴なものだった。彼は動物には心がないと言った。このことについて、デカルトが独断的だったわけではない。彼は動物もまた心をもつかもしれないとは考えたが、彼にはそれが科学的にありそうもないことに思えたのである。彼の考えでは、人間と動物の決定的なちがい——人間は心をもつが動物はもたないと確信させてくれるようなちがい——は、人間は考えや感情を表現する言語をもっているが動物はもっていないということだった。動物が言語をもたないことは、動物が思考や感情をもたないことの決定的な証拠だと彼は考えた。これがやや直観に反する結論だということはデカルトも認めていた。犬が車にひかれて、どう見ても痛がって吠えるのを目にしたら、犬もまた私たちと同様に感情をもっているとみなさざるをえないのではないか。しかしデカルトは、これらすべては錯覚だと言う。私たちは、事故に巻き込まれた車をかわいそうだとは思わないのと同様に、犬をかわいそうだと思うべきではない。事故のときに車がたてる音は、車が痛みをこうむっているように聞こえるかもしれないが、そんなことはない。それは犬や他のすべての動物についても同様である。犬やその他の動物が意識をもたないというのはおかしな話に聞こえる。しかし、ここにデカルトの考え方があらわれているのではないか。人間の場合、身体は意識をもたないことになる。意識をもつのは身体と結びついた不滅の魂だけだ。だが犬の場合には、犬が不滅の魂をもつとは考えにくいように思える。犬にあるのは身体だけであり、身体は意識をもつことはできない。だから犬は意識をもたない。他のすべての動物についても同様ということになる。

8 睡眠

デカルトの八つめの問題は睡眠である。心というものは本質的に意識をもつものであるとしよう。また、意識とは、それなしでは心をもっているとは言えないような心の本質だとしよう。そうなると、意識をもたないものは存在しないことになるように思える。実際、デカルトの理論はこう暗示している。私の意識が途絶えたら、私は存在することをやめるだろう、と。しかしそれでは、人びとがしばしば生きたまま無意識の状態に陥るという事実をどう説明すればよいのだろうか。たとえば、人は眠る。それにたいするデカルトの答えは、人が一〇〇％完全に意識を失ってしまうことは決してありえない、というものだろう。どんなに深い眠りにあっても、つねに最小限の夢を見つづけている。人間は存在しつづけるかぎり必然的に意識的でありつづけるのだ、と。

II　さらに四つの問題

心を宇宙全体の中に位置づけるにあたって、さらに四つほどの問題があらわれる。といっても、これらはデカルト自身が取り組んだものではない。また現代にいたって、デカルトやその直接の後継者たちが取り組んでいたのとは大きく様変わりもしている。

9　志向性

志向性の問題は、二元論だけでなく心の哲学の全般に生じる。デカルトはこの問題にしっかり取り組んだわけではないが、後続の哲学者の営みにおいて表面化してきた問題だ。実際、これは過去数百年間の心の哲学における中心問題の一つでありつづけてきた。「志向性」とは、哲学者が心の能力に言及するさいに用いる専門用語である。この能力によって、心的状態は自分と異なる世界の中の対象や事態を指し示したり、対象や事態と関係したり、それに含まれたりする。たとえば、もしなんらかの信念をもっているなら、それはなにかが問題となっている信念でなければならない。もし欲求をもつとしたら、それはなにかをしたい、またはなにかが起きてほしいという欲求でなければならない。もし知覚しているなら、少なくとも世界の中の対象や事態のありさまを知覚しているとみなさなければならない。これらはすべて、いずれの事例でも心の状態がそれ自体を超えてなにかを指し示しているという意味で、志向的であるといわれる。ふつうの意味での意図——「今夜は映画に行きたい」という意図など——は、信念、希望、恐怖、欲求、知覚といった、さまざまな志向性の一例にすぎない（この専門用語は英語の「intention」からではなく、ドイツ語の「*Intentionalität*」からきている。そしてこれはラテン語由来である）。これは特別な専門用語であるから、日常的な意味での「意図する」〔intend〕と混同してはならない[20]。

志向性のすぐれて哲学的な問題とはこうである。私は「ジョージ・W・ブッシュがワシントンにいる」と信じているとしよう。ここで問いが生じる。心の中にだけあるはずの私の考えは、どのようにしてはるばるワシントンDCにまで届くのだろうか？　太陽は地球から九三〇〇万マイルの彼方にあると私が信じているとしたら、この場合も私の考えはどのようにして心の中から抜け出して太陽に届いたり指し示したりできるのだろうか？　心的状態がいかにしてそれ自身を超えて他のなにかを指し示したり、他のなにかに関係したりするのか？　これが志向性の問題である。

そのさい、次の二つの志向性のちがいを明確にしておくことがなによりも重要だ。それは、なにかを考えているときに頭の中にある、本来的あるいはオリジナルな志向性と、考えを紙に書き記したときに紙の上の記号がもつことになる派生的な志向性との区別である。

紙の上の言葉はなにかを意味したりなにかを指し示したりする。だからその言葉は志向性をもつのだが、その志向性は私がそれを意図して書き記したときに私の志向性から派生したものだ。それと同時に、先の二つの志向性――オリジナルな志向性と派生的な志向性――と、隠喩的な帰属、あるいは志向性を仮に設定する場合とを区別する必要がある。いま私が喉の渇きを覚えているとしたら、それは本来的あるいはオリジナルな志向性の事例だ。「私は喉が渇いている」という文を書き記すなら、この文は派生的な志向性をもつ。私が「私の車は喉が渇いてガソリンを欲しがっている」("My car is thirsty for gasoline.")と言うなら、その文は隠喩あるいは「仮定」によって喉の渇きを車に帰属させている。しかし車は、文字どおりにはオリジナルにであれ派生的にであれどんな志向性ももたない。これらの基本的な区別を見極められないことから、どれほどたくさんの混乱がもたらされてきたことだろう。

現代において志向性には二つの重要問題がある。一つめは、脳内で起こっている出来事がいったいどのようにして脳の外側へと向かうことができるのか。「~について」や「~に向かって」といったことはどのようにして可能なのか。それと関連した二つめの問題は、特定の志向的な内容を脳や心がもつとはどのようなことなのか。たとえば、いま私がジョージ・W・ブッシュについて考えているとしよう。その考えが、たとえば彼の弟のジェブや父親のジョージ・ブッシュや「ジョージ・W・ブッシュ」という名前の他の誰かや私の愛犬のギルバートではなく、ほかならぬジョージ・W・ブッシュについてのものであると私に信じ込ませている事実とはなんだろうか？　この二つめの問題とは、そもそも志向性はいかにして可能なのか？　ということだ。そしてそれが可能だとして、志向状態が特定の内容をもつとはいかなることなのか？　第六章は志向性の問題の検討に費やそう。

10　心的因果と随伴現象説

心身問題には二つの側面があると言った。外から内へという側面と、内から外へという側面との二つだ。刺激の入力がどのようにして心的現象を引き起こすのか、そして心的現象がどのようにしてふるまいという出力を引き起こすのか？　どちらもそれぞれ独立に論じるに値する。ここでは独立したトピックとして、心的状態がどのようにして因果的に働くのかという問いに取り組んでみよう。

意識が脳の過程から引き起こされる次第を説明できると考える一部の哲学者は、どのようにして意識がそれ自体で因果的な力をもちうるのかを認めることができない。ともかく意識や心的現象が一般に脳内過程から独立であるとすると、意識や心的現象がどのようにして身体のふるまいを引き起こしたり、物理的世界においてなにかを引き起こしたりするのかがわからなくなる。心的状態は存在するが因果的な力はもたないとする見方は「随伴現象説」[21]と呼ばれる。この見方によれば、心的状態は確かに存在するが、それは波に浮かぶ泡とか水面に反射する陽光のきらめきといったようなものにすぎない。それはそこにある、しかし問題にもならない。それは随伴現象というわけだ。しかしこれはあまりに直観に反するように思える。私が腕を上げようと決めるたびに、腕は上がる。それはランダムなものでも確率的な現象でもない。「そう、これはポンコツの腕の話でね。ある日は上がったり、別の日には上がらなかったりするんだ」とは言われない。問題は、物理的世界の一部ではないようななにものかが、いかにして物理的世界にそのような影響を及ぼすことができるのかを示すことだ。現代のジャーゴンでは、「物理的世界は因果的に閉じている」と言われる。これは、物理的世界の外にあるなにものも物理的世界に入り込むことはできないし因果的にふるまうこともできない、ということを意味する。そうすると、物理的でなく、したがって物理的世界の一部ではない心的状態は、いかにして物理的世界にたいして因果的に作用することができるのだろうか?

11 無意識

デカルトにとって、どんな心的活動も定義上、意識的である。彼にしてみれば無意識の心的状態という考えは、無意識の意識という語義矛盾になる。しかし、この一〇〇年ばかりの間に、心的状態の多くは無意識的であるという考えに私たちはなじんできた。これはなにを意味しうるのだろうか? 無意識的な心的状態とはなんであり、それは他の心的活動や世界一般とどのように調和しているのだろうか？

無意識の問題は精神病理学だけのものではない。実際私たちは、人びとが無意識的な動機や、本人が心から否定するはずの影響を受けて行動していると語る。サムが兄弟のボブを侮辱したのは、彼がボブにたいして無意識の敵意を抱いているからだ、などと私たちは語る。これはフロイトの心理学が扱おうとした種類の事柄だ。しかし、この無意識という概念にはもう一つの広い用法がある。意識にあらわれることなく脳内で進行している心的過程のすべてを念頭に置いた用法である。知覚にかんする標準的な理論では、人は対象が示している物理的刺激のかぎられた姿から、対象の本当のかたちを無意識的に推論して知覚すると考えられている。これら無意識の二つの概念にとってともに問題なのは、「無意識という言葉は実質的になにを意味するはずなのか？」ということだ。脳内の出来事にかかわるどのような事実がそれを心的であると同時に無意識的にしうるのか？

12　心理現象と社会現象の説明

人間の心理現象や社会現象の説明は、物理学や化学の説明とは論理構造が異なっていると言われる。この前の選挙でなぜあのような投票をしたのか、あるいはなぜ第一次世界大戦が起こったのかを説明する場合には、なぜ植物が生長するのかを説明するときとは異なった種類の説明を用いる。では、人間の心理現象や社会現象についての適切な説明様式とはどのようなものか、また、このことは社会科学の見通しについてなにを暗示しているのだろうか？

この数百年間の知の歴史においてなにより落胆させられることの一つは、社会科学が物理学や生物学のような豊かな説明能力を獲得できなかったことだ。社会学も、そして経済学さえも、物理学や化学に匹敵するような知識構造を確立できていない。なぜだろうか？なぜ自然科学の方法は、人間のふるまいや社会関係の研究では、物理科学でなしえたような達成を得られずにきたのだろうか？

Ⅲ デカルトの回答

この本の大部分は、以上概説してきた一二の問題に関係がある。これらの問題に興味を抱く読者は、この本をおもしろく感じるだろう。逆に、こんな問題に関心をもつ人なんているのかと思うとしたら、たぶんこの本はあなたには向いていない。本書は歴史の本ではない。また、これらの問題の歴史的展開について私が言うべきことはそれほど多くない。しかし、一二の問題のうち八つをデカルト起源のものとして紹介した以上は、簡潔にではあるがデカルト自身の回答がどのようなものだったのかもお知らせしておきたい。私は、デカルトの回答は一つの例外もなく不適切だったと考えている。しかし彼の名誉のために言いそえれば、彼もまた自分の回答が不適切であるとしばしば十分に気づいていた。少なくとも彼がどのように問題に対処したかを概観しておけば、現代哲学をよりよく理解できるようになるだろう。

1　心身問題

この問題にかんして、デカルトは決して満足のゆく回答を得られなかった。彼はたしかに心の出来事が身体の領域に出来事を引き起こすこと、身体の出来事が心の領域に出来事を引き起こすことを認識していた。しかしそのようなことが正確にはどのようにして生じると考えられたのか？　彼は決して答えを得たとは思えなかった。彼は解剖学を研究し、心と身体の結合点を探るために、少なくとも一度は死体解剖を観察した。最終的に彼は、それは松果腺(22)にあるにちがいないという仮説にいたった。これは頭蓋骨の基底部にある豆粒のようなかたちをした腺である。デカルトは、松果腺こそが心的な力と身体的（物理的）な力が互いに接触しあう場所にちがいないと考えた。これはそれほどおかしな考えではない。彼はこの問題に筋の通った答えを与えたのである。彼は脳内のすべてのものが左右対称に対をなしていることに気づいた。脳には二つの半球があるため、その組織は明らかに対で存在する。しかし、心的な出来事は一体になって起こるのだから、脳には各半球の二つの流れを一つに統合する地点がなければならない。彼が脳内に見出すことができた単体で存在する唯一の器官が松果腺だった。だから彼は心的なものと身体的なものとの接点は松果腺であるにちがいないと仮定したのである。

(魂と身体との接点を見出そうとする動きは死に絶えたわけではない。私はかつて、ノーベル賞を受賞した神経生物学者ジョン・エクルズ卿[23]とイングランドのテレビで議論したことがある。彼は、魂は補足運動野[24]において脳と接触すると論じた。彼の議論は次のようなものであった。いわく、右手の親指で右手の各指に触れるといった簡単な運動課題を行った場合、運動皮質は高い活動状態を示す。こんどは、その課題を実際には実行しないでただ思い描くだけにした場合、運動皮質は活動を中止するが、補足運動野は活動をつづけている。エクルズの見解は、魂だけが活動している場合にはそれは補足運動野を刺激しているのだというものである。)

有名な文章の中でデカルトはこう述べた。心は、船の中の水夫のように身体の中のどこかに宿るのではなく、まさに身体全体にみなぎっていると考えるべきである、と[25]。なにかにぶつかった場合、私は、自分の船が波止場に衝突するのを操舵士が観察するようなしかたで、自分の身体が別の物体に衝突するのを観察するのではない。私はむしろ物体と接触した身体の部位に痛みを感じる。デカルトは言う。心はともかくも身体全体にみなぎっているかのように考えるべきだ。しかし彼の説明によれば、この言い方は正確ではありえない。なぜなら心的実体は空間的に広がるものではないからだ。それは身体全体に広がることはできない。そもそもそれは広がることなどできないからだ。

2 他人の心

ある種の類推論証はしばしばデカルトに帰せられる。しかし私は彼が明確にそれを言明した箇所をまだ見つけていない。類推論法によれば、人は自分の場合からの類推によって、他人の心の状態を推論する。ちょうど私が自分のふるまいと心的状態の相関関係を観察するように、他人のふるまいを観察したときにそれにぴったり合った心的状態の存在を推論できるというわけだ。この種の論法の限界についてはすでに指摘したとおりだ。一般に推論的な知識には、その推論が妥当なものであるためにはなんらかの独立したチェックがなされなければならない。たとえば、コンテナを叩いたときに空ろな音が響けば、そのコンテナは空っぽであると類推できる。しかしこの推論による知識は、コンテナを開け、中を覗き、それが空っぽであることを推論によらず知覚できるという前提なしには意味をなさない。しかし他人の心にかんする知識の場合には、私が他人のふるまいから心的状態を推論することの妥当性について、推論によらないチェックを行うすべはない。コンテナの場合とちがって、そこになにかがあるのかどうかを確かめるために中身を覗いてみるわけにはいかないのだ。

3 外部世界への懐疑

4 知覚

デカルトは、人間が直接的に知覚できるのは自分自身の心の内容だけであるにもかかわらず、外部世界の対象や事態について確かな知識をもちうるということについて、手のこんだ論証を用意していた。彼の論証の最初のステップは、神の存在証明を必要とした。これは格別きわだった芸当というわけではない。しかし、神の存在を前提とすることで、彼は神が欺きえないことを論証した。神は完全であるから、神が欺きうると考えることは矛盾をきたす。というのも、欺きとは不完全性の一つだからだ。もし神が欺かないならば、外部世界が存在しなければならない。そして、もし外部世界を観察した場合には、ある種の正しい知識が得られるものとしなければならない。なぜか？　神は、たとえば私の前に机があり、私が座っているイスがあるのであって、その他ではありえないと信じるべきすべての理由を与えてくれるからだ。もし私が間違えるとするならば、神が欺いていることになる。しかし、それは不可能なのである。

そうするとデカルトにとって次の問題が生じる。では誤謬《ごびゅう》はいかにして可能なのか？　誤謬は私の意志が私の理解を追い越してしまうから可能になる、と彼は考えた。意志は潜在的に無限であり、理解は有限である。人はしばしば、真実であるかどうかを明白にまた厳密に知覚できない事柄を、自らの意志として信じてしまう。その結果として、人は誤りうるのである。

デカルトは人間の知覚が一般に世界の正確な表象であるとは考えていなかったことを強調しておくことは重要だ。知覚のうえでは、色や味や匂いや音は世界の一部分であるように思える。しかし、本当は対象は色や味や匂いや音をもたない。重要なのは、知覚経験の多くが錯覚であるにもかかわらず、知覚経験を引き起こす外部世界が存在することを私たちが確信でき、知覚から外部世界にかんするある種の正確な情報を得られるのは疑いない、ということだ。

5 自由意志

この問題について、デカルトは単なる断定以上の答えをもってはいなかったように私には思える。彼は言う。私が自分を自由だと感じるかぎり、私は自由だと。しかし後に見るように、問題は、私が自由であると感じるという事実によっては、私が本当に自由であることはまったく明らかにされないということだ。

6 自己と人格の同一性

デカルトがこの問題に正面から取り組んだことはない。しかしデカルト主義者たちはデカルトの二元論が自ずと回答をもたらすと考えていた。自己とはまさに心的実体と等しく、心的実体の同一性はただそれが同一の心的実体であることによって保証されている。しかしこれはまるで独断的な解決だ。心的実体はそれほどの神秘的な力や特性のすべてを、どうやって手に入れたのだろうか？　また、私たちの物理的な身体と意識経験のほかに、さらにそのような心的実体があると考える理由はなんだろうか？　後に見るように、ヒューム(26)は自己と人格の同一性にかんするデカルト主義の説明を徹底的に批判した。ヒュームによれば、自己の経験などというものはない。そして人生におけるさまざまな変化をつうじて私たちが自らに帰すような同一性というものは、完全に架空のものである。それは一種の系統的な錯覚である。特定の諸経験の継起のほかに自己のようなものが存在するわけではないと考え、ヒュームに従った哲学者も多い。リヒテンベルク(27)は、「私は考える」（"I think"）という文章に出てくるような「私」（"I"）は、「考える私」（"I"）が存在するかのような錯覚を与えると考えた。彼によれば、むしろ単に「考える」（"It thinks"）と言うべきである。ここで "it" は、「雨が降る」（"It's raining"）と言うときの非人称の "it" である。「私」という言葉は実際にはなんらかの存在者を指し示しているわけではないのだと。

自己については、一つどころかいくつもの問題がある。デカルトによる「*res cogitans*〔思惟スルモノ〕」の説明はなんの解決にもならないだろう。第一一章において、これら一連の問題を扱おう。

7　動物の心

8　睡眠

すでに私はこれら二つの問題についてもデカルトを批判しておいた。ここでは簡単にすませよう。動物がいかなる意識ももたないという主張は、私にはまったくばかげたものに思える。仕事を終えて帰宅すると、私の愛犬は尻尾を振って飛んだり跳ねたりしながら私を迎えに突進してくる。犬が意識をもっており、実際そこには「主人が帰ってきてうれしい」という特定の意識内容があることを、なぜ私はこれほど確信できるのだろうか？　通常の答えは、犬のふるまいがうれしがっている人間のふるまいと非常に似通っているので、犬もまたうれしがっていると推論できる、というものだ。しかしこれは誤った議論に思える。第一に、うれしがっている人間は一般に尻尾を振ったり私の手を舐めようとしたりしない。さらに重要なことに、なんの感覚ももたないまま尻尾を振ったり飛んだり跳ねたりするロボット犬を簡単につくることもできる。では、ロボット犬ではない本物の犬に特有なものとはなんだろうか？　私の答えはこうだ。つまり、「犬には意識があり特定の意識内容ももっている」と確信させてくれるのは、単に犬のふるまいがそう見えるということだけではない。それに加えて、犬のふるまいの因果的なしくみが私の場合と比較的似ているとわかることである。犬は実際、人間と似た脳、感覚器官、身体構造――眼、耳、皮膚、口など——をもっている。これが、犬に意識があると確信させる犬のふるまいの根拠でもあるし、入力される刺激と出力されるふるまいとの関係をとりもつ因果的な構造の根拠でもある。人間の場合、刺激の入力は経験を引き起こし、こんどはその経験がふるまいの出力を引き起こす。刺激の入力が経験を引き起こす基礎的な物理構造は、人間と高等動物とではなるほど似ている。だからこそ、犬やチンパンジーが多くの面で私たちに似た意識状態をもつと確信するのである。これがカタツムリやシロアリになると、意識活動に十分な神経生物学的能力にめぐまれているかどうかは専門家に委ねるほかない。(28)

繰り返しになるが、動物が意識をもたないという考えはばかげているとしか思えない。もし睡眠や麻酔によって私たちが完全に無意識状態になったなら私たちは存在することをやめるだろう、という考えもまたばかげている。しかし、もし意識の持続が私たちの存在の持続にとってまさに本質的であると考えたがゆえに、デカルトが誤っているのだとしたら、疑問が生じる。私たちが持続する存在であるということの基準は厳密にはなんなのか？　これが人格の同一性にかんする有名な問題だ。第一一章でより詳しく論じよう。

以上、ざっと紹介した一二の問題は、心の哲学にかんする私の議論の枠組をなす。しかし、問題はこれらにとどまるものではない。問題は、むしろこれから探究すべきさまざまな問題へと開かれている。やがて明確になるが、こうした主題には相互に関連し対になった問題がはらまれている。かたや圧倒されるような哲学問題（いわば大問題）があり、かたや実際に現象がどう生じるのかをめぐるディテールに満ちた問題（あるいは一連の問題）がある。意識を例にとればこうなる。「そもそもいったい意識はいかにして可能なのか？」「脳はどのようにして意識を引き起こすことができるのか？」、これが現在、「ハード・プロブレム」と呼ばれる問題だ。また、脳がいかにして意識を生ぜしめているのかについて説明が不十分であることを称して「説明ギャップ」（説明の不足）と呼ぶ。しかし、ほかにも同等に興味深い問題があるだろう。意識は人間のような有機体においてどのように機能するのか？　志向性についても同様だ。これも巨大な問題にちがいない。いったいどのようにして志向性が存在しうるのか？　ちなみに、志向性がどのように機能し、細部ではどうなっているのか、ここに私の最大の関心がある。

本章の目的は、今後の議論のための枠組を提出することだった。それぞれの問題を同じ比重で扱うわけではない。最初の三章の大半は心身問題の検討にあてよう。動物と睡眠についても言うべきことがあるとすでに述べた。いくつかの問題には個別に一章を用意した。志向性、心的因果、自由意志、無意識、知覚、それに自己。さらにいくつかの問題は確かに重要だが、本書では簡単にしか触れられない。というのも、とりわけ懐疑論と社会科学的説明の問題は、心の哲学の領域から大きくはみだすからである。これらはいずれも重要な問題だ。しかし適切に扱うためには別の本が必要になるので、本書では簡単に議論するにとどめたい。

第二章　唯物論への転回

I　二元論の困難

今度は話を二〇世紀と二一世紀にすすめよう。デカルト式の実体二元論は、心と身体の関係を適切に解釈できなかったし、筋の通った解釈も提示できなかった。だから、どんなものであれ実体二元論は問題外だという見方が広まっている。とはいえ実体二元論をまじめに唱える専門家がいないわけではない。だが私が知るかぎりでは、実体二元論を採る人の多くは、宗教上の理由や信仰心との関連からこの立場に立っているようだ。実体二元論に基づけば、肉体が滅びた後も魂は生きつづけられるという結論が導かれる。そしてここから、死後の生があると信じる信仰者たちに訴えるものの見方が生み出される。だが専門家たちのあいだでは、実体二元論はもはや検討にも値しないと考えられている。そんな中で、カール・ポパー(1)とJ・C・エクルズ(2)が提示した二元論の擁護は、際立った例外だ。*1 彼らによれば、二つのまったく異なる世界が存在する。つまり、物理的な物とその状態から成る世界1と、意識の状態から成る世界2だ。この二つの世界は互いに分離・区別されており、相互に作用しあっている。彼らはデカルトよりさらにすすんで、「あらゆる形式で表現される文化」から成る世界として、世界3を想定している。*2

どんな実体二元論もデカルトの困難を引きずっている。つまり、どうしたら魂と身体の因果関係を整合的に解釈できるか、という問題だ。加えて現在の実体二元論には別の問題もある。実体二元論は、現代の物理学とつじつまがあわないように思えるのだ。物理学によれば、宇宙に存在する物質／エネルギーの総量は一定である。しかし実体二元論には、物理学ではとらえられない心的エネルギーや魂のエネルギーといった別種のエネルギーが存在するという考えが含まれる。だからもし実体二元論が正しいとすると、エネルギー保存の法則という、物理学のもっとも基本的な法則が誤っていることになってしまう。実体二元論の中には、物理学とつじつまを合わせるために次のように主張するものもある。いわく、宇宙に魂のエネルギーが注入されるに従って物理的なエネルギーが減少するので、宇宙全体のエネルギーの総量は一定に保たれる、と。または、心とは宇宙のエネルギー配分を増減させずに再配分されるものだとも主張されている。エクルズによれば、心は神経現象の生じる確率を変えることで身体に影響を与えられるのだが、そのさいエネルギーは入力されない。また、量子力学がそのしくみを明らかにするという。「心と脳の相互作用の仮説とは、心的な出来事は量子的確率場によって、シナプス前小胞格子から小胞が放出される確率を変えるように作用する、というものだ」*3。このような考えはどこか場当たり的だ。というのも、まず二元論が正しいという確信がはじめにあって、そのうえでそれが物理学と整合性をもつような方法をなんとかして探り当てようとしているからだ。

ここでは実体二元論がいかに極端な学説かを理解するのが重要だ。実体二元論によると、脳と身体は実際には意識を備えていないことになる。つまり身体は、車やテレビと同様に意識をもたない機械にすぎない。身体は植物のように生きているのであって、そこに意識は存在しないのだ。それにもかかわらず、どういうわけか意識の備わった魂というものが身体に宿っている。そして魂は身体の死の訪れとともにそこから立ち去る。人は魂のおかげで同一性を保つのであり、魂が身体に宿るのはかりそめで一時的なことにすぎない、というわけだ。

こうした考え方には問題がある。世界の成り立ちについて知られていることを考慮すると、実体二元論を科学的な仮説としてまじめに受け取ることはできない。脳内の物理的過程がなければ、人間の意識は存在しようがない。もちろん、脳以外の物理的な実体に意識をつくり出すことは原理的には可能かもしれない。しかしいまのところその方法は不明だ。それに、物理的な実体に基づくことなく意識をつくり出せるという考え方は、想像してみることはできたとしても、科学的な仮説としては論外だろう。

心が独立した実体だという考え方を、世界についての科学的知識と矛盾しないように筋を通すのは難しい。双方を両立させるには三つの考え方がある。どれも心について相互に違うとらえ方をしている。

第一は神の介入という考え方。これによれば、物理的な科学は不完全だ。魂は世界の他のものとはわけが違う。それは神の介入によってつくり出されたものであって、科学で説明される物理的世界の一部ではない。

第二は、量子力学を用いた考え方。従来の心身問題は、時代遅れのニュートン力学に基づいているために生じたものだ。量子の観測問題をめぐる解釈の一つによれば、意識には波動関数の収縮が必要であり、波動関数の収縮とともに意識は量子的な粒子と出来事を生み出す。ある種の意識は、それ以外の自然からは生み出されない。というより、そもそも波動関数の収縮こそが自然の創造にとって本質的なことなのだ。それは、脳の過程や他のあらゆることを説明するうえで必要となる自然の基本的な要素なのである。*4(3)

第三は、観念論の考え方。宇宙は完全に心的である。人が物理的な世界だと考えているものは、より根底的な心的実在のとる形態の一つにすぎない。*5

これらの考えに言及したのは万全を期すためであって、私はどの説にも同意しない。第二の説〔量子力学〕にいたっては理解できる気がしない。心の哲学ではどの立場も有力ではない。本書は心の哲学を解説するものなので、これらの有力でない説についてはこれ以上言及しないことにする。

さて、「性質二元論」と呼ばれる弱い二元論がある。この見解はそれなりに広く受け入れられている。その考え方はこうだ。確かにこの世界には二種類の実体といったものはないにせよ、二種類の性質が存在する。大半の性質は、電荷や質量といった物理的な性質だ。だがそれだけではなく、痛みを感じるとか、カンザス・シティについて考えるといった心的な性質もある。人間は二種類の実体からなりたつというわけではない。しかし、身体とりわけ脳には、物理的な性質だけでなく心的な性質が備わっている、というわけだ。

性質二元論は、身体とは独立した心的実体というものを前提としない。しかし、実体二元論の困難をいくらか引きずってもいる。「心的なものと物理的なものはどのように関係しあっていると考えられるのか?」「物理的な出来事からどのように心的な性質が引き起こされるのか?」という問題だ。さらに、性質二元論には固有の悩ましい問題もある。つまり、仮に心的な性質が存在するとしても、それがどうやって因果的になにかを生み出せるのか、という問題だ。性質二元論の立場では、心的状態は身体とは別の特別な実体の要素でさえなくて、単に脳の非物理的な性質にすぎないのだが、そのような意識状態がどうやって外的な世界に物理的な出来事を引き起こせるのだろうか? どうやって心的な状態が物理的な結果を生み出す原因になれるのかというこの難問について、第一章では「随伴現象説」の問題として論じた。随伴現象説によれば、心的状態は確かに存在しているのだが、それはなにかに随伴して起きる現象だ。心的状態は、ただ物理的状態の尻馬に乗っているだけで、実際のところ因果的にはなんら影響をもたらさない。心的状態とは、岸に打ち寄せる波のうえの泡のようなもの、湖上にきらめく光の輝きのようなものだ。確かにそれは存在するにしても、物理的な世界では因果的に重要な役割をなんら果たさない。因果的にはなんの役割もないというのだから、波の泡や光よりもたちがわるい。心的状態が物理的なものではないとすると、物理的な出来事が決定される場面で心的状態は因果的にはどういった役割を負うのだろうか？　これが難題である。物理的な宇宙は因果的に閉じている。つまり、宇宙の外部からは内部にたいしてどのような影響も与えることができないという意味で閉じている。そう仮定せざるをえないように思える。また、意識は物理的な宇宙の一部ではない。そう仮定せざるをえないように思える。以上のように仮定すると、意識は物理的な宇宙においてどんな影響ももたないように思える。

性質二元論は、本当は身体の一部ではないのに身体に結びつけられたなにものかが存在する、という前提を強いたりはしない。しかし依然として、人間の身体のうちのおそらくは脳には、生物学的に見て人間を構成しているふつうの物理的な性質とは異なるなんらかの性質が存在している、との前提を強要する。そうすると、そうした性質にかんする説明を、宇宙とそのしくみにかんする総合的な知見とどのように折り合いをつけたらよいかわからなくなるという問題が生じる。実際、それを「性質」と呼んでみたところで、心的な実在を仮定することから抜け出せていないのだ。依然として物質的ではない心的なものが想定されている。意識にのぼる痛みを「脳の心的な性質」と呼ぶのか、「脳内の出来事」と呼ぶのかは問題ではない。どちらにせよ昔ながらの二元論の困難に陥るだけだ。二元論に批判的な哲学者には、二元論にとって余りものである心的な現象を「法則的ちょうちん」(「法則的」とは法則のようなものという意味)と呼ぶ者もある。心的な現象は、法則のような仕方で脳によって生み出される。だが、それはなに一つしない。ただそこにぶらさがっているだけ、というわけだ。*6

多くの、というよりほとんどの哲学者は二元論を見放している。だが実際には異様な事態がつづいている。というのも、多くの二元論者に言わせれば、いま提示した議論はどんな種類の二元論にとっても少しも決定的な反証に見えないからだ。典型的な二元論者はこう言うのだろう。「よろしい、心は独立した実体ではない。だがそうだとしても、人間のような生き物が思考や情動と同じように痛みやくすぐったさやむずがゆさを感じるということ、これらはふつうの意味で考えるかぎり物理的ではありえない。以上は自然の無情な事実にすぎない。いずれも物理的なものには還元できないだろう」と。実際、困窮のあまり随伴現象説を受け入れる二元論者もいる。

二元論は影が薄くなっているものの、なくなることはないだろう。実際、近年の二元論、少なくとも性質二元論は、意識への関心が復興しているおかげもあって、いくぶん盛り返してきている。二元論を駆動する洞察は強力なものだ。そのもっとも根本的《プリミティヴ》な洞察はこうだ。誰にでも現実の意識経験があり、それが周囲の物体とは異なった種類のものであることを人は知っている。この素朴な洞察を、より洗練されたかたちで表現できる。つまり、世界はほぼ完全に物理的な粒子からできていて、それ以外のものはすべて、割り引いて言っても錯覚（色や味などのような錯覚）や表層的な性質（個体性や液体性のような性質）であるから、物理的な粒子のふるまいに還元できる。分子構造のレヴェルで言えば、テーブルは本当は固体ではない。物理学者のエディントン[4]が述べたように、それは分子の雲だ。ただ人間の観点からは固体に見えるにすぎない。だが実際には、物理的な世界はもっぱらミクロな実体、つまり物理的な粒子から構成されている。ただ一つだけ例外がある。意識は粒子ではない。事実、それは粒子などではない。意識とは、それ以外のもの、粒子「とは別の」なにかである。以上が現代の性質二元論を駆り立てる洞察だと思う。

デイヴィッド・チャーマーズ*7[5]の次の発言は的を射ている。物理的な事柄にかんして言えば、たとえミクロな物理的事実がたどる経過が同一だとしても、マクロな物理的宇宙が異なる経過をたどるということは論理的にありえない。いったんミクロな物理学を受け入れたら、あらゆることはそれに従うまでだ。だがこれは意識にはあてはまらない。宇宙の物理的な経過がまるごとそのまま現在と同じであるにもかかわらず意識だけは存在しない、という状況を想像できる。たとえ意識が存在しなかったとしても、物理的な宇宙の経過が現状となんら変わらない、ということは論理的にありうる、というのである。

このような、心的なものと物理的なもののあいだにある明白で根本的なちがいが、二元論を駆動している。私は二元論を反駁できると考えている。だが、いまは準備が整っていない。二元論への反論には第四章でとりかかろう。

II　唯物論への転回

二元論は、宇宙には二種類のもの、もしくは性質があると主張した。二元論の過ちを受けて、宇宙にはただ一種類のものだけがあるのではないかと推測するのはもっともなことだ。そのような立場が「一元論」と呼ばれるのも不思議はない。一元論には、心的な一元論と物質的な一元論の二種類があり、それぞれ「観念論」「唯物論」と呼ばれる。観念論によれば、宇宙は完全に心的あるいは霊魂的である。専門的な意味での「観念《アイデア》」以外にはなにも存在しないというわけだ[6]。この考え方によれば、あらゆる心的な現象はすべて観念である。たとえばバークリーをはじめとするいくつかの立場では、観念の他に観念を含む心が存在するとされる。観念論は哲学の歴史上、文字どおり何世紀にもわたって甚大な影響を及ぼしてきた。だが、私が敬意を払っているここ数十年の見識ある哲学者たちのほぼ全員のあいだで、観念論は完全に力を失っている。だから観念論についてこれ以上付け加えることはない。よく知られた観念論者には、バークリー、ヘーゲル、ブラッドリー、ロイスがいる。

二〇世紀をつうじて、さらに二一世紀に入ってからも、心の哲学で唯一最大の影響力をもってきた学説は、なんといっても唯物論である。唯物論によれば、物質的もしくは物理的なものだけが唯一存在する。したがって、心的状態が実際に存在するとしても、それはある意味でなんらかの物理的な状態に還元できるはずだし、それ以外にはありえないと考える。唯物論は、少なくとも哲学、心理学、認知科学その他、心を研究する専門領域の専門家たちのあいだでは、私たちの時代の宗教といってもいい。伝統ある宗教と同じように、唯物論は疑念なく受け入れられ、問題提起や問題解決のための枠組そのものを提供している。唯物論の歴史はなかなか興味深い。というのも、唯物論者は半ば宗教的ともいえる信仰心によって自らの正しさを信じきっているにもかかわらず、これまでけっして完全に満足のいく説明や、他の立場の哲学者や唯物論者から広く受け入れられるような説明を定式化できずにいるからだ。なぜそうなってしまうかといえば、唯物論にさまざまな見解があるにせよ、世にとって本質であるはずの心的な性質、つまり哲学的な立場を越えてその存在が知られている性質をたいてい置き去りにしてしまっているように見える、そんな現実にたえず直面しているためだ。唯物論が置き去りにする性質とは、意識と志向性である。問題は、誰もが意識状態と志向状態を本来的に備えているという明白な事実を否定しないような、唯物論的に満足のいく説明を心について与えることだ。以下では、二〇世紀の唯物論の歴史を簡単にスケッチしてみよう。唯物論の歴史は、最終的には心の計算理論というもっとも洗練された定式化に帰着した。心の計算理論とは、脳はコンピュータであり、心はコンピュータのプログラムだとする理論である。以下のスケッチはやむをえず簡略なものになる。紙幅の都合からハイライトだけしか述べられないが、それらのハイライトが互いに関係しあうさまを理解していただきたい。行動主義から心の計算理論にいたる歴史には自然な進展がある。その進展を見てほしいと思っている。

Ⅲ　唯物論の歴史——行動主義から強い人工知能まで

行動主義

二〇世紀にいち早く影響力をもったのは「行動主義」と呼ばれる唯物論だった。最初期の行動主義では、心とは身体の行動にすぎないと主張される。心的なものを構成する身体の行動の他にはなにも存在しないというわけだ。行動主義には「方法論的行動主義」と「論理的行動主義」の二種類がある。順に検討しよう。

方法論的行動主義

方法論的行動主義は心理学の運動だった。そのねらいは、他の自然科学と同じようなしっかりとした科学的な基礎を心理学に与えることにあった。そのため、心理学は客観的に観察できる行動だけを研究すべきだと主張した。そこでは、有機体に入力される刺激と有機体から出力される反応つまり行動との相互関係を示す「法則」を発見することが期待された。このため、行動主義心理学はときに「刺激 - 反応」心理学と呼ばれることもあった。行動主義は影響力をもっていたので、一時期は心理学の定義を首尾よく刷新できた。心理学はもはや「心の科学」ではなく、「人間行動の科学」であるというわけだ。この見解は「方法論的行動主義」と呼ばれる。というのもこの行動主義は、心の存在または不在について本質的な主張をしたというよりは、心理学のための新しい方法を提起したからだ。方法論的行動主義の主張によれば、二元論が本当に批判されるべきなのは、それが心という実在しない実体を前提にした点ではなく、科学的に不適切である点だった。科学的な主張は客観的に検証できなければならない。そして人間の心について唯一客観的に検証できる主張とは、人間の行動にかんする主張だけだというわけである。

方法論的行動主義の大家としては、ジョン・B・ワトソン(7)(一八七八―一九五八)とB・F・スキナー(8)(一九〇四―九〇)がいる。彼らは実際、内面の質的な心的現象のいっさいを信じていなかったと思う。だが科学的な心理学という目的上、彼らが唯一必要としたのは、行動主義を特定の存在論的な学説というよりは一つの方法として強調することであった。スキナーを方法論的行動主義者と位置づけるのは不公平かもしれない。というのも、じつのところスキナーは自ら「方法論的行動主義」と呼んだものに反論していたからだ。スキナーは自分を「徹底的行動主義者」と規定していた。それにもかかわらず、彼の影響は大部分が方法論的なものでありつづけてきた。だからここでは標準的な教科書の説明にのっとって、スキナーを方法論的行動主義者と位置づけておく。行動主義によれば、唯一観察できる心的現象は人間の行動だけなのだから、心理学の正しい方法は人間行動の研究であるべきであって、謎めいた内面的、霊的、心的な実体といった対象についての研究ではありえない。このように、方法論的行動主義は心理学における研究プロジェクトであり、数十年にわたって驚くべき影響力を及ぼした。

論理的行動主義

論理的行動主義は、まず哲学の運動としてあらわれた。そして方法論的行動主義以上に強力な主張をした。方法論的行動主義は、デカルト式の二元論は科学的に不適切だと主張した。しかし論理的行動主義は、デカルトはそもそも論理的に間違っていたのだと述べた。*8 ある人物の心的状態にかんする言明(9)——たとえば人が雨が降りそうだと信じたり、肘に痛みを感じるといった言明――は、その人の現実の行動や可能な行動にかんする一連の言明とちょうど同じ意味をもっていて、心的状態にかんする言明は行動にかんする言明へと翻訳できる。とはいえ、必ずしもいま現実に存在する行動についての言明に翻訳できなければならないというわけではない。なぜなら、人はその時その場では行動にあらわさなかった痛みを感じていたかもしれないし、信念を抱いたかもしれないからだ。しかしその言明は、行動にかんする一連の仮定的な言明、つまりその行為者はこれこれの条件のもとではそうするだろうとか、これこれの条件ではそう言うだろうといった、行動にかんする言明に翻訳できるはずだと主張するのである。

典型的な行動主義者はこんな風に分析する。「ジョーンズは雨が降るだろうと信じている」と述べることは、次のような特定しえない多数の言明を述べるに等しい。つまり、「ジョーンズの家の窓が開いていたら彼はそれを閉めるだろう」「庭道具が外に出しっぱなしなら彼は屋内にしまうだろう」「散歩に出かけるなら彼は傘をさすかレインコートを着る、もしくはその両方をするだろう」等々。これは次のような考え方に基づいている。ある心的状態をもつということは、ちょうどある種の行動への傾向性があるということにすぎない。ここで傾向性という概念は、(10)「pならばq」という仮言的な言明の観点から分析されるべきものだ。これが心的状態の問題に適用された場合、(11)こうした言明は「もしこれこれの条件が満たされたら、しかじかの行動が後につづくだろう」という形式をとることになる。

物理主義と同一説

二〇世紀なかばになると、行動主義はその困難によって全般的に弱体化し、結果的には破棄されるにいたった。心理学の方法論的なプロジェクトとしては行き詰まり、加えて非常に痛烈な攻撃、とりわけ言語学者のノーム・チョムスキーによる攻撃にさらされた(12)。チョムスキーが述べたのはこういうことである。心理学を研究するために行動を研究するという発想は、物理学を研究しようとして計測を研究するのと同じくらいばかげている、と。もちろん物理学で計測結果を証拠として扱うように、心理学では行動が証拠として扱われる。だが、研究対象について人が手にしている証拠と、研究対象自体を混同するのは誤っている。心理学の研究対象は人間の心である。人間の行動は、心が存在することや心の性質にかんする証拠にはなるとしても、それ自体としては心そのものではない。

論理的行動主義の難点は、さらにいっそう注目された。どうしたら心にかんする言明を行動にかんする言明に翻訳できるのか。この問題にいささかなりとも満足のいく説明を与えた者は一人もいない。仮言命題〔pならばq〕の前件〔p〕をどのように特定するのか、とりわけ循環論法に陥らずに前件を特定するにはどうしたらよいのかについて、数々の専門的な難問が立ちはだかった。先に、行動主義においては「雨が降るだろう」というジョーンズの信念は、彼による雨の回避行動にかんする諸々の言明へと還元的に分析されると説明した。そこで問題なのは、そのように信念を諸々の行動へと還元できるのは、「ジョーンズは濡れたくないという欲求を抱いている」と仮定した場合にかぎられるということだ。つまり、ジョーンズは雨が降ると確信したら傘をもって出かけるだろうという仮定は、そもそもジョーンズは雨に濡れたくないのだとあらかじめ仮定する場合にかぎって妥当する。しかしそうだとすると、この還元は欲求の観点から信念を分析することでなされているのであり、そこには一種の循環論法があるように思える。信念は行動だけに還元されたのではない。信念は実際には行動と欲求に還元されたのであって、この場合、心的状態はすべて行動に翻訳できるという論理的行動主義の立場からすると、依然として分析が必要な心的状態〔欲求〕が残ってしまう。同じことが、欲求を行動に還元する場合にもあてはまる。「雨に濡れたくないというジョーンズの欲求は、傘をもち歩くという彼の傾向性にあらわれている」ということは、ジョーンズは雨が降るという信念をもっているのだとあらかじめ仮定する場合にかろうじて妥当するにすぎない。

第二の困難は、心的状態と行動の因果関係にかかわっていた。論理的行動主義は、心的状態とは、とりもなおさず行動と行動への傾向性であると論じていた。だがこの考え方は、内的な心的状態と外的な行動とのあいだには因果関係がある、という私たちが共通に認識している直観に反する。私は痛みが原因となってうなされてアスピリンを飲む、雨が降るだろうという信念と濡れたくないという欲求が原因となって傘をもち歩く、等々。行動主義はこの明白な事実を否定しているように思える。行動主義では、内的な経験と外的な行動の因果関係を説明できない。なぜなら、行動主義は実質上、外的な行動の他に内的な経験があることを否定するからだ。

さて、行動主義の真の困難は、その信じがたさがますますこじれていったことにある。私たちには思考や感情があり、痛みやくすぐったさやむずがゆさを感じる。だが、これらのことが行動に等しいとか、行動への傾向性にさえ等しいと仮定するのは理にかなったこととは思えない。痛みの感覚と痛みからくる行動は別のものだ。行動主義は直観的にも荒唐無稽に思えるので、論敵からしばしばからかわれた。行動主義者になるには「知覚麻痺のふり」をする必要があると、はやくも一九二〇年代にI・A・リチャーズ[13]は指摘している[*9]。また、大学の講義では行動主義にまつわる悪質な冗談が飛び交うものだが、その一例をご紹介しよう。ある行動主義者のカップルを想像してほしい。ベッドをともにした後、男が女に向かってこう言う。「君はすごく楽しんだ。僕のほうはどうだろう?」

行動主義がどうにも信じがたいものだから、一九六〇年代にはそれはすでに困惑の種となっていた。唯物論的な傾向の哲学者たちのあいだでは、行動主義は徐々に「物理主義」、場合によっては「同一説」と呼ばれる学説にとって代わられていった。物理主義はこう主張する。論理的行動主義の主張とはちがって、デカルトは論理の次元で誤っていたのではない。そうではなくて、事実問題の次元で誤っていたのだ。デカルトの考えによって、身体の他に魂が存在することが解明されたかもしれない。だが、実際のところその本性においては、人が心だと考えるものは脳に他ならず、心的状態だと考える痛みの感覚やくすぐったさやむずがゆさといったものは脳状態とおそらくはその他の中枢神経系の状態に他ならないということが解明されたのだ。このテーゼはときに「同一説」と呼ばれる。というのも、これは心的状態と脳状態が同一であると主張するからだ。同一説の論者は、自説と行動主義のちがいをはっきりさせることに腐心した。行動主義は心的な概念の定義にかかわる論理的なテーゼであるとされていたから、対する同一説は事実に基づいていると主張されることになった。つまり、行動主義のように心的な概念の分析にかかわるのではなくて、心的状態の存在様態にかかわると主張されたのである。行動主義のモデルとなったのは、一種の定義上の同一性だった。三角形は三辺からなる平面図形である、というのと同様に、痛みは行動への傾向性である。いずれも定義の問題だ。それにたいして同一説は、モデルとなるのは定義ではなく、経験科学が可能にする同一性の発見だと主張する。現に私たちは稲妻が放電と同一であるのを発見したし、また現に水がH_2Oと同一であるのを発見した。そして現在、心的状態が実のところ脳状態と同一であるのを発見しつつあり、しかもその知見は日々更新されているのだというわけだ[*10]。

同一説への反論

同一説にたいしては多数の反論があった。それらを、専門的な反論と常識に基づいた反論に区別するのが有益だろう。まず専門的な反論はこうだ。同一説は「ライプニッツの法則」と呼ばれる論理の原則を破っているように見える、というものである。[*11] ライプニッツの法則は、任意の二つのものが同一であるなら、両者はすべての性質を共通に備えているはずだと主張する。だから、もし心的状態の中に、脳状態には属しえない性質があることを示せたら、また脳状態の中に、心的状態に属しえない性質があることを示せたら、それによって同一説を反駁できるだろう。そしてそのような例を提示するのは難しくないように思える。たとえば、私は「雨が降っている」という自分の思考〔心的状態〕に対応する脳状態が、左耳の三センチ内側にある、と述べることができる。しかし同一説への反論によれば、雨が降っているという私の思考が私の左耳三センチ内側にある、と述べることには何の意味もない。さらに言えば、痛みのように身体の位置情報を含む意識の状態であっても、たとえばその痛みがつま先にあるとしても、その痛みに対応する脳状態はつま先ではなく脳にある。だから脳状態の性質は、心的状態の性質とは同一ではない。したがって物理主義は間違っている。これが反論だ。

同一説は、こうした反論を簡単に退けられると考えた。同一説によれば、反論は単に無知によるものにすぎない。脳についてより多くのことが解明されれば、なんの気兼ねもなく身体の空間的な位置を心的状態に、またその心的性質とやらを脳状態に帰すことができるようになるだろう。つま先の痛む位置について、同一説はこう言う。私たちが関心をもつのは、一般にそう思われている痛みという対象ではなく、その痛みがあるという経験の全体であり、その全体的な経験は、つま先の末梢神経の末端に対する刺激から、脳自体へと至る全体に及ぼされるのだ、と。確かに同一説は、この種の反論への応答には成功したものの、さらに深刻な反論に出会うことになった。

常識は同一説を次のように批判する。もし同一性が本当に経験に基づいた同一性、つまり、水とH_2Oや稲妻と放電のアナロジーに基づいて事実にかかわる問題〔経験によって検証できる命題〕として発見されうる事柄であったなら、同一性にかんする言明の二つの側面を明確にする二種類の性質があったはずだ。*12 したがって「稲妻は放電と同一だ」という言明は、同じ一つのことを稲妻の性質の観点と、放電の性質にかんする観点から同定しなければならない。また、「水はH_2O分子と同一だ」という言明は、同じ一つのことを水の性質にかんする観点と、H_2Oの性質にかんする観点から同定しなければならない。したがってたとえば、「痛みは特定の脳状態と同一だ」という言明は、同じ一つのことを痛みの性質にかんする観点と、脳状態の性質にかんする観点から同定しなければならないと主張される。だが、同一性の言明に、独立した二組の性質があるとするならば、心的な性質と物理的な性質という二つの異なる性質が残されてしまうように思える。要するに、同一説を機能させるためには、あたかも性質二元論に後退しなければならないかのようなのだ。もしあらゆる心的状態が脳状態だとすれば、二種類の脳状態、つまり、心的な脳状態と心的ではない脳状態があることになる。これでは、いったい性質二元論とどこが違うというのだろうか？　心的状態には心的な性質がある。他方には物理的な性質だけがある。まるで性質二元論ではないか。

これが同一説にとって決定的な問題となった。この理論のポイントは、唯物論を正当化することにあった。つまり、心的状態は脳の物質的な状態とぴったり同一であって、その状態以外のなにものでもなく、またその状態に還元できる、ということを示そうとした。しかし当の脳状態が最終的には還元できない心的性質をもっていることが判明するならば、このプロジェクトは失敗に終わる。同一説は、還元しきれない心的な要素を残してしまうのだ。本書の準備中に、同一説論者を自任する哲学者に出会った。彼はこの帰結を可能性としては擁護したいらしい。[*13]グローヴァー・マクスウェル[(14)]は自分の立場を同一説と呼んでいる。だが彼が言うには「脳内現象とは、まさに喜び、悲しみ、痛み、思考、等々にほかならず、質的で精神的な豊かさがある——と、このように推測することが全面的に可能である」（p. 235）。これは私が正しい見解とみなすものにきわめて近いのだが、それについては第四章で説明しよう。だが、この見解は同一説を代表するものとは言えない。

この反論に対する標準的な同一説からの回答は、ライプニッツの法則による反論に対する回答ほどには信頼できそうにないものだった。*14 彼らが提示した回答はこうだ。当の現象は、心的な述語を一切用いずに記すことができる。つまり、論題に中立的な語彙で記述することができる。「私は橙色《だいだい》の残像を見ている」と言う代わりに同一説の論者が選ぶのは、「私の中でなにかが起こりつつある。それは私がオレンジを見たときに起こることに似ている」という言い方だ。同一説は、心的状態を「論題に中立な」語彙で同定するこうした言い換えによって反論に応えるはずだった。というのも、そのように言い換えれば心的な要素を心的ではない中立的な語彙で記せるからだ。なにかが私の中に起こりつつあり、それは二元論と唯物論から中立的に記述できる。これは、心的状態が脳の過程にすぎないことを示している。だから心的な性質を唯物論と矛盾しない仕方で記すことができる、と。

この回答は失敗していると思う。心的な現象を心的な語彙を用いないで語ることができるという指摘は、心的な現象が心的な性質をもちつづけるという事実を変えることはない。橙色の残像は、その性質に言及しようとしまいと質的であり主観的なままだ。もし飛行機について語るのを拒みたいと思えば、「ユナイテッド航空に属するなんらかの性質」と言えばよい。だがそうしたからといって飛行機が存在しなくなるわけではない。ポイントを整理しよう。本来的に備わっている質的で主観的な現象について、その性質を示さない語彙で言及できるのが事実だとしても、その事実によってその性質が除去されるわけではない。結局のところ、同一説はそのような性質を否定したかったのだが、そのためには別の論証が必要とされるのである。*15

もう一つ、いささか専門的な反論もある。それは同一説にたいへんかかわりの深いもので、ついには同一説に修正を強いるものとなった。つまり「ニューロン狂信主義」という非難だ。*16すべての痛みはある種のニューロン刺激に同一であり、すべての信念はあるタイプの脳状態に同一である、というのが同一説の主張だとすると、ニューロンをもたない存在や適切な種類のニューロンをもたない存在にとって、痛みや信念はありえないように思える。だが、どうして人間と異なる脳の構造を備えた動物が、心的状態をもちえないといえるのだろうか？　また実際に、ニューロンをまったくもたず、それでいて心的状態をもつような機械をどうして造れないといえるのだろうか？　この反論は、同一説に「タイプ－タイプ同一説」から「トークン－トークン同一説」へという重要な移行をもたらした。

両者のちがいを説明するために、まずタイプとトークンのちがいを簡単に説明しよう。「犬」という単語を、「犬　犬　犬」という具合に三回書くとする。このとき私は一つの単語を書いたのだろうか、それとも三つの単語を書いたのだろうか？　そう、一つのタイプの言葉について三つの例、あるいは三つのトークンを書いたのだ。タイプとは抽象的で一般的な存在物のことで、トークンとは具体的で特定の対象や出来事のこと。この両者を区別する必要がある。「これこれのタイプに属すこれこれのトークン」と言えば、「抽象的で一般的なタイプについての具体的で特定の具体例」というわけだ。

この区別を用いて、同一説がどのようにタイプ-タイプ同一説からトークン-トークン同一説への移行を促されたのかを知ることができる。タイプ-タイプ同一説は「すべての心的状態のタイプは、なんらかの物理的状態のタイプに同一だ」と主張する。同一説論者自身の考えに照らしても、これはいくぶん杜撰《ずさん》な考えだ。というのも、ここで問題となっている心的状態と物理的状態の同一性とは、現実的で具体的なトークン同士の同一性であって、抽象的で普遍的なタイプ同士の同一性ではないからだ。同一説論者が意図したのはこういうことだ。すべての心的状態のタイプにたいして、なんらかの脳状態のタイプがある。それはあたかも、すべての心的タイプに属すトークンが脳的タイプに属すトークンであるのと同じである、と。トークン同一説の論者はただこう言ったのである。ある心的状態のタイプに属すどのトークンにたいしても、その心的状態のトークンに同定されるような、物理的状態のなんらかのタイプに属すトークンがある、と。要するにトークン同一説が求めているのは、たとえば、あらゆる痛みのトークンはまさに同じ脳状態のタイプの具体例であるはずだ、ということではない。あらゆる痛みのトークンが、「痛み」という同じ心的タイプに属す諸々のトークンだったとしても、そのあらゆる痛みのトークンは、脳状態のさまざまなタイプに属す諸々のトークンであるかもしれない、ということだ。こうしたわけで、この考え方を「タイプ-タイプ」同一説〔タイプ同士の同一説〕にたいして

「トークン-トークン」同一説〔トークン同士の同一説〕と呼ぶ。トークン-トークン同一説は、タイプ-タイプ同一説よりももっともらしく見える。たとえば、私が「デンヴァーはコロラドの州都だ」と信じているとしよう。そしてあなたもまた「デンヴァーはコロラドの州都だ」と信じているとする。あなたと私が「デンヴァーはコロラドの州都だ」という同じ信念をもつためには、双方がまったく同じタイプの神経生物学的な状態でなければならないと仮定するのは無益だと思う。私が「デンヴァーはコロラドの州都だ」と信じるときの神経生物学的な状態は、私の脳のある位置に存在するだろう。また、あなたのそれは別の位置に存在するだろう。二人がもっている信念が同じだったとしても。

　まずいことに、同一説の論者はしばしば説得力に欠ける例をもち出した。もっとも愛用された例は、「痛みはC線維刺激と同一である」というものだ。タイプ同一説によれば、すべての痛みは、あるC線維刺激と同一だ。また、トークン同一説によれば、この特定の痛みはこの特定のC線維刺激に等しいかもしれないが、別の痛みは別の脳状態もしくは別の組織《マシン》の状態に等しいかもしれない。あいにく、こうしたことはいずれも神経生物学的には妥当しない。C線維とは軸索《じくさく》の一種で、ある種の痛みの信号——すべてのではない——がC線維によって脳へと伝達されるのは事実だ。だが、C線維刺激がなければいかなる痛みも存在しないと考えるのは、神経生物学的にバカげている。C線維は、脳と神経系における痛みの複雑なメカニズムの一部にすぎない。いずれにしても、同一説はこういった例を提示し、たいへん多くの論争が、タイプ同一説を採るか否か、それともトークン同一説が望みうるすべてなのか否かということに集中した。結局のところ、トークン同一説はタイプ同一説よりも大きな影響力をふるったとは言えるだろう。

だがいまやトークン同一説は興味深い問題に直面している。「そうしたすべてのトークンが共通に備えているもの、つまりそれらのトークンを同一の心的状態のタイプに属すトークンにしているのはなんなのか?」という問題だ。あなたと私がともにデンヴァーはコロラドの州都だと信じているとする。もしそこに私たちの脳状態の他になにもなく、二人が異なる脳状態のタイプにあるとしたら、正確に言って私たちはなにを共有していることになるのだろうか? この問題にたいして従来与えられてきた、二元論とタイプ-タイプ同一説という二つの回答は、トークン物理主義の役には立たないことに注意しておきたい。トークン物理主義の立場では、その状況で二人が共有しているのは還元できない同一の心的性質だ、といってすませるわけにはいかない。なぜなら、トークン物理主義がひたすら考えてきたのは、そのような還元できない心的性質を消去もしくは厄介払いすることだったからだ。また、その状況で二人が共有しているものは、同じ脳状態のタイプだとも言うはずがない。なぜなら、そもそもタイプ同一説がトークン同一説に全面移行したのは、ある特定の心的状態のタイプに属すあらゆるトークンは、ある脳状態のタイプに属す一つのトークンに同一だとするタイプ同一説による説明を避けるためだったからだ。

機能主義

この段階で唯物論はある手段を講じたが、それが後の心の哲学には決定的になった。唯物論はこう主張した。脳状態のトークンを心的状態にするのは、有機体がとる行動全体にかかわるあるタイプの機能である、と。だからこれが「機能主義」と呼ばれたのは不思議ではない。この学説は次に詳述するような見解に発展していった。[*17] つまり、「ジョーンズは雨が降っていると信じている」と述べるのは、彼の中である出来事・状態・過程が生じており、それはある種の外的な刺激——たとえば、雨が降っているのを知覚するといった刺激——によって引き起こされると述べることに等しい。また、ジョーンズの内部に生じる現象は「雨に濡れたくない」といった他の要因とともに、ジョーンズにある種の行動——たとえば傘をもち歩くといった行動——を引き起こすだろう。要するに心的状態は、ある種の機能をもった状態として定義されるのだ。そして機能という概念は、外的な刺激、問題となる心的状態とは別の心的状態、外的な行動との因果関係の観点から説明される。次のように言い換えることもできる。雨が降っているというジョーンズの知覚は、彼に雨が降っているという信念を引き起こす。雨が降っているという信念と、濡れたくないという欲求は、傘をもち歩くという行動の原因となる。では信念とはなにか？　信念とは、こうした因果関係に一役を買うなにかだ。その点、同一説論者はその理論が備える特徴を正しく捉えるために優れた専門的な工夫を凝らしていた。それは考案者であるイギリスの哲学者フランク・ラムジー[15]の名を冠して「ラムジー文[16]」と呼ばれるものだ。先に見たように、知覚と欲求を結合させることによって、「雨が降っているという信念」をあっさりとお払い箱にして、その代わりに「x」（因果関係に一役買うなにか）を置いた。そうしておいて、言明全体を「xのようなものがある」という存在記号[17]からはじめてみよう。すると次のようになる。「雨が降っているという知覚が引き起こすxのようなものが存在する。そしてxは濡れたくないという欲求とともに、傘をもち歩くという行動を引き起こす」。では、この説明において信念とはいったいなんなのか？　信念とは、これらの（また似たような多くの）因果関係の代理となるなにか、任意のxだ。信念のような心的状態は、どんな本来的な性質からも定義されない。むしろそうした心的状態は、因果関係から定義されるのであり、そうした因果関係は、ある機能を構成している。たとえば、信念は知覚によって引き起こされ、欲求とともに行動を引き起こす。こうした因果関係の全体が信念を抱くということにかかわっているのだ。

　信念については以上のとおりだとして、では欲求と知覚の関係という残された問題についてはどうか？　これもまた機能的に分析されることになる。ちょうど信念であるようなxがあり、それが因果関係で定義されたように、欲求に相当するyがあり、知覚に相当するzがある。そしてyやzもまた因果関係から定義されるのだ。

こうして、行動主義に対する二、三の反論は、機能主義によって論駁された。反論の一つは、行動主義が信念の説明に欲求を使い、欲求の説明に信念を使うといった、明白な循環論法を採ることに対するものだった。これは機能主義によって一挙に解決される。つまり、信念と欲求を同時に因果関係の観点から分析すればよいのだ。さらに行動主義が心的状態と外的な行動の因果関係を捨象したという反論についても機能主義はただちに応じた。つまり、機能主義では心的状態を部分的に、外的な行動を引き起こす能力の用語で定義している。さらにもう一つ、機能主義による心的状態の説明が魅力的なのは、心的な領域を周知の人間の機能的な存在《エンティティ》の領域へと融合させるように思えることだ。「キャブレターとはなにか?」「サーモスタットとは?」「時計とは?」との問いは、キャブレターやサーモスタットや時計が果たす因果的な機能を説明することで因果的に答えられる。これらはその物理的な構造から定義されるわけではない。たとえば、時計はギアと歯車からできているかもしれない。でも砂時計かもしれないし、水晶発振器からできているかもしれないし、任意の物理的な素材でできているかもしれないからだ。つまり時計の定義は、なにからできているかによってではなく、「時刻を示すなにがしかの物理的装置」という特徴によってなされるのだ。同じことがキャブレターにもサーモスタットにも言える。心的状態とは、キャブレター、サーモスタット、時計のようなものだ。それは物理的な構造やデカルト式の心的本質からは定義されない。そうではなく、因果関係から定義されるのだ。信念とは、入力刺激やたとえば欲求のような他の心的状態との関係に役立ち、外的な行動を引き起こす任意の存在にすぎないというわけだ。

機能主義の基本的な動機は、「いったいなぜ私たちは人びとに心的状態があると考えているのか？」という問いに答えることだった。その回答はこうだ。人びとは信念や欲求を抱く。なぜなら、人びとの行動を説明したいからだ。機能主義はこうした洞察のすべてをとらえてきたと思う。

機能主義者はもちろん、行動を引き起こす内的で心的な脳状態の本性を知りたいと望んでいた。心的状態はどのようにして他の種類の脳状態から区別されたのだろうか？　答えの一つは、これは哲学の問いとしてはまったく不適切である、というものだった。それは心理学者か神経生物学者に任せるべき問題だ。脳は単なる「ブラックボックス」、つまり刺激に応じて行動を生み出すブラックボックスとして扱っておけばよい。哲学者ならばブラックボックスのしくみに頭を悩ませる必要はない。このような立場はときに「ブラックボックス機能主義」と呼ばれた。

だが、ブラックボックス機能主義は知的には不満足なものだ。誰もがもつ知的な好奇心を満たしてくれないのだから。人は、まさにそのシステムがどのように作動しているのかということを知りたいのである。

コンピュータ機能主義（＝強い人工知能）

ここで、二〇世紀の心の哲学の歴史上もっとも刺激的な展開の一つが生じた。その展開は多くの関係者にとって（私にとってはそうではないが）心躍らせるものであるばかりか、二〇〇〇年以上ものあいだ哲学者を悩ませてきた問題にとうとう解決をもたらすように思えたのだった。その着想は、哲学、認知心理学、言語学、コンピュータ科学、人工知能といった各領域の研究が交わるところに基盤を置いていた。人びとは自分たちが直面した問いに対する答えを得たと思った。脳はコンピュータのように作動するのであり、「心」と呼ばれるものはコンピュータの一プログラム、あるいは複数のプログラムが組み合わさったものだ。ここに、心の哲学史上最大の発見が成し遂げられたというわけだ。この考えによれば、心的状態とは脳の計算《コンピュテーショナル》的な状態である。脳はコンピュータであり、心は一つまたは複数のプログラムが組み合わさったものである。多くの教科書に基礎づけをあたえているのは、次の原理である。つまり、脳にとっての心は、ハードにとってのプログラムである、という原理である。*18

このような立場は「コンピュータ機能主義」と呼ばれることもあるが、私もかつてこれを、「弱い人工知能」――つまり心をつくろうと目論むのではなくコンピュータのシミュレーションで心を研究することを目指す研究――と区別して「強い人工知能」と命名したことがある。強い人工知能の立場では、適切にプログラムされたコンピュータは、心的状態をシミュレートするだけでなく、文字どおり心をもつのだという。心のコンピュータモデルの登場で、デカルトを煩わせた問題、さらには二五〇〇年前の古代ギリシアの哲学者にまでさかのぼる問題をついに解決できたと思えた。とりわけ従来の心身問題を完全に解決できたように思えた。心と身体の関係は謎めいて見えたが、プログラムのハードに対する関係、ソフトウエアの物理的な実装に対する関係には少しも謎めいたところがない。それは世界中のすべてのコンピュータ科学の分野で理解されている関係だ。それはコンピュータでプログラムをつくるさいにごく日常的に使われているのだから。

$$\frac{\text{心}}{\text{脳}} = \frac{\text{プログラム}}{\text{ハード}}$$

Ⅳ　計算と心的過程

ここまでのところ、私は唯物論の見解が提出されるつど、それを批判してきた。だがここでは心のコンピュータ理論を整理するにとどめ、この理論やその他の機能主義に対する批判は次章まで差し控えておこう。心のコンピュータ理論がどのように私たちの問題を解決すると考えられているのか、その細部を説明する前に、いくつか鍵となる概念を導入しておきたい。これらは現代哲学とのかかわりにおいて重要なだけでなく、より広い知的な活動においても重要なものばかりだ。ここで手短に説明したいのは、アルゴリズム、チューリング・マシン、チャーチのテーゼ、チューリングの定理、チューリング・テスト、記述のレヴェル、多重実現可能性、再帰的分解、といった概念である。これらの概念は先頃まで、また、いくつかの方面ではいまなお、認知科学と関連諸学において心の本性にかんする唯一大きな影響力をもつ見解の中核を担っている。さらに言えば、これらの考え方のいくつかは、哲学から縁遠いものとはいえ一般教養の観点からも大変重要なものだから、よくよく理解していただきたいと思う。

アルゴリズム　アルゴリズムとは、一連の正確なステップ(18)をつうじて問題を解く方法だ。ステップは有限数でなければならない。また、アルゴリズムが正しく実行された場合、そのアルゴリズムは問題の解決を保証する。このため、アルゴリズムは「実効的な手続き」と呼ばれることもある。好例は、算術の問題を解くさいに用いられる、足し算や引き算などのやり方だ。足し算や引き算では、正しいステップに従うかぎり、正しい解が得られるだろう。

チューリング・マシン　チューリング・マシンはたった二種類の記号だけを使って計算を行う装置だ。多くの場合0と1を使うが、どんな記号を用いてもかまわない。チューリング・マシンのアイデアは、イングランドの優れた論理学者・数学者であるアラン・チューリング(19)によって考案された。チューリング・マシンのきわだった特徴は、その簡潔さにある。チューリング・マシンは、記号を書き込むための無限のテープと、テープから記号を読み取るためのヘッドを備えている。そのヘッドは左右に動き、0を消したり、1を書いたり、1を消したり、0を書いたりできる。チューリング・マシンは、こうしたことをすべて一群のルールからなるプログラムに従って行う。ルールはつねに同じ形式をとる。条件Cが満たされたら行為Aを実行する。C→A。たとえば、こんな形式のルールが考えられる。もし0を読み取ったら、その0を1に置き換えて〔0を消して1を印字して〕一つ左に動け。

チューリング・マシンはふつうの意味での機械ではないから、お店に行っても買えない。これは抽象的な数学概念である。たとえば、チューリング・マシンは無限のテープを備えているが、これは要するに容量が無限ということだ。現実の機械ではこんなことはありえない。現実の機械は壊れたり錆びついたりビールをこぼされたりする。チューリング・マシンは純粋に抽象的だから、そんな短所もない。だが、チューリング・マシンの概念は形式的で抽象的な概念であるものの、他方で実用のためにお店で買うコンピュータもれっきとしたチューリング・マシンなのだ。市販されている通常のコンピュータは、二種類の記号を操作してアルゴリズムを実行している。現代の洗練された電子工学技術を使ったコンピュータは、秒間数百万回のレートで記号操作を実行できる。

チャーチのテーゼ アロンゾ・チャーチ(20)に帰せられるこのテーゼ（チューリングとは別にあらわれた。場合によって「チャーチ＝チューリング・テーゼ」と呼ばれる）は、アルゴリズムで解決されるものならどんな問題でもチューリング・マシンで解けるというテーゼだ。言い換えると、どんなアルゴリズムもチューリング・マシン上で実行できるということだ。つまり、０と１の二進数記号を用いるだけの機械という考え方で、どんなアルゴリズムも実行できるのだ。これはたいへん重要なテーゼだ。なぜならこのテーゼは、計算可能であればどんな問題もチューリング・マシンで計算できるということを数学の観点から述べているからだ。計算可能な関数はすべてチューリング・マシンで計算可能である。

チューリング・マシンは、さまざまな種類や状態や形態で実現できる。たとえば私の車には、燃料消費率を割り出すことに特化したコンピュータが搭載されている。だがこうした目的が特化されたコンピュータやチューリング・マシンという考え方のほかに、ともかくどんなプログラムでも実行できる汎用目的のコンピュータという考え方もある。チューリングの定理として知られる重要な数学的帰結の中で、チューリングはどんなチューリング・マシンの動作もシミュレートできる万能チューリング・マシンの存在を証明している。もう少し詳しく言えば、特定のプログラムＴＰを実行する任意のチューリング・マシンにたいして、TPを実行できる万能チューリング・マシン（UTM）が存在するということをチューリングは証明したのである。

人間の脳が一個の万能チューリング・マシンだと想定してみると、チューリングの発想はたいへん刺激的なものになる。だが私はこのような着想から生じる興奮を過大視できない。なぜなら、この発想は、私たちを悩ませてきた哲学的な問題に解答を与えるのではなく研究プログラムを課してくるからだ。脳の中でどのプログラムが実行されているかを発見すれば、心を研究できるし、心が実際にどのように働いているかを解明できる。この研究プログラムのたいへん魅力的な特徴は、完全で厳密な心の科学を遂行するにあたって、脳が物理的なシステムとしてどう機能しているかを実際には知る必要がないことだ。脳のスペックは心にはまったく関連性がない。なぜなら、プログラムを実行できる程度に安定していて高性能であれば、脳以外の物理的システムであっても、同様に機能すると考えられるからだ。この見解では、脳の働きにかんする神経生物学的な詳細は、心と関係がない。人間は、進化的な偶然によってニューロンという物理的システムを備えるにいたった。だが、十分に複雑なハードウェア・システムなら、人間が頭蓋骨の中で行っているのと同程度の機能をもつだろう。だから心について十分適切な科学的説明が欲しいなら、誰もがなにかを認知するさいに用いているチューリング・マシンのプログラムを発見しさえすればよい、というわけだ。

チューリング・テスト とはいえ、テストは必要だ。ここで必要なのは、マシンが本当に理知的にふるまっている場合とそうでない場合を判別するテストだ。アラン・チューリングは、そのためのテストも考案していて、それはチューリング・テストと呼ばれている。さまざまなヴァージョンがあるが、基本的な考え方はこうだ。他者には心があるか、マシンは本当に思考するか、マシンは本当に知性をもっているか、といった問題にかかわる重要な論争にたいして、ただ次のように自問すればよい。つまり、「そのマシンは、専門家の目から見ても、人間が行ったのかマシンが行ったのか見分けがつかないように物事を遂行できるか?」と。たとえば、もしマシンが中国語による質問にたいして中国語が母語の話者と同じように応答できれば、応答される側が中国語ネイティヴだとしても、応答した相手がマシンか人間かを区別できないはずだ。このとき、そのマシンは中国語を理解していると言うべきだろう。お気づきかもしれないが、チューリング・テストは一種の行動主義を表現している。行動に基づくテストは心的状態の存在にとって決定的である。

記述のレヴェル どんな複雑なシステムも、さまざまな方法で記述できる。たとえば、車のエンジンは、分子構造の観点、全体の物理的なかたちという観点、構成パーツの観点など、さまざまな観点から描写できる。このような記述可能性の多様さを「レヴェル」という比喩を使う方法があり、広く受け入れられている。人は、分子のミクロなレヴェルを、全体の物理的構造や物理的な構成要素のレヴェルといった、より高いレヴェルの記述に比べて低いレヴェルの記述だと考える。この区別のもっともおもしろい点は、それがコンピュータにこそ劇的に該当することだ。低いレヴェルの記述では、あなたのコンピュータと私のコンピュータはまったく異なっているだろう。たとえば、あなたのコンピュータと私のコンピュータとではちがうプロセッサが搭載されているかもしれない。だが、高いレヴェルの記述では、どちらのコンピュータも同じアルゴリズムを正しく実行するし、両者は同じプログラムを実行するだろう。

多重実現可能性　記述レヴェルの多様性という考え方には、すでに暗黙のうちに別の概念が含まれている。つまり、多重実現可能性という考え方であり、これは心の計算理論にとって決定的なものだ。その要点はこうだ。Microsoft Word のプログラムやキャブレターといった高いレヴェルの性質は、Word やキャブレターが現に実現されているのとは物理的に異なるさまざまなシステムでも実現できるかもしれない。つまり、ある同一の高レヴェルの性質を、さまざまな低レヴェルのハードウェアで多重実現可能だといえる。多重実現可能性は、トークン同一説に備わった当然の性質に思える。低レヴェルのさまざまなタイプに属すさまざまなトークンは、共通した高レヴェルの心的な性質がさまざまなかたちで実現化したものかもしれない。ちょうど同一のコンピュータ・プログラムが、さまざまな種類のハードウェアで実行されうる、つまり、多重実現可能であるのと同じように。だから、「雨が降るだろう」という信念のような同一の心的状態が、さまざまな種類のハードウェアで実行されうるかもしれず、それもまた多重実現可能性なのである。

左の図は、記述のレヴェルの区別を示したもので、高レヴェルの事柄〔AB〕がさまざまな低レヴェル〔B以下〕で多重実現可能なことを示している。

線分ABによって示される同一のシステムが、線分BC、BD、BE、BF、BGによって示されるさまざまな低レヴェルのシステムにおいて実現されうる。

再帰的分解　さらにもう一つ、重要な考え方があるのだが、それはすでに述べたことの中に含まれている。大きく複雑な問題は、小さく単純な問題に分解でき、それ以上分解できないレヴェルにいたるまで、さらに単純な問題へと分解できる。たとえば、28×71のような掛け算は、複雑な計算に感じられるだろう。だが、チューリング・マシンというアイデアが優れているのは、実際にはそうしたあらゆる問題を0と1による単純な操作へと分解することだ。1を書く、0を消去する、ヘッドを一つ左に移動する、あるいは一つ右に移動する。算術だけでなく、他の仕事に必要となる途方もなく複雑なアルゴリズムを実行する場合でも、チューリング・マシンがわきまえている必要があるのはこれだけだ。複雑な仕事の場合、すべてが0と1という二つの記号から成る単純な二進数の演算になるまで同じ処理を繰り返し（再帰的に）適用して、単純な仕事に解体（分解）できる。興奮冷めやらなかった初期の頃には、ニューロンが発火したか否かという事実は、脳がコンピュータのような二進数システムだということを示していると言う人もいた。また、再帰的分解というアイデアは、人間の知性を理解するうえで重要な手がかりを与えてくれるように思われた。人間の複雑な知性の仕事は、単純な仕事へと再帰的に分解できる。それが私たちの知性のあり方なのだ、というわけだ。

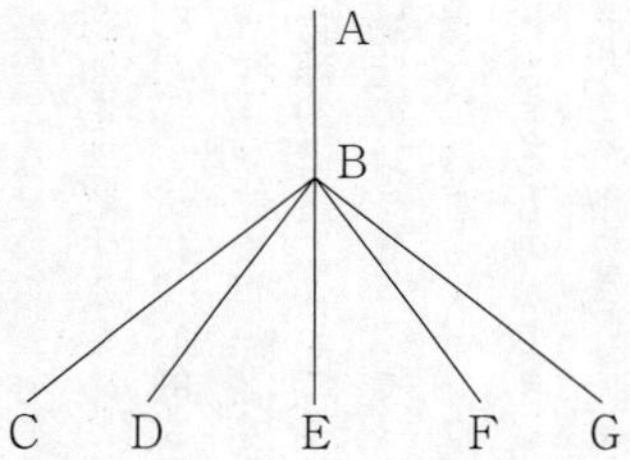

以上に説明した考え方には、二〇世紀の最後の一〇年に唯一大きな影響をもった強力な理論である心の理論を統合するために必要な道具が含まれている。脳はコンピュータであり、まずおそらくは万能チューリング・マシンである。プログラムを走らせることでアルゴリズムを実行するように、私たちが心と呼んでいるものは、一つのプログラムもしくは複数のプログラムの組み合わせなのである。人間の認知能力を理解するために唯一必要なことは、知覚や記憶といった人間が認知能力を発揮するさいに実行しているプログラムを発見する

ことだ。なぜなら、心的な記述のレヴェルは、プログラムのレヴェルなのであって、人間の認知を理解するためには脳がどのように働いているかといった詳細を理解する必要はないのだ。さらに、心的な記述のレヴェルは神経構造よりも高レヴェルなので、心についてタイプ‐タイプ同一説を強要されることもない。むしろ、心的状態とは、さまざまな種類の物理的構造によって多重実現可能だ。心的状態は、偶然、脳で実現されているわけだが、不特定のコンピュータ・ハードウェアでも同じように実現されうるものだ。実装するハードウェアによらず、プログラムを動かすために必要な安定性と資源さえあれば、人間の心に相当するものができるだろう。人間はチューリング・マシンなのだから、複雑な演算をそれ以上分解できない単純な演算――0と1の演算――へと分解すれば認知を理解できるだろう。さらには、チューリング・テストという人間の認知に相当するものを複製できたかどうかを知る手立てもある。チューリング・テストによって、あるものが認知能力を備えているかどうかをはっきりと立証できる。実際に知性を備えたマシンを発明できたかどうかを知りたければ、チューリング・テストを実施してみればよい。いまや私たちには、認知科学という研究プロジェクトがあるのだ。

私たちは、市販のマシンを使って、チューリング・テストに合格できるプログラムを設計することで、脳で実行されているプログラムを発見しようとしている。そして人間がコンピュータのプログラムと同じようなプログラムに従っているかどうかを調べるために、心理学者に人間を使った実験を依頼する。たとえば、数字の記憶を使った有名な実験がある。この実験では、被験者の反応時間がコンピュータの処理時間と同じように変化するらしい。多くの認知科学者にとって、この実験は、人間がコンピュータのアルゴリズムのような処理を使っている恰好の証拠に思えた。

以上が初期の認知科学における心の計算理論の魅力である。もしあまり面白みを感じなかったとしたら、私の説明が拙かったのだろう。というのも当時は多くの人びとがこの理論に熱中したのだから。そこからたくさんの研究プロジェクトがはじまり、同様にたくさんの研究助成金が注ぎ込まれた。だが、こともあろうに、そこには重大な誤りがあった。当時私はそう考えた。そしていまもそう思っている。いったいなぜ誤っているのか、次章で説明しよう。ここではまずその魅力を味わっておいていただきたい。

いくぶんためらわれるのだが(というのも単純化しすぎているから)、ここまで検討してきた諸々の理論の関係を次頁に図示しておこう。

V　その他の唯物論

唯物論の特徴でおもしろいのは、およそ考えられるほとんどの唯物論の立場は、数人の哲学者によって担われてきたことだ。現代唯物論の物語を終えるにあたって、あと二つの

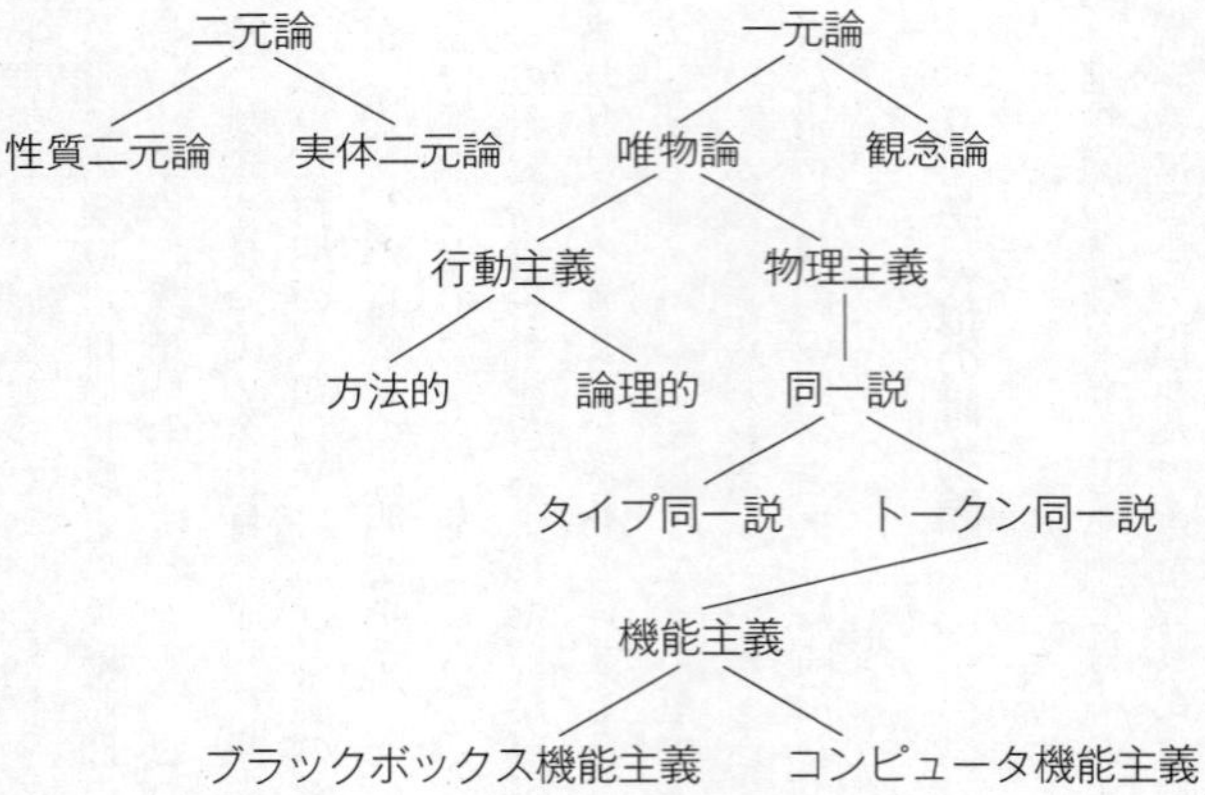

見解に触れておきたい。一つは消去的唯物論で、心的状態などというものは存在しないという立場。もう一つは非法則的一元論というドナルド・デイヴィドソン[21]によって提唱されたトークン同一説の一種だ。

消去的唯物論はこう論じる。[*19] なぜ私たちは、人びとが信念や欲求やその他の心的状態をもっていると言うのだろう？ それは人びとの行動を説明したいからだ。ということは、信念や欲求などにかんする前提は、物理学の電子や電磁力が理論的な存在物《エンティティ》を説明するための前提であるのと同様に、ある種の理論的な存在物を説明するための前提である。このような前提には、その存在物が存在しないことを立証するには、理論の誤りを証明すればよいという特徴がある。フロギストン理論[22]——物体の燃焼は「フロギストン」と呼ばれる存在物を放出することにほかならないという理論――は論駁されていまでは時代遅れになったが、その理論が否定されたからこそ、人はもはやフロギストンが存在するとは信じていない。では、信念や欲求などを前提とする理論とはなにか？　それは常識《コモンセンス》、あるいは心理学の祖先、学術論文では通例「素朴心理学《フォーク・サイコロジー》」と呼ばれている理論だ。しかしいまや唯物論の線で検討が進むにつれて、素朴心理学は不適切でまったく誤った理論だということがほぼ確実になった。なぜだろうか？　一つには、素朴心理学を支える考え方が、科学が進展するたびに粉砕されてきたという事情がある。いまや素朴心理学をまじめに研究している者などいない。たとえば、合理性にかんする素朴心理学は、アリストテレスのものからあまり進歩していない。だが、もし信念や欲求などを前提とする理論が誤っているとしたら、信念や欲求といった存在物は存在しないことになる。率直に言って、消去的唯物論は心的状態をすっかり消し去る唯物論の一種にすぎない。この立場によれば、日没やフロギストンが錯覚であるのと同じように、信念や欲求といった心的状態が錯覚であることが示されるということになる。

素朴心理学の存在物《エンティティ》への反論として、素朴心理学の概念は神経生物学的な現象へとタイプ‐タイプ型の還元がなされない、と指摘するものもあった。神経科学が発展して、もはや信念や欲求といった類いの概念はお払い箱になっている。なぜなら、そうした概念は、神経生物学のカテゴリーに適合しないからだ。神経生物学的な現象へとタイプ‐タイプ型の還元がなされないということから、信念や欲求のような存在物は存在しないと推定するのは理にかなったことのように思える。

次に非法則的一元論だが、これはドナルド・デイヴィドソン[*20]によって推し進められた見解だ。彼は以下のような議論を提出している。

ステップ一――心的現象と物理的現象のあいだには因果関係がある。

ステップ二――原因と結果としてかかわりあう出来事がある場合、かならずそれらの出来事は、厳密で決定論的な因果法則に支配されているはずである。

ステップ三――だが、心的なものと物理的なものにかんしては、そのように厳密な決定論的な因果法則は存在しない。デイヴィドソンの用語では、心理－物理的法則は存在しない。

したがって、

ステップ四――結論。いわゆる心的な出来事はすべて物理的な出来事である。

心的な出来事は、物理法則を裏づけるような物理的な出来事であるはずだ。また、人が心的な出来事を心的なものとして記述する場合、特定の心的な語彙に合致する物理的な出来事のカテゴリーを選んでいるだけだ。心的な出来事は、ある記述のもとでは心的だが、別の記述では物理的でもある。だから結果は一種の唯物論だ。その唯物論はこう主張する。つまり、心理科学のテーマになる問題は、物理学で得られる普遍的な法則ではけっして記述できない。それは、そうした問題が謎めいた霊魂的な存在物《エンティティ》や心的な存在物の一種だからではない。そうではなく、人がそうした問題を理解するさいに使う心的な記述は、物理的な記述に基づいて理解される物理的現象と、法則のような仕方ではかかわっていないからである。この点についてデイヴィドソンは、次のように議論するだけだ。信念や欲求のような心的現象は、合理性の制約に服し、合理性は「物理学に反映されない」というものだ(23)。

二〇世紀全般にわたる唯物論の標準的な見解を紹介してきたが、できるだけ公平に説明しようと心がけた。もしここで紹介したさまざまな見解が少しも魅力的に見えなかったとしたら、それは私が他人の意見をうまく説明できなかったからだ。しかし正直に言えば、私はこれらの理論がどうにも不十分だと考えている。以下の数章では、その不十分さについて論じよう。目下の目的に照らして言えば、行動主義は唯物論としては妥当性を欠くということ、さまざまな種類の物理主義、中でも機能主義を吟味する必要があるということを確認しておきたい。

次章の議論の大半は、強い人工知能がその頂点となった機能主義の歴史的伝統にかかわる。また、非法則的一元論についてはこれ以上言及しないつもりだ。なぜなら、それはトークン同一説の一般的なトピックに該当することがわかったからだ。今度は消去的唯物論について手短に、しかし不公平にならないようにまとめよう。先ほど消去的唯物論の三つの議論について述べた。第一の議論は、素朴心理学が仮定する欲求や信念のような存在物《エンティティ》は、理論構造の一部として仮構されたものだ、と主張している。しかし一般にこれは正しくない。たとえば、私がなにかを欲してそれを得ようという決意を成り立たせるとき、その現実の意識上の思考過程は、すべて私が直接経験するものだ。

第二の議論は、素朴心理学の主張はほとんど誤りであることが証明される、というものだ。だが問題は、このような論者の主張を検討してみると、素朴心理学の命題の記述がきわめて信じがたいものである点にある。ときに彼らは、どうみても人が思ってもないような信念を私たちに押し付けている。たとえばある論者は、こんな信念を私たちに帰す。つまり、もし人がpを信じており、また、pならばqということを信じているなら、結果的にその人はqを信じている、という信念である。[*21] これはとんでもない主張だ。たとえば、ある証明の諸前提に現れるa、b、cといったような、こみいった一連の命題に含まれる各要素を信じる人がいるとする。また、aならばd、bならばe、cならばf、といったかたちの条件命題に別の諸前提が現れるとき、その人は自動的にそのすべての論理的な帰結を信じるということになる。仮にこれが正しいとしたら、複雑な論理的・数学的な証明に驚く人は一人もいないだろう。なぜなら、人は前提を信じた時点で、はなからその結論を信じることになるというのだから！　この不合理は、ある命題の正しさにたいして論理的に同意《コミット》する場合と、同意を自覚する前に実際にその命題を信じる場合とを混同するために生じたものだ。複雑な論理的・数学的証明が示しているのは、人がその証明の前提を信じるなら、証明の理路を辿ることでその結論を信じることにも同意することになるということであって、はじめからその結論を本当に信じていたということではない。

くわえて消去的唯物論は、素朴心理学の命題について述べたがらない。これには理由があると思う。いわゆる素朴心理学の命題の多くは、実際には経験に基づいた命題ではない。素朴心理学の命題は、ある意味で構成的な原理であり、人の心的内容にかんする分析的な原理なのだ。たとえば、「信念は一般に正しいか誤っているかのどちらかだ」という素朴心理学の命題がある。この命題を、まるで偽であることが判明するかもしれない仮説のように扱うのは問題がある。その命題は、信念の定義の一部であり、構成的な原理だからだ。それはたとえば、アメリカン・フットボールのタッチダウンは六点にカウントされると言うようなものだ。そこで消去的唯物論には次のような困難が伴う。つまり、消去的唯物論は、いわゆる素朴心理学の命題を、あたかも経験に基づく仮説のように扱う。しかし多くの場合、素朴心理学の命題は経験に基づくものではない。最新鋭のコンピュータ技術を駆使したＭＩＴの研究者が、タッチダウンは実のところ六点ではなく、五・九九九九九点であることを発見した、などと新聞が報じているのに出会ったら、それが馬鹿げた誤りであることがわかるだろう。タッチダウンが六点にカウントされるという命題は、タッチダウンの定義の一部なのであって、一般にアメリカン・フットボールのルールで定義されている。通常の経験に基づいた命題が誤っているということに人は気づきうる、という考え方が誤っていることに人は気づきようがない。チャーチランドが提示する例にはこれに似たものがある。「pを恐れる人はpが生じることを望まない」というのは素朴心理学の命題だ、とチャーチランドは言う。だがここに「他の条件が同じだとすると」という一節を加えれば、恐れの定義の一部である。もし私がなにかを恐れるなら、そして他の条件が同じだとすると、私は自分が恐れているそのことが生じることを望まない。だから、素朴心理学の存在物《エンティティ》にかんして私たちが抱いている信念が誤っていると示してみたところで、そうした存在物が存在しないということを説明することにはならない。なぜなら、素朴心理学の基礎的な命題の多くは、素朴心理学の存在物にかんする定義的、分析的、構成的な原理だからだ。このようなわけで、素朴心理学を反駁しようとする反対者たちの骨折りは不適切なのである。だからといって素朴心理学の存在物が存在すると証明されるわけではない。だが、少なくともそれが存在しないことを示そうとする論証はうまくいかないことがわかる。

素朴心理学に対する三つめの議論はさらに拙い。それはこういう考え方だ。信念や欲求といった心的状態は、神経生物学へと滞りなくタイプからタイプには還元〔タイプ－タイプ還元〕できない。だからともかくそうした存在物は存在しないのだ、というわけだ。だが同様の命題を比較してみよう。スポーツ用の乗り物やテニスラケット、あるいは中二階があるような乱平面の住宅といったものは、原子物理学の存在物へと滞りなくタイプからタイプへと還元〔タイプ－タイプ還元〕できない。本章で暗に提示された理由によって、タイプ同士の還元ができないのだ。つまり、テニスラケットやこれらのものは、物理的に多重実現可能である。さらに言えば、スポーツ用の乗り物や乱平面の住宅やテニスラケットといった概念に原子物理学は不要だ。しかしだからといって、良識ある人ならこのことからそれらの存在物は存在しないのだ、などと結論するだろうか？　一般的に形式化すれば、ある存在物がより基礎的な科学へとタイプ－タイプ還元できないという事実は、その還元できない存在物が存在しないということを示すわけではない。まるで反対である。

この議論全体におもしろい皮肉がある。還元主義と消去主義は、お互いに自分たちの立場をまったく異なるものだと考えたがる。還元主義は、心的な存在物は存在するものの、それは物理的な出来事へと還元できると考えている。消去主義は、心的な存在物などというものは存在しないと考える。だが、両者はまさに同じ帰結に達する。還元主義は、唯物論的に記述される脳過程の他にはなにもないと主張する。消去主義も、唯物論的に記述される脳過程の他にはなにもないと主張する。明確に違うのは語彙である。初期の唯物論では、心的状態がそれ自体として存在しないことを明らかにしようとして、心的状態が神経生物学の存在物へとタイプ－タイプ還元できることを示そうとした。後の消去的唯物論では、常識的な心理学の存在物などというものは存在しないことを明らかにしようとして、常識的な心理学が神経生物学の存在物へとタイプ－タイプ還元できないことを示そうとした。どちらの議論にも見るべきものはない。だが、両者は次のことを示唆している。還元主義と消去主義は、人がふつうに抱く心的なものという常識的な概念には現実世界に対応するものがないという次第を示そうと決意していて、この結論に到達するために考えられることならどんな論証でも提出するつもりだというわけである。

第三章　唯物論への反論

前章では、近年の唯物論の歴史の一端を示した。そして唯物論のいくつかの立場、とりわけ行動主義、タイプ同一説、消去的唯物論にたいする批判を考察した。本章では機能主義に焦点をあて、唯物論にたいするもっとも一般的な批判を示そう。というのも、目下のところ機能主義こそが唯物論の中でもっとも影響力をもつ立場だからだ。一般に唯物論批判はどれも同じ論理構造をもっている。つまり、唯物論は意識や志向性といった心の本質的な特徴を無視している、というものだ。哲学のジャーゴンで言うとこうなる。唯物論の分析は心的現象について十分条件を与え損なっている、なぜなら、唯物論による分析を満たしながら、心的現象と呼べるようなものをもたないことも可能だからだ。厳密に言えば、機能主義は唯物論を必要としない。機能主義は、心的状態を因果関係の観点から定義する。因果関係は、原則としてなんにでも見出せる。世界が現にそうであるように、因果関係は、物理的な脳や物理的なコンピュータその他の物理的なシステムに偶発的に存在している。

機能主義の分析は、心的な概念を因果の観点から分析するのだが、その分析は概念的な事実だと考えられている。他方で、そうした因果関係が人間の脳に現実化しているという事実は経験に基づいた発見であり、概念的な事実ではない。だが、機能主義を動機づけたものは、唯物論による二元論の否定だった。機能主義者は、およそ本来的に主観的だったり非物理的だったりするものを参照することなく、心的現象を分析することを意図したのである。

I 唯物論への八つ(と半分)の反論

1 クオリアの不在

意識経験には質的な側面がある。ビールを飲むときには質的な感覚があるけれど、それはベートーヴェンの第九交響曲を聴くときの質的な感覚とはまったく異なるものだ。意識に備わったこの質的な側面を説明する専門用語があれば便利だと考えた哲学者たちがいた。それで質的な状態は「クオリア」〔qualia〕と名づけられた。単数形は「クアリ」〔quale〕。それぞれの意識状態はクアリだ。なぜなら、それぞれの意識状態には特定の質的な感覚があるからだ。反機能主義の立場からすると、機能主義はクオリアを無視している点が問題である。機能主義は、私たちの意識経験の質的な側面をおろそかにしており、クオリアは機能主義者の説明から抜け落ちる。しかしクオリアは現実に存在する。だからその存在を明示的にであれ暗示的にであれ否定する機能主義のような理論はいずれも誤っている、というわけだ。

2 スペクトルの反転

これに関連したある議論が、多くの哲学者によってなされてきた。それは古くからある思考実験によるものだ。主観性の歴史において、この思考実験は哲学者のみならず哲学に無縁な人びとの頭にも浮かんできたことがわかる。

あなたと私がどちらも色盲ではないとしよう。私たちはともに、まったく同じように色を識別する。緑色の鉛筆の中にまざった赤い鉛筆をとりだせと言われたら、二人とも赤い鉛筆をとりだすだろう。信号が赤から緑に変われば、二人ともそれを合図に歩き出す。だがここで、実はあなたと私の内的な経験がまったく異なっていると考えてみよう。つまり、あなたなら「緑を見ている」と言う経験が、私にとっては「赤を見ている」と言う経験であり、同じように私なら「緑を見ている」と言うはずの経験があなたにとっては「赤を見ている」と言う経験だとする。簡単に言えば、あなたと私は、色を経験するさいに赤と緑が反転している、と考えてみる。このちがいは、二人のふるまいをテストしてもまったく検知できない。ふるまいのテストからわかるのは、あなたや私が外界の対象を弁別する力であって、対象がどう見えているかという内的な経験にラベルを貼る力ではないからだ。たとえ二人の外的なふるまいが完全に同じだったとしても、二人の内的な経験は異なっているかもしれない。だが仮にそういうことがありうるとしたら、機能主義は内的な経験について説明できないことになる。なぜなら、内的な経験とは、機能主義の説明で無視されているものだからだ。機能主義では、「私はなにか緑のものを見ている」という私の経験を記述した説明と、「私はなにか緑のものを見ている」というあなたの経験を、まさに同じものと考える。だが、このとき二人の経験は異なっているのだから、機能主義は誤っていることになるのだ。

3　トマス・ネーゲル――コウモリであるとはどのようなことか

機能主義的なタイプの唯物論にたいする最初期の反論としてよく知られているのは、トマス・ネーゲル(1)の論文で提起されたものだ。彼はその論文を「コウモリであるとはどのようなことか？」と名づけている。*1 ネーゲルによれば、心身問題でもっとも難しいのは意識の問題だ。信念、願望、希望、恐れといったさまざまな心的状態について、申し分のない機能主義の説明、唯物論の説明、神経生物学の説明があると仮定しよう。それにもかかわらず、これらの説明は、意識を説明できないだろう。ネーゲルは、これをコウモリを例にして説明する。コウモリは人間とは異なる生活スタイルをもっている。コウモリは日中は眠り、垂木《たるき》から逆さにぶらさがる。夜になると飛び回り、そのさい固体に反射するソナーから反響を検出して飛ぶ進路を決めている。ネーゲルは言う。コウモリの神経生理学について完璧な知識をもった人がいるとする。その人はコウモリの活動や進路決定を可能にしているコウモリの機能的なメカニズム全般について完璧な知識をもっているかもしれない。だがそれにもかかわらず、この人の知識からはとりこぼされてしまうものがある。いったいコウモリであるとはどのようなことか？　コウモリであるとはどんな感じがするのか？　ということがとりこぼされてしまうのだ。そしてこれこそが意識の本質である。仮にも意識を備えた存在であれば、その経験には「そのような存在であるとはどのようなことか」という側面がある。そしてこれこそが意識を客観的に説明するときにとりこぼされてしまうものなのだ。なぜなら、客観的な説明は、意識の主観的な特徴を説明できないからだ。

4　フランク・ジャクソン――メアリーが知らなかったこと

オーストラリアの哲学者フランク・ジャクソン(2)も似たような反論を提起した。*2 ジャクソンは神経生物学者のメアリーを想像する。彼女は色の知覚についてならおよそどんなことでも知っている。彼女はまた、色を知覚する器官にかんする包括的で完璧な神経生理学の知識をもっている。また、光と色の物理学について完全な知識もある。しかし、とジャクソンは言う。彼女が白と黒以外の色が存在しない環境で育ったと想像しよう。彼女はいまだかつて白と黒と灰色の明暗を除くと色というものを見たことがない。彼女の知識になにかが欠けているのは明らかなように思える、とジャクソンは言う。メアリーの知識からとりこぼされているのは、たとえば、現にあるような赤い色である。しかし、そうだとすると、機能主義や唯物論による心の説明も、なにかをとりこぼしているように思える。なぜなら、人は機能主義や唯物論の説明についておよそ知るべきすべてのことを完璧に知っているのだが、そこには色がどのように見えるかという知識は含まれていないからだ。色の問題は数ある質的経験全般の中の特殊な一例にすぎない。こうした質的経験を無視する心の説明はどれも不適当なものである。

5　ネッド・ブロック——中国人民

第五の議論は、ネッド・ブロック[3]によるもので、これまでに紹介したものと同様、反機能主義に一般的な見解だ。[*3] ブロックはこう言う。[4]膨大な数の人間がいて、機能主義が言う、おそらく脳で実行されているプログラムのステップを実行している、と想像してみる。たとえば、脳内に一〇億のニューロンがあり、中国の人民が一〇億人いるとする（もちろん、一〇億のニューロンという数は、実際の脳からすればお話にならないほど小さい。しかし、この議論ではそこは問題ではない）。脳が機能主義の言うステップを実行するように、一〇億の中国人民に全く同じようにステップを実行させるところを想像してみる。しかし、中国の人民がステップを実行したところで、脳が実際に心的状態をもつようにはいかない。依然として人民全体がなんらかの心的な状態をもつことはないのだ。

6　ソール・クリプキ——固定指示子

ソール・クリプキ(5)は、さまざまな同一説にたいして純粋に論理的な反論を提出している。*4 クリプキの反論は、「固定指示子《しじし》」という概念に訴えるものだ。固定指示子とは、生じる可能性があるいかなる事態においても、つねに同一の対象を指し示す表現と定義される。たとえば、「ベンジャミン・フランクリン」は固定指示子だ。なぜなら、私がいま引き合いに出している使い方では、それはつねに同一人物を指し示しているからだ。もちろん、だからといって私が自分の犬に「ベンジャミン・フランクリン」と名前をつけられないということではない。その場合、言葉の使い方が異なっており、表現の意味が異なっているのだ。標準的な意味では、「ベンジャミン・フランクリン」は固定指示子である。しかし、「サマータイムの発案者」という表現は、これがベンジャミン・フランクリンを指し示すものであっても、固定指示子ではない。なぜなら、ベンジャミン・フランクリンがサマータイムの発案者ではないような世界を容易に想像してみることができるからだ。誰か他の人物、実際の発案者以外の人物がサマータイムの発案者であったかもしれない、と言ってみることには意味がある。しかし、ベンジャミン・フランクリン以外の誰かがベンジャミン・フランクリンであったかもしれないと述べることは無意味だ。「ベンジャミン・フランクリン」が固定指示子で、「サマータイムの発案者」が固定指示子でないのは、このような理由による。

固定指示子という概念を携えて、クリプキは同一性文[6]（AはBである）の考察を進めた。彼の主張はこうだ。一方の語（A）は固定されており他方の語（B）は固定されていない同一性文は、一般に必ずしも真であるとはかぎらない。つまり、その文は偽であることが判明するかもしれない。「ベンジャミン・フランクリンはサマータイムの発案者と同一人物だ」という文は真だ。しかし、これは偶然的に真であるにすぎない。私たちはその文が偽であるような世界を想像できる。しかし、とクリプキは言う。同一性文の両側（AとB）が固定されている場合、もしそれが真であれば、文は必然的に真でなければならない。したがって「サミュエル・クレメンスはマーク・トウェインと同一人物だ」という文は必然的に真である。なぜなら、サミュエル・クレメンスがいて、マーク・トウェインがいて、なおかつその二人が異なる人物であるような世界はありえないからだ。[7] 事物を名づける言葉についても同様。水はH_2Oと同一物だ。そして「水」と「H_2O」という二つの表現はともに固定的であるゆえに、その同一性は必然的でなければならない。ここで心身問題がかかわってくる。もし、同一性文の上側（「AはBである」のA）に心的状態のタイプを固定的に指し示す表現があり、その同一性文の下側〔「AはBである」のB〕に脳状態のタイプを固定的に指し示す表現があり、それが真ならば、その同一性文は必然的に真であるはずだろう。したがって、もし痛みが実際にC線維刺激と同一なら、その文「痛み＝C線維刺激」は必然的に真でなければならないだろう。それがかりそめにも真ならば。だが、それは明らかに必然的に真ではない。というのは、たとえ痛みとC線維刺激のあいだに厳密な対比関係があるとしても、それにもかかわらず、痛みがC線維刺激の存在なしにありうることを容易に想像できるし、また、C線維刺激は対応する痛みがなくても存在するかもしれないからだ。しかし、もしそうだとすれば、同一性文は必然的に真ということにはならない。そしてもしそれが必然的に真でないとすれば、その同一性文はすこしも真ではありえない。したがって、それは偽である。痛みと神経生物学的な出来事の同一性にあてはまることは、意識の心的状態と物理的な出来事の同一性についてもあてはまる。

7 ジョン・サール——中国語の部屋

強い人工知能にたいして明確な批判を進めたのは筆者である。[*5] その批判は、心にかんする理論をテストする場面で、一人称的な経験に訴えるという戦略をとっている。もし強い人工知能が正しいとすれば、その認知的な能力をシミュレートするはずのコンピュータ・プログラムを実行するだけで、誰もがどんな認知的能力でも身につけられるはずだ。これを中国語で試してみよう。事実の問題として、私はまったく中国語がわからない。中国語で書かれたものと日本語で書かれたものを区別することさえできない。しかし次のような場面を想像してみよう。私は中国語の記号がはいった箱をもってある部屋に閉じ込められている。私にはルールブック、要するにコンピュータ・プログラムが与えられている。それを使えば、私は中国語で出題される質問に答えることができるという次第。私は、部屋の外から理解できない中国語の記号を受けとる。それが質問だ。私は、用意されたルールブックを使って、箱から記号を拾い上げ、その記号をプログラムのルールに従って操作する。そうして要求された記号を質問にたいして返せば、それは回答だと解釈される。ここから次のように考えてみることができる。なるほど私は中国語を理解しているかどうかのチューリング・テストに合格した。しかし、それにもかかわらず、私は中国語を一文字たりとも理解していない。適切なコンピュータ・プログラムを実行して事にあたった私が、それでも中国語を理解できなかったとすれば、そのプログラムを実行して事にあたる他のいかなるコンピュータも同様に理解は覚束ない。なぜなら、私がもたないツールは他のコンピュータももたないからだ。

私が中国語ではなく英語で質問に答えることになったところを併せて想像してもらえば、コンピュータの「計算」と実際になにかを理解することのちがいがわかる。先ほどと同じ部屋で私が英語の質問をうけとる場合を想像してみよう。私は質問に答える。外から見ると、英語の質問にたいする私の答えと中国語の質問にたいする私の答えはどちらもきちんとしている。私はいずれのチューリング・テストにも合格する。しかし、内側から見ると、そこにははなはだしいちがいがある。いったいどんなちがいがあるだろう？　英語の場合、私は言葉の意味を理解している。中国語の場合、私はなにも理解していない。中国語では、私はたんにコンピュータにすぎないのだ。

中国語の部屋の議論は、強い人工知能プロジェクトの核心部に打撃を与えた。中国語の部屋を公表する以前の人工知能への批判は、もっぱら「人間の心には、コンピュータがもっていないし、獲得もできない能力が備わっている」というかたちをとっていた。*6 これはいずれにしても危険な戦略だ。なぜなら、誰かが「これこれという仕事はコンピュータにはできない」と言うがはやいか、その仕事だけを正確にこなすプログラムを設計してやろうじゃないか、という非常に強い誘惑が生じるからだ。実際しばしばそうなった。そうなると、人工知能の批判者はたいてい次のように言う。「その仕事はどのみちそれほど重要ではないし、コンピュータの成功とはみなせない」と。人工知能の擁護者からすれば、無理からぬことだが、ゴールポストが絶えず動かされていると感じるだろう。中国語の部屋の議論は、従来とはまったく異なる戦略を採用した。この議論では、人間の認知をシミュレートすることについて人工知能側は完全に成功していると仮定する。さらに、人工知能の研究者が中国語の理解やその他のチューリング・テストに合格するプログラムを設計できると仮定する。にもかかわらず、こと人間の認知にかかわるかぎりでは、人工知能の達成はたんに見当ちがいなのだ。それには深いわけがある。つまり、コンピュータは記号を操作することで機能している。その過程《プロセス》は純粋に統語論的〔文法的〕に定義されたものであるのにたいして、人間の心は解釈できない記号以上のなにかを備えており、心が記号に意味を与えているのだ。

この議論にはさらなる展開がある。オリジナルの中国語の部屋の議論に比べるとあまり顧慮されていないが、私の見るところではより強力な批判だ。もともとの議論では、私は統語法や計算を、システムに帰属させることは問題ないと仮定した。だが考えてみれば、計算と統語法は観察者関与的であることがわかるだろう。人が実際に自分の心のなかで計算する場合を除くと、本来的な計算やオリジナルな計算というものはどこにも存在しない。私が2足す2から4を得るとき、その計算は観察者関与的ではない。私は他の人が考えていることに関係なくそのように計算する。しかし、私が「2+2=」と計算機に打ち込んで、計算機が「4」と表示する場合、計算機はいかなる計算法《コンピュテーション》、算術、記号のことも知らない。なぜなら、およそ計算機がなにかを知っているということはないからだ。計算機とは本来、複雑な電子回路であって、私たちはそれを計算のために使っている。計算の入力から答えの出力といった電子的な状態の遷移は計算機に本来的に備わったものだ。しかし、計算法それ自体はそれを見る者〔観察者〕の中に生起する。計算機にあてはまることは、どの商業用コンピュータにもあてはまる。計算が機械の中にあるということの意味は、情報が書物の中にあるという意味に等しい。計算や情報は確かにそこにある。しかし、それは観察者関与的なのであって、計算機や書物に本来的に備わるものではない。こうしたわけで、脳がコンピュータであるという発見には無理がある。なぜなら、計算法とは自然のなかに発見されるものではなく、人間が自然に付与するものだからだ。「脳はコンピュータか?」という問いの立て方が拙いのだ。もしこの問いが「脳は本来的にコンピュータか?」と問うているのなら、その答えはこうだ。計算法を介して思考する意識ある行為者を除けば、本来的なコンピュータなどない。もしこの問いが「脳はコンピュータのような解釈をしているとみなしてもいいか?」と問うているのなら、その答えはこうだ。私たちはどんなものでもコンピュータのような解釈をしているとみなせる。

ここではこれ以上の議論を展開しない。しかし、少なくとも議論の骨子はおわかりいただけたと思う。より詳しくは、『ディスカバー・マインド!』の第九章を参照していただきたい。*7

8　ゾンビの想像可能性

もっとも古いものの一つで、しかも、他のいくつかの反唯物論の前提となっている議論に次のようなものがある。身体的〔物理的〕にはあらゆる面でまったく自分と同様でありながら、いかなる心的な活動もいっさいもたない、そんな存在がありうると想像してみる。つまり、分子の一つにいたるまでまったく自分と同じでありながら、心的な活動をいっさいもたないゾンビがいるかもしれないということが論理的に可能だ、という議論だ。哲学では、ゾンビとは人間同様にふるまうが、心的な活動、意識、本物の志向性をもたないシステムである。この議論は、ゾンビが論理的に可能だと主張する。もしゾンビが論理的に可能なら、つまり、もしあるシステムがまったく申し分のないふるまい、機能的なメカニズム、物理的構造を備えていながら、それにもかかわらずそのシステムが心的な活動をもっていないとしたら、行動主義と機能主義の分析は誤っていることになる。これらの見解は、心をもっているということの十分条件を論理的に述べていないのだ。

この議論にはいろいろな種類がある。現代でもっともはやい言明の一つはトマス・ネーゲルが提出したものだ。*8 ネーゲルはこう論じている。「私は、自分の身体が内側と外側でいままさになしつつあることを、そのふるまい（一般的には自意識的なふるまいも含む）の完全な物理的因果関係とともに正確に理解できる。だがそれは、自分がいままさに経験しているどんな心的状態、さらに言えばいまの経験に限らずどんな心的状態がなくても理解できるのである。もしそのようなことが考えられるとすれば、心的状態は身体の物理的状態とは性質が異なるものでなければならないはずだ」。これはデカルトの議論の一種の鏡像だ。デカルトはこう論じたのだった。私の心は私の身体がなくても存在できるだろう、したがって自分の心は自分の身体と同一であるはずがないと考えられる、と。ネーゲルの議論はこう述べている。私の身体は私の心がないとしても存在できるだろうし、まさにそのようにあるだろう、したがって私の心は、私の身体、私の身体の一部、私の身体のいかなる機能とも同一ではないのだ、と。

9　志向性のアスペクト形態《シェイプ》

唯物論への最後の反論は要約したかたちでしか紹介できない（それゆえ半分の反論と呼んでいる）。というのも、まだ志向性の理解に必要な詳しい説明をしていないからだ（志向性は第六章で論じられる）。しかし、その反論がどのようなものかは十分明確に提示できると思う。信念や願望といった志向的な状態は、世界をほかならぬあるアスペクトのもとに表象している。たとえば、「水がほしい」という願望は「H_2O がほしい」という願望とは違う。なぜなら、人はそれが H_2O だということを知らなくても、ことによっては水は H_2O ではないと信じていたとしても、水を欲するかもしれないからだ。志向状態はかならずアスペクトのもとに表象するので、すべての志向状態はアスペクト形態を備えているといってよいだろう。ところで機能主義が提示するような志向性にかんする因果的な説明では、アスペクト形態のちがいを把握できない。なぜなら、こうした種類の因果関係にはアスペクト形態が欠けているからだ。水が原因となるものはなんであれ H_2O が原因となるもの

(8) (9)

であり、水の原因となるものはなんであれH_2Oの原因となるものだ。「この液体は水だ」という私の信念や、「水がほしい」という私の願望について、因果的な観点からなされる機能主義の分析では、この信念や願望と、「この液体はH_2Oだ」という私の信念や、「H_2Oがほしい」という私の願望とのちがいを識別できない。だが、両者は明らかに異なるものだ。このちがいを識別できない機能主義は誤っている。

そうはいっても「あなたはこの液体が水だと信じていますか？ この液体がH_2Oだと信じていますか？」と尋ねれば区別できる、という反論があるかもしれない。だが、そういってみたところで先の批判に答えることはできない。なぜなら、信念や願望にかんする私たちの問題が今度は、意味を生じさせるからだ。その人が使う「H_2O」という言葉と私たちが使う「H_2O」という言葉が同じ意味であることや、その人が使う「水」という言葉と私たちが使う「水」という言葉が同じ意味であることが、どのようにしてわかるのだろうか？ もし私たちがアスペクト形態を考慮せず行動と因果関係だけでやっていかなければならないのだとしても、それでは行為者の頭の中にある意味のちがいを識別するには十分ではない。要するに、アスペクト形態を考慮しないならば、型破りで矛盾した解釈であっても、どのような因果的な事実とも行動にかかわる事実とも矛盾しないことになってしまうだろう。[*9]

私はこの種類の反論をこれまで見たことがない。私にしても、本書を書いている最中に着想したものだ。第六章〔志向性〕で説明するジャーゴンを使って要約すれば、志向性には本質的にアスペクト形態がかかわっている。すべての心的な表象は、表象のアスペクトのもとにある。因果もまたアスペクトを備えているが、それは表象的なアスペクトではない。心的な概念は、因果の観点では分析できない。なぜなら、志向的なものが備える表象のアスペクト形態は、そうした因果的な解釈のなかでは失われてしまうからだ。志向性にかんする言明がsで綴られる方のインテンショナリティ〔内包的〕であり、「AがBを引き起こした」というかたちをとる因果にかかわる言明が外延的だというのはこのような理由による（この段落がわからなくても心配しないでほしい。第六章で明らかにする予定だ）。

Ⅱ 唯物論からの応答

機能主義、同一説、強い人工知能の擁護者がみな以上の反論（ただし最後のものはここではじめて公にされたので除くとして）に応答できる、と感じたとしても驚くにはおよばない。このテーマについては膨大な論文があり、私にしても本書でそれを概観しようとは思わない（私は中国語の部屋の議論にたいして英語にかぎっても一〇〇以上の批判が発表されているのを知っている。また、英語やその他の言語で私が知らないものが山ほどあるにちがいないと思う）。しかし、唯物論を擁護する議論のいくつかはよくあるものだし広く受け入れられてもいるので、ここで検討する価値がある。

ネーゲルとジャクソンへの応答

ネーゲルとジャクソンにたいして、唯物論から提出される標準的な反論はこうだ。ネーゲルもジャクソンも、知られていること、つまり誰かがコウモリの生理学について知っているかもしれないことや、メアリーが色の知覚の生理学について知っているかもしれないことに依拠している。どちらの議論も、機能的な現象や生理現象にかんする完全な三人称の知でさえ、なにかをとりこぼさずにはおかないだろうと主張している。主観性や質的なもの、一人称、経験に基づく現象がとりこぼされるだろう、というわけだ。こうした主張にたいする唯物論からの反論はこうだ。ある記述では知られているが、別の記述では知られていないことがあるとする。ここから、その二つの記述に同一性はない、と確定するのは不適切だ。例を明示しよう。サムは水が湿ったものだと知っているとする。また、サムはH_2Oが湿り気のあるものだとは知らないとする。誰かが、こう論じるところを想定してみよう。「水はH_2Oと同一ではありえない。なぜなら、サムが水のこととしては知っているのに、H_2Oのこととしては知らないなにごとかがあるからだ」。これが稚拙な議論であることは誰にもわかると思う。ある物質について、たとえば「水」という記述で知りながら、その同じ物質について、たとえば「H_2O」という別の記述では知らない人がいるとしても、そこから「水はH_2Oではない」という結論にはならない。

この議論は、ネーゲルやジャクソンへの反論になるだろうか？　同様に考えるなら、人は次のように論じなければならないだろう。たとえば、メアリーはニューロンの過程X437Bが赤い色の対象によって引き起こされることを知っている。メアリーは、赤色の場合に生じる色体験が、赤い対象によって引き起こされることを知らない。なぜ彼女がそれを知らないかといえば、彼女は赤色を経験したことがないからだ。先と同様に考えれば結論はこうなるはずだ。この色の経験は、過程X437Bと同じではありえない、と。この議論は、水とH_2Oにかんする議論と同様、誤った推論に基づいている。ネーゲルとジャクソンが、自らの主張のこうした解釈を意図していたとしたら、両人ともに誤った推論に基づいているという非難を受け入れるだろう。

以上のことは、ネーゲルとジャクソンへの反駁になっているといえるだろうか？　私はそうは思わない。議論を知識にかんするものとして述べることはできるし、彼らは概してこの形式を採用している（実際、ジャクソンの議論はしばしば「知識論」と呼ばれている）。しかし、ある実在についてしかるべき記述を通して知られていることがあり、ある実在について別の記述を通しては知られていないことがあるとすれば、一つめの実在は二つめの実在と同じではありえない――という誤った推論への加担を非難すること、それがこの議論の重要なテーマなのではない。肝心なことは、コウモリの専門家やメアリーの無知を示すことではない。要点は、知識が客観的・三人称的・物理的事実であるかぎりは、その知識のおよぶ範囲からは必然的にとりこぼされてしまう現実の現象がある、ということだ。現実の現象とは、かたや色の経験であり、かたやコウモリの感覚である。これらは主観的・一人称的・意識的な現象だ。メアリーの問題は、単に彼女に他の現象についての情報が不足していたということではない。むしろ、彼女がいまだ知らざるタイプの経験がある、ということが問題だ。その経験——一人称的で主観的な現象——は、三人称的で客観的なニューロンの機能的な相互関係と同一ではありえない。その認識《エピステモロジー》、その情報の要点は、まさに基礎となる存在論のちがいをどうつかむかということなのだ。(10) 同様の注意が、ネーゲルのコウモリの例にも該当する。問題は、コウモリ研究者の情報不足ではない。研究者は、実際に完全な三人称の情報をもっている。研究者に欠けているのは、コウモリがもつ経験、つまりコウモリの意識に生じている現象である。だから、この二つの議論が認識論的なもの〔知識にかんするもの〕であるかのように見えるとしても、実際にはいま説明したように存在論的なものであるし、いま検討したような反論には従わないだろう。

この議論は論理的に次のような形式をとる。私はある種の存在物《エンティティ》、つまり私の色の経験とある関係を結ぶ。コウモリはある種の存在物、つまりコウモリであるとはどのように感じることかという経験とある関係を結ぶ。世界にかんする完全な三人称的な記述は、これらの存在物をとりこぼす。それゆえ、その記述は不完全である。メアリーとコウモリ専門家の例は、その不完全さを示している。

およそ還元主義の真の問題は、これから見るように、次の問いに直面することだ。二つの現象があるのか、それとも一つの現象があるのか？　水の場合、実際には一つの現象しかない。水はまさしくH_2O分子から構成されている。水とH_2O分子という二つの異なるものがあるのではない。H_2O分子から構成される水という一つのものがあるだけだ。しかし、意識や志向性といった心の性質を、計算状態やニューロン状態といった脳の性質に同定しようということになると、二つの性質がなければならないように思える。なぜなら、心的現象は一人称的な存在論を備えている。つまり、心的現象は、ある人間や動物の主体によって経験され、ある「私」がそれを経験するかぎりにおいてはじめて存在するという意味で一人称的だ。このため、心的現象はどんな三人称の存在論にも、つまり、経験する行為者から独立したどんな存在様態にも還元できないのだ。一人称の存在論と三人称の存在論のちがいに注意をうながすことが、まさにこの種の還元主義にたいするあらゆる反論に共通の要点である。

クリプキの固定指示子論への応答

クリプキの固定指示子論は、トークン同一説に対する反論になっていない、という応対が一般になされる。[*10] つまりこういうことだ。クリプキの議論はタイプ同一説については妥当するかもしれないが、トークン同一説には妥当しないだろう。だから、たとえ一般に、痛みをともなわないC線維発火やC線維発火をともなわない痛みを想像できるにしても、とくにこの例、C線維発火というこの固有のトークンについていえば、私はこの痛みをともなわないC線維発火というものを経験できないし、C線維発火をともなわない痛みを感じたためしがない。これはクリプキへの反論になっているだろうか？　私にはそうは思えない。もしこの経験に、痛みの感覚とC線維発火という二つの性質が本当にあるのだと認めるなら、クリプキの議論は承認されるのではないか。私はまさにどんなC線維発火とも相互関係とも無関係な感覚をもちえただろうし、どんな感覚をもともなわないC線維発火を経験できたかもしれないのだ。もちろん、感覚とC線維発火の同一性や両者の共起性〔同時に生じること〕についてある基準をつくりさえすれば、いつでもとりつくろうことはできる。だから、もしこの痛みを現にそうである痛みにしている要素が、C線維発火と同時に生じるものであり、そのC線維発火を現にそうであるC線維発火にしている要素が、その痛みと同時に生じるものであるのなら、この痛みとC線維発火は必然的に同一であることになる。しかしながら、これではまだトークン同一説の目的を達成していない。というのも、いま考察しているのは、性質二元論の一ヴァージョンだからだ。ここで言われているのは、一つの同じ存在物が、客観的にはC線維発火という性質を、主観的には痛みという性質をともに備えているということだ。この点には第四章で立ち戻ろう。

実際のところ、感覚について考えるさいの同一性の条件として、相互関係というものをどの範囲まで適用するのかということが、因果的な相互関係についてさえもまったく不明である。私が痛みを感じているとしよう。その痛みには特定の原因があるとする。しかしながら、私がその痛みを感じているあいだ、その痛みの経験はつづくものの、はじめの原因は消えて、他の原因がとって代わるとする。こう言ってもよいだろうか？　私は二つの異なる痛みを感じたのだ、と。なぜなら、確かに継続する感覚は一つだったかもしれないが、それには二つの原因があったのだから。あるいはこう言ってもよいだろうか？　私は継続する一つの痛みを感じた。だが、その最初の部分にはある原因があり、第二の部分にはそれとはまた別の原因がある、と。月並みな議論では、この論点に解決をもたらすとは思えない。私たちは結論を出したい。しかしながら、わきまえるべき重要な点は、痛みの場合、一方にある現実の経験と、他方にある神経生物学的な基盤のちがいを識別する必要があるということだ。この自明のポイントが、唯物論哲学者のどんな抵抗にあうのか、私にはわかりかねる。

サールの中国語の部屋への応答

中国語の部屋については、すでにいろいろな場所で論じてきたので、ここで蒸し返すのは気のすすまないことだ。だが、本書の目的のためにも、中国語の部屋にたいする標準的な反論と、その不適切な点を指摘しておくのは無駄ではないだろう。中国語の部屋にたいする標準的な反論を私は「システムの応答」と呼んでいるのだが、これには呆れてしまった。システムの応答の考え方はこうだ。たとえ部屋の中の人が中国語を理解しないとしても、その人は、部屋、ルールブック、窓、箱、プログラムといったものから成る大きなシステムの一部にすぎない。中国語を理解するのはその人ではなく、システム全体なのだ。部屋全体が中国語を理解するのだ、と私に語った人がいた。なぜこの応答が不適切なのか、正しく述べておくことは重要だろう。なぜその部屋にいる私は中国語を理解できないのか、とお尋ねなら答えはこうだ。私には中国語の記号が意味するところを知る術がない。私にはルールブックという文法〔統語論〕があっても意味を知らない〔意味論がない〕。だが、そうすると、もし私に統語論から意味論を知る術がないとしたら、部屋全体も同様だろう。その部屋自体は、記号に意味をあてはめるための手段——私がもちあわせていない手段——をもちあわせていない。私は思考実験を拡張してこのことを示した。私が部屋を出て外で働くとしよう。私は計算をすべて自分の頭でこなし、プログラムとデータベースを記憶する。なにもない野外の真ん中で働いていると想像したっていい。こう考えてみたとしても、部屋の場合とまったく同様に、依然として私は中国語を理解する術をもたず、私には中国語を理解するどんな下位システムも備わっていなければ、中国語を理解するどんな性質もない。なぜなら、私にも、私に属す下位システムにも、私がその一部であるようなさらに大きなシステムにも、そのシステムが中国語の記号になんらかの意味を結びつけられるようにするものはなにも存在しないからだ。記号を操作することと、その意味を知ることは別のことだ。コンピュータは、記号操作の観点から定義されたものであって、コンピュータによる記号操作は意味を構成しないし、その能力もない。

統語論と意味論のちがいを識別することは、本書の以下の議論にとっても非常に重要なので、ここでもう少し述べておきたい。言語による意思疎通がかりそめにも可能であるためには、言語がなければならない。言語は、単語とそれを主とする記号が組み合わされた文からなる。記号、単語、文という要素はどれも統語論にかかわるものだ。しかし、言語はそれらの要素が意味をなす──意味を担う──ことによってはじめて機能する。だが、意味とはなんだろうか？　意味について、哲学、言語学、心理学の論文では、さまざまな説明がなされている。私はそのうちのどれが正しくてどれが誤ったものかということについて明確な意見をもっているが、ここでの議論の目的にとって、そうした賛否は問題ではない。意味についてのまともな説明なら、記号──純粋に抽象的な統語論的存在物として分析される記号──と、そうした記号にあてはめられる意味とのちがいを認識してしかるべきである。記号は、その意味から区別されなくてはならない。たとえば、もし私がドイツ語で Es regnet と書いたら、あなたは紙の上に語を見て、統語論的な対象を見てとることだろう。しかしもし、あなたがドイツ語を知らないとすると、その統語論〔文法〕には気づくかもしれないが、その意味についてはなにもわからないだろう。私が中国語の部屋におり、演算システムの統語論に気づきながらも、その意味をまるで理解できない、というのと同じ状況にあなたは陥ることになるはずだ。

ゾンビの想像可能性への応答

ゾンビの議論についてもたくさんの考察がある。一つの反論は、私たちと同じようにふるまうが、心的な活動がまったくないゾンビなど存在するはずがない、とただ否定するものだ。これは実りある戦略とは言えないだろう。なぜなら、直観的に言って、まさに私のようでありながら、意識をもたない機械を想像するのはとても簡単なことだからだ。だが、ダニエル・デネット[11]は、次のようなアナロジーをもちだしてその戦略を支持している。[*11] 誰かがこう言ったとしよう。あらゆる点でまさにマグネットのようにふるまいながらマグネットではない鉄の棒がある。これはザグネットだ、と。そんなものはありそうもない。デネットが言うには、なぜなら、ザグネットはマグネットにほかならないからである。同様に、あらゆる点で意識をもつ行為者のようにふるまう機械は、意識をもつ行為者にほかならない。ザグネットは、マグネットであり、ゾンビは意識をもつ行為者なのである、というわけだ。

このアナロジーは有効ではない。確かにザグネットにふさわしい記述は、それがマグネットであることを必然的に含んでいるだろう。だが、物理的システムにかんする三人称的な記述は、それが意識状態を備えていることを必然的に含んではいない。なぜなら、ここには二つの異なる現象、つまり、三人称的なふるまいにかかわる機能的・神経生物学的な構造と、一人称の意識経験があるからだ。

ゾンビ論への別の反論としてはこういうものにもときどきお目にかかる。仮にゾンビ論が正しいとすると、意識は随伴現象的なものになる。もし人が、意識をもたずに同じ行動をとれるなら、意識はどんな働きもしていないことになる、というもの。この反論は誤解に基づいている。というのもゾンビ論の要点は、一方における意識、他方における行動と因果関係、この二つが、異なる現象である次第を示すことにある。そのさい、一方〔意識〕がなくても他方〔行動と因果関係〕がありうる、ということを論理的に示すのだった。だが、この論理的な可能性は、意識が現実世界の中でなんの働きもしていないことを意味するわけではない。同様に、ガソリンの燃焼は、車の移動と同じことではない。なぜなら、ガソリンの燃焼なしに車が動くということはありうるからだ。しかし、車がガソリンやその他のいかなる燃料もなしに動くことが論理的に可能であるという事実は、ガソリンやその他の燃料が随伴現象的であることを示すわけではない。

III　結論

以上、概観してきた議論についてなにを言うべきだろうか？　哲学ではつねに一歩さがって、より広範な知的・歴史的観点から論点を眺めるのが大切である。なぜそれほどまでに多くの哲学者たちが、常識的な主張を否定することに駆られたのだろうか？　つまり、人が現に意識的な思考や感覚を備えていることや、信念、希望、恐れ、願望など現実の志向状態を抱いているといったことは脳内の過程によって引き起こされており、それ自体が因果的に機能していること、そしてそれらは消化、成長、胆汁の分泌といった生物学的な活動と同様に現実世界に本来的に備わった要素である――といったことを、多くの哲学者たちが否定するのはなぜだろうか？　回答は歴史の上に見出されるはずだ。二元論の失敗と物理的科学の成功があればこそ、ともかく現実世界について言われるべきことはすべて、完全に唯物論の観点から説明できるはずだという印象を与える。還元できない心的現象の存在は、収まりが悪いものだし、知的にいとわしい存在に思える。それは受け入れにくいものだ。生物学的な活動がかかわる他の要素について、人はそうした問題に悩まされないということに注意しよう。他の生物学的な現象を、それとは別のことに還元する必要など誰も感じていない。たとえば、親指の存在について問題があり、それらが物をつかむという動作の観点から完全に定義できるということを示すために、親指について機能主義の流儀で分析を施すべきだなどと考える人などいない。哲学者たちが親指についてではなく痛みについて悩むのは、常識的に考えれば痛みには還元できない私的で主観的で質的なある種の要素が備わっているからだ。そして哲学者の目的はつねにそれをお払い箱にすることなのである。

ここで検討してきた歴史では、意識と志向性のちがいが識別されていた。機能主義は意識を説明できない、多くの哲学者はこれにすすんで同意したはずだった。しかし、哲学者は、志向性は機能主義的な還元を受けいれるということ、また、計算主義による心の説明は美しく科学的で非の打ちどころのない還元をもたらすということを擁護したいと望んでいた。どのみち科学的には無意味なのだから、意識については忘れよう。心について問題なのは、その情報処理の能力であって、現代のコンピュータは心の情報処理能力を理解するための適切なモデルを最終的には与えるのだ、と。志向性には注目する一方で意識を無視できるという現代唯物論であるから、他の議論に比して、中国語の部屋にたいする攻撃が多かったのだと思われる。中国語の部屋はまさに機能主義－計算主義の説明のよりどころを脅かしたのだ。つまり、仮に適切な入出力関係があって、その関係を仲介する適切なプログラムがあるなら、そこにあるのは志向性以上のものではない。中国語の部屋の反論は、人間の中では二つの物事が起こっているということを示している。一つめは、人間がものを考えるさいに意識する現実的な記号。二つめは、そうした記号に結びつけられる意義、解釈、意味があるということだ。

以上は、還元に必ずついてまわる問題だ。二つの現象があるのか、それとも、一つの現象だけがあるのか？　もし二つの現実的な現象があるとすると、ごまかさずに一方の存在を否定したり、一方を他方へと存在論的に還元したりするわけにはいかない。

さて、この議論は私たちをどこに置き去りにするだろうか？　無理やり二元論に戻るべきなのだろうか？　もし唯物論が伝統的な二元論にとって代わるだけの説得的な代替案を提示できなかったのなら、なぜ二元論へ立ち戻らないのか？　そして、意識と志向性は還元できないと言うとき、人は暗黙のうちに二元論を容認していないだろうか？

私の考えでは、本当の問題は概念的な混乱にかかわっている。これについては次章で整理しよう。

知的な観点からすると憂鬱な状況で本章は閉じられる。二元論と唯物論はいずれも受け入れがたい。にもかかわらずそれらはなおも唯一の可能性として私たちに提示されている。おまけに、私たちは二元論が言わんとすることと唯物論が言わんとすることがともに正しいのを、独立別個に知っている。唯物論が言わんとするのは、世界とはもっぱら力の場における物理的な粒子からできているということだ。二元論が言わんとするのは、世界には物質に還元も消去もできない心的な性質、わけても意識と志向性が存在するということだ。

しかし両者がともに正しいとすると、この二つを矛盾なく提示する方法がなければならない。伝統的なカテゴリーを前提とすると、どうしたらこの二つの見解が矛盾せずにありうるかを理解するのは容易なことではない。本章で整理した唯物論は、還元できない非物理的現象はありえないことを含意するように思えるし、二元論は物理的現象のほかに、還元できない非物理的な心的現象が存在すべきであることを含意しているのだから。この論点については次章でさらに詳しく探究しよう。この二つの見解を両立させるには、伝統的な語彙の背後にある前提を捨てなくてはならないのがわかるだろう。

第四章　意識Ⅰ――意識と心身問題

前章は哲学におなじみの明白な矛盾で終わった。私たちは、宇宙は物質からできているという、圧倒的な説得力をもった見方を受け入れる。しかしそれは、心が存在するという、これもまた私たちが断念できない見方と対立するように思える。哲学では何度も繰り返されてきたパターンだ。第七章では、自由意志の問題が同じような対立と矛盾を呈するのを見るだろう。一方で、あらゆる出来事は因果的に決定されているはずだと私たちは考える。しかし他方で、私たちは自由を経験している。哲学の別の部門でも似たような矛盾が起きている。倫理学であれば、客観的な道徳上の真理があってしかるべきだと私たちは感じるが、同時に道徳にはそうしたたぐいの客観性がありえないとも感じている。哲学のこうした矛盾に憤りを感じる人もいれば、私のように楽しみとやりがいを感じる者もいる。

本章では、心と物質の矛盾を解決してみるつもりだ。

I　四つの誤った仮説

これまで本書はおもに他人の意見を論じてきた。私は心の哲学という領域の地形を描くことにつとめ、自分の意見がその地形の一部であると思うときだけ私見を挟んできた。また、不適切な点があるとわかっている用語でも、従来受け入れられてきたものを使うようにした。本章では、私自身が「心身問題」について現に考えていることを述べてみよう。まず手はじめに、伝統的な用語とそれを用いた仮説を受けいれるべきではないと提案したい。心身問題の議論では、「還元」「因果」「同一性」といった表現と同様に、「心」や「身体」、「心的」とか「物質的」または「物理的」といった表現が使われてきた。しかし、こうした用語こそが困難の源なのであり、問題解決の道具にはならないのだ。私の解決案は従来の仮説を否定するものであるから、まずは問題となる仮説を具体的にあげておこうと思う（そのさい予備的なコメントを括弧でそえておく）。次の四つの仮説を疑問に付さなければならないのである。

仮説1――心的なものと物理的なものの区別

「心的なもの」と「物理的なもの」は相互に排他的な存在論的カテゴリー(1)を名指している

という仮説。この仮説に従えば、もしなにかが心的なものであれば、まさにその点においてそれは物理的なものではありえない。また、もしそれが物理的なものであれば、まさにその点において心的なものではありえない。心的なものとしての心的なものは、物理的なものとしての物理的なものを排除する。

(いま述べたことは根底的な仮説であり、心身問題の議論全体を駆動するものだ。もし世界が実際には物理的なものだとしたなら、そこに心的なものを調和させるにはどうしたらよいのか？　この仮説を否定する人びとの標準的な対応は、心的なものは物理的なものに還元できると主張することである。心的なものは物理的なものにほかならない。彼らはとにもかくにも自分は二元論の二分法を克服していると考えている。だがじつのところ彼らは二元論のもっとも悪しき性質を受け入れているのだ。彼らが「心的なものは物理的なものである」と述べるさい、「心的なものとしての心的なものは物理的なものとしての物理的なものである」とは言わない。彼らは「心的なものとしての心的なものは存在しない」と言い、「物理的なもの以外にはなにも存在しない」と言う。これは決定的な点だ。後でここに戻ってこよう。)

仮説２——還元の概念

一般に還元という概念、つまり、ある現象が他の現象へと還元されることは明確であいまいなところがなく、問題はないとされている。AをBへ還元することで、AはBにほかならないことが示される。たとえば、物質的な物は分子に還元されうる。なぜなら、物質的な物は分子の集合体にほかならないからだ。同じように、もし意識が脳過程に還元されうるなら、意識とは脳過程にほかならないとされる。

(還元のモデルは自然科学に由来する。物質的な物が粒子の集合体にほかならないことを示してきたのと同じように、科学は意識とはそれ以外のなにか——ニューロンの発火やコンピュータ・プログラムが候補として好まれる——にほかならないことを示すだろう。のちほど還元という概念が幾重にもあいまいであることを確認しよう。そして二つの還元のちがいを識別する必要があるだろう。一つは還元される当の現象が錯覚であることを示すことで、その現象を消去する還元だ。たとえば、日没は地球の自転によって生み出される錯覚であることを示して日没を消去するような場合。もう一つは、現実の現象が世界の中でどのようにして現実化されているかを示す還元だ。たとえば、物質的な物が分子へと還元されることを示す場合がそうだが、その還元は物質的な物が存在しないことを示すわけではない。後に述べるように、因果的な還元と存在論的な還元を区別する必要もある。)

仮説3——因果と出来事

因果とは、時系列に置かれた個別の出来事のあいだについてまわる関係である。原因は結果に先立つ。これはほとんど普遍的に仮定されていることだ。一つの出来事すなわち原因は、他の出来事すなわち結果より前に生じる。原因と結果の関係にかんする事例の数々が、普遍的な因果法則を裏づけるはずだ。

(もし脳の出来事が心的な出来事を引き起こすなら、二元論が引き出される。これが仮説1と3の直接的な帰結だ。脳の出来事は、一つの物理的なものである。心的な出来事はそれとは別の心的なものである。)

仮説4――同一性の自明視

同一性は還元と同様に問題がないと思われている。どんなものもそれ自身に同一であり、それ以外のものとは同一ではない。同一性の規範《パラダイム》となるのは、物の同一性と構成の同一性である。前者の例は次のとおり。たとえば宵の明星という物は、明けの明星という物と同一である。構成の同一性の例は次のとおり。水はH_2O分子と同一である。なぜなら、どんな量の水もH_2Oとして構成されているからだ。

(同一性という概念が心身問題の議論に導入されるのは、次のような発想があるからだ。つまり、宵の明星が明けの明星であることや、水がH_2Oであることが発見されたのと同じように、心的状態が脳の神経生理学的な状態と同じものであることが発見されるかもしれない、という次第。)

これらの仮定にはかなりの混乱が含まれていると思う。とはいえ少なくともいまのところは、正面からの攻撃はかけないでおこう。まずは、まるでこれらの問題にふりまわされた数世紀などなかったかのように、意識と脳過程の関係に素朴に接近してみたい。心と身体の関係を説明した後に、またここに戻ってこよう。なぜこれらの仮説が居座りつづけて事実の明確な理解を妨げてきたのか、またなぜこれらの仮説には相当の修正と見なおしが必要なのかを説明しようと思う。

Ⅱ　心身問題の解決

ある問題の歴史とそれにかんする伝統的な考え方を意識的に忘れること。そして、その問題について私たちが知るかぎりの事実を述べるように努めること。これが哲学における私のやり方である。いくらか単純な場合を念頭にこのやり方を試してみよう。ここでは意識に専念して、志向性は後の章でとりあげることにする。さて、私はいま喉の渇きを感じている。ひどい渇きではない。ちょっと気になる程度に水を飲みたいという、ほどほどの欲求だ。あらゆる意識状態と同様に、このような感覚は人間や動物の主観がそれを経験しなければ存在しようがない。その意味でこの感覚には、主観性もしくは一人称的な存在論が備わっている。喉の渇きのような感覚が存在するためには、ある主観、つまり喉が渇いている「私」がその渇きの感覚を経験していなければならない。それにしても、こうした主観的な渇きという感覚はどのようにして、それ以外の世界と適合するのだろうか？　ここではまず次の点を強調しておかなければならない。私の渇きは現実の現象であり、現実世界の一部だ。そしてこの渇きは私の行動において因果的に作用する。もし私がいまなにかを飲むとしたら、喉が渇いているからだ。つづいて注意すべきは次のことだ。私の渇きの感覚は、もっぱら脳内の神経生物学的な過程によって引き起こされている。つまり、もし私の体内に十分な水がなければ、それが一連のこみいった神経生物学的な現象を引き起こし、そうした現象全体から私の渇きの感覚が引き起こされる（ところで、意識状態が脳過程から引き起こされるということを認めるのには、妙な抵抗感がある。論者によっては、脳は意識を「生み出す」とごまかして言い[*1]、または脳は意識の「座」だなどと言う。[*2]意識が脳に依存することを認める人の中には、意識と脳の関係は「因果としてはうまく解釈されない」と言う人もある）。[*3]だが、この渇きの感覚とはいったいぜんたいなんなのだろうか？　この感覚はどこに、そしてどのように存在するのか？　それは脳内で進行する意識の過程である。その意味において渇きとは、たとえそれがニューロンやシナプスのレヴェルよりも高次のレヴェルにおけるものであったとしても、脳の性質なのである。意識にあらわれる渇きの感覚は、私の脳という組織において進行中の過程なのである。

あいまいな響きを避け、物事が実際どうあるのかについて私は述べたい。そこで、脳過程がいかにして渇きの感覚を引き起こすのかを要約しながら、議論全体を現実の現象に集中させよう。ある動物の体内で水分の欠乏が生じたとしよう。その欠乏は、体内で「塩分の不均衡」を引き起こすだろう。なぜなら、塩と水の比率が塩に偏りすぎているからだ。これが腎臓において特定の活動を引き起こす。腎臓はレニンを分泌し、レニンはアンギオテンシン2と呼ばれる物質を合成する。この物質が視床下部に達すると、ニューロンの発火頻度に作用する。知られているかぎりでは、ニューロン発火頻度の格差が動物に渇きの感覚を引き起こす。もちろん詳細が知り尽くされているわけではない。より詳しいことが明らかになれば、いま述べた概略は古臭く見えるようになるだろう。だが、渇きという意識上の感覚の存在が、どのように世界全体と適合しているのかという次第は、以上のように説明されるのである。あらゆる形式の意識は、ニューロンのふるまいによって引き起こされ、ニューロンで構成された脳という組織において現実化している。喉の渇きにあてはまることは、私たちのあらゆる形式の意識活動、たとえば吐き気をもよおすことから、ステファヌ・マラルメの詩をどのように口語訳するかに思いをめぐらせることにいたるまで、なんにでもあてはまる。どのような意識状態も、脳におけるより低レヴェルのニューロンの過程から生じている。私たちは意識的な思考や感覚を備えている。これらは脳のニューロンの過程から生じているのであり、脳という組織の生物学的な性質として存在しているのだ。

この短い説明が「心身問題」を解決するための手がかりを提供すると思う。私は「主義」というものを疑うが、ときには見解同士のちがいを明確に区別するうえで、名前があると重宝する。そこで、私は自分の見解を「生物学的自然主義」〔biological naturalism〕(2)と呼ぼう。なぜならそれが伝統的な「心身問題」に自然主義的な解決をもたらすからだ。生物学的自然主義は、心的状態の生物学的な特徴を強調するものであり、唯物論と二元論をともに退ける。

意識の生物学的自然主義を、四つのテーゼで述べよう。

一　意識状態——主観的、一人称的存在論をともなった意識状態——は、現実世界における現実の現象である。意識が錯覚であることを示すだけではそれを消去的に還元することはできない。また、意識は神経生物学的な基盤にも還元できない。なぜなら、そのような三人称的な還元は、意識の一人称的な存在論を切り捨ててしまうからだ。

二　意識状態は、もっぱら脳内におけるより低レヴェルの神経生物学的な過程によって引き起こされている。したがって意識状態は、神経生物学的過程に因果的に還元できる。意識状態には、神経生物学的な基盤から独立したそれ自体の活動というものはまったくない。因果的に言えば、意識状態は神経生物学的な過程「とは別の」なにかではない。

三　意識状態は、脳内において脳組織の性質として現実化されている。したがって、意識状態はニューロンやシナプスよりも高レヴェルで存在している。個々のニューロンは意識を備えていない。だが、ニューロンから成る脳組織の諸部分は意識を備えている。

四　意識状態は、現実世界の中の現実の性質であるから因果的に機能する。たとえば私の意識にあらわれる喉の渇きは、私が水を飲む原因となる。この詳しいしくみについては、「第七章　心的因果」で説明しよう。

かの有名な「心身問題」がこんなにたやすく解決されるものだろうか？　もし伝統的なカテゴリーを捨てることができれば、じつに簡単なことだと思う。心的過程のすべては、神経生物学的な過程から引き起こされることに疑問の余地がないことを私たちは知っている。また、心的過程のすべてが脳内とおそらくはその他の中枢神経系において進行していることも私たちは知っている。心的過程は、その神経生物学的な基礎のほかに因果的な力をもたないにもかかわらず因果的に作用すること、心的過程が一人称的な存在論を備えている以上は三人称的な現象へと存在論的に還元できないことを私たちは知っている。では、なぜ明白に思えるこの解決案は多くの抵抗にあうのだろうか？　多くの哲学者は、一見謎めいた心的な実在がいったいどのようにして存在しうるのかということを考えてみようとしない。また、心的な実在が存在するとしたら、それがどのようにして脳内の厳然たる物理的過程によって引き起こされうるのかということや、物理的な過程によって心的な実在が引き起こされるのだとしたら、それがどのように脳という物理的な組織に存在しうるのかということについても考えてみようとしない。だが、困難と問題を提起するこのやり方は、すでに心的なものと物理的なものの二元論を受け入れていることに注意したい。もし伝統的なデカルト式の語彙を用いずにテーゼを述べるなら、どこにも謎めいたところはない。私の意識にあらわれる喉の渇きの感覚は、本当に存在しており、私の行動の原因として作用する（渇きを感じたことがある人なら、誰がその存在と因果的な力を疑うことができるだろうか？）。私たちは、喉の渇きが神経的な過程によって引き起こされることや、感覚それ自体が脳の内側で生じている過程であることを疑いの余地なく知っている。

III　誤った仮説の克服

こうした主張がなぜ受け入れられにくいのかを知るために、今度は、いわゆる心身問題の解決になりえないと先に述べた四つの仮説に立ち戻って検討してみよう。

仮説1――心的なものと物理的なものの区別

最悪の誤りは、素朴な意味での心的な状態と物理的な状態にかんする常識的な区別を、深遠な形而上学上の区別のあらわれと考えることだ。私が提示している見解に従えば、そんなことはない。消化や成長、あるいは胆汁の分泌が組織レヴェルの生物学的な性質であるのと同じように、意識とは組織レヴェルの生物学的な性質である。意識とはそれ自体として脳の性質であり、したがって物理的世界の一部である。私が対立している伝統は、心的状態とは本来的に心的であるから、心的状態はまさにその点で物理的なものではありえないと主張する。要するに私は、心的状態は本来的に心的なものであるから、それはある種の生物学的な状態であり、したがっていっそう有力な理由から心的状態は物理的であると主張しているのだ。しかしながら、心的なものや物理的なものという用語全体が、心的なものと物理的なものとの断固たる対立をつくりだそうともくろまれたものなのだから、こうした用語をまったく使わないに越したことはないだろう。ただ消化が消化器系の生物学的な性質であるのと同じように、意識とは脳の生物学的な性質だ、と言えばよい。私たちは、どちらの場合においても、自然の過程について語っているのだ。どこにも形而上学的な深淵などない。

用語の面では、これらの用語が伝統的にお互いを排除するよう定義されてきたという問題に私たちは直面する。「心的なもの」は質的・主観的・一人称的で、それゆえ非物質的なものとして定義される。「物理的なもの」は量的・客観的・三人称的で、それゆえ物質的なものとして定義される。これらの定義は、世界がその中に、質的・主観的・一人称的

心的なもの	物理的なもの
主観的	客観的
質的	量的
志向性がある	志向性がない
空間的な位置と拡がりをもたない	空間的な位置と拡がりをもつ
物理的な過程により説明不可能	ミクロな物理学によって因果的に説明可能
物理的なものに対して因果的に作用しない	因果的に作用かつシステムは因果的に閉じている

であるようななんらかの生物学的な過程を含んでいるという事実を捉え損なっていると私は示唆しているのだ。もしこの用語をともかく維持していくのなら、内在的・主観的な心的要素を織り込めるように物理的なものという概念を拡張する必要がある。ではそのようにしてみよう。心的なものと物理的なものにかんする伝統的な性質、つまりお互いを排除するように仮定された性質のリストをつくり、そのリストを事実にあわせて改訂しよう。従来の概念では、心的なものは左側に掲げた性質をもち、物理的なものは右側に掲げた性質をもっている。*4

心的なものの性質のうち、統一された万物理論(3)において説明する必要があるのは、意識と志向性だ。意識の意識たる性質は、それが質的・主観的であることだ（これらはともに「一人称」を含意している。だからそれを特別な性質に数え上げなくてもよい）。問題は、質的・

主観的・志向的な現象がどのようにして物理的な世界と調和するかだ。心的な性質が調和すべき物理的な世界の特徴とはなにか？　現代的な物理の概念は、デカルト的な伝統が認めるものよりさらに複雑だ。たとえば、もし電子が質量／エネルギーの点だとすると、デカルトの定義では電子は点であるかぎり延長をもたないから物理的とはいえない。しかし、物理的なものにかんするおよそ合理的な概念なら、少なくとも以下のような形式の性質を必要とする。第一に、現実の物理的な現象は、時空間内に位置する（したがって、電子は物理的だが数字は物理的ではない）。第二に、物理的なものの性質とふるまいは、ミクロな物理学によって因果的に説明できる（したがって、固体性と液体性はこのテストを通る。幽霊は――いるとしてだが――通らないだろう）。第三に、現実の物理的な現象は因果的に機能する（したがって、固体性は現実的な物理現象である。「虹《レイン・ボウ》（雨のアーチ）」と記される場合の虹は、空にかかる現実の物理的なアーチではない。それはなにも引き起こさない）。また、宇宙の中で因果的に機能するものはすべて宇宙の一部でなければならない、というあたりまえの意味で、物理的な宇宙は因果的に閉じている。

では先ほどのリストを眺めてみよう。心的なものにかんするリストの最初の三つの性質は、物理的なものにかんするリストの終わりから三つの性質と完全に両立している。主観性、質的であること、志向性は、物理的なものにかんする終わりから三つの基準（空間的な位置と拡がりをもつこと、ミクロな物理学によって因果的に説明可能なこと、因果的に作用しシステムは因果的に閉じていること〕からすると物理的である。それら三つの性質は、ある特定の期間の脳内のある空間に位置しており、より低レヴェルの過程から因果的に説明可能で、因果的に作用できる。他の性質についてはどうか？ 心的なもののリストの終わりから三つの性質〔空間的な位置と拡がりをもたないこと、物理的な過程により説明不可能なこと、物理的なものにたいして因果的に作用しないこと〕はまったく誤ったものだ。空間的ではないこと、ミクロな過程から説明できないこと、因果的に力をもたないこと。こうしたことは心的な現象であるための条件ではない。これらはいずれも最初の三つの性質には含意されていないものだ。反対に、脳内の空間で生じるあらゆる心的な活動は、脳内のミクロな過程によって引き起こされ、そこから因果的に作用する。では、物理的なものにかんするリストの最初の三つの性質はどうか？ これら三つの性質〔客観的なこと、量的なこと、志向性がないこと〕は物理的な宇宙の一部であるための必要条件ではない。人間や動物といった有機体のような物理的なシステムが、質的・主観的・志向的といった状態を備えているはずがない、と考えるのは不合理だ。事実、現実の活動においては、知覚や認知システムの研究は、まさに質的なもの、主観性、オリジナルな志向性を、自然科学の領域の一部として、ということはつまり、物理的な世界の一部として扱っている事例だ。ところで質と量の区別は十中八九でたらめなものである。たとえば痛みや自覚《アウエアネス》の意識の程度について計量法がありえないということに形而上学的な理由があるわけではない。

これが本書のもっとも重要な主張の一つだ。いったん伝統的なカテゴリーを事実に合うように改訂したなら、心的なものとしての心的なものが、物理的なものとしての物理的なものであることを認めることに問題はない。「心的なもの」と「物理的なもの」についての従来のデカルト式の定義をともに訂正しなければならない。それらの定義はいかなる場合にも事実に合わなかったのだから。

仮説2――還元

還元ならびに還元可能性という概念は哲学においてもっとも混乱した概念の一つだ。というのもこれらの概念は幾重にもあいまいなのだ。第一に、因果的な還元と存在論的な還元とを区別しなければならない。タイプAの現象をタイプBの現象に因果的に還元できるといえるのは、タイプAの現象のふるまいが完全にタイプBの現象のふるまいによって因果的に説明され、かつ、タイプAの現象がタイプBの現象を引き起こすさまざまな力のほかに因果的な諸力をもたないその場合にかぎられる。たとえば固体性は分子のふるまいへと因果的に還元できる。固体状の物の性質――不可入性、[4] 他の個体を支えられること、等々――は分子のふるまいから因果的に説明でき、固体性は分子の因果的な力のほかに因果的な力をもたない。タイプAの現象を存在論的にタイプBの現象へと還元できるのは、タイプAがタイプBにほかならない場合にかぎられる。たとえば物質的な物は分子の集合にほかならないとか、日没は太陽に対する地球の地軸における自転によって生み出される感覚上の現象にほかならないという具合に。

じつによくあることだが、科学の歴史においてはしばしば存在論的な還元が因果的な還元に基づいて行われてきた。固体とはある種の分子のふるまいにほかならない、と言われる。私たちは固体性の表面的な性質、すなわち固体がもつある手触り、押すと反発する感じ、そして他の物体が入り込めない不可入性といった事実を切り離して、その概念を基礎的な因果性の用語で定義しなおすのである。こうして個体性は表面的な性質の用語ではなく、分子のふるまいの用語から定義されることになる。ここに目下の議論の要点がある。つまり、意識の場合、因果的な還元を行うことはできるが、私たちが意識という概念をもつというポイントを失わずに存在論的な還元を行うことはできない、ということだ。意識は、もっぱらニューロンのふるまいから因果的に説明できる。だがそれによって意識がニューロンのふるまいにすぎないということが示されるわけではない。なぜ私たちは存在論的な還元をできなかったのだろうか。また、意識はニューロンのふるまいにほかならないと言えなかったのだろうか？ 私たちが固体性や液体性を定義しなおしてきたように、医学もしくは他の科学的な目的のために、必要とあらば意識をミクロな物体の用語で定義しなおせるし、定義しなおすだろう。たとえば、「この男には本当は痛みがある。だが彼はまだそれを感じられずにいる。私たちの脳観察器は、視床皮質の組織に痛みがあることを示している」と語ることができるかもしれない。同様に「ガラスは固体に見えたり感じたりするかもしれないが、じつは液体だ」と言うことができる。だが、意識という概念をもつことのポイントは、その現象の一人称的・主観的な性質をとらえることなのだから、意識を三人称的・客観的な言葉で定義しなおしたら、この論点は失われてしまう。私たちは依然として一人称的な存在論のための呼び名を必要としているのだ。意識とは、固体性や液体性のように表面的な性質を備えた他の現象とは異なるのだ。そうした他の現象では、私たちはしかたなく表面的な性質を切り離して、その概念を表面的な性質の因果の用語で定義しなおす。というのも、その概念の主眼は、その表面的な性質を同定することだからだ。そのミクロな構造と比べて、現象の表面的な性質の方により興味深い概念が多くある。泥やベートーヴェンの第九を考えてみよう。泥のふるまいは分子的なふるまいだが、それは泥についてとくに変わったことではない。だから、「泥は分子のふるまいに還元できる」と主張したがる人はほとんどいない。本当にそうしたいなら、主張できないこともないが。同じことがベートーヴェンについてもいえる。第九の演奏は、空気中の波の運動に還元できる。だが、それはその演奏について特別な点ではない。「私が耳にしたのは波の運動だけだ」と書く音楽評論家は、その演奏の聴きどころを取り逃がしている。同じように意識や志向性も還元できるのだが、依然として表面的な性質について語るための語彙が必要である。意識と志向性は、一人称の存在論を備えることにおいてのみ独特なのだ。

かつてこうした議論について説明したときに（『ディスカバー・マインド！』）、意識の還元不可能性は私たちが定義を行うさいの自明の帰結にすぎないと述べた。この意見は広く誤解されてしまった。だからここで明確にしておこう。現実の「物理的な」世界は、三人称の存在論をともなう実在（たとえば木やマッシュルーム）と一人称の存在論をともなう実在（たとえば痛みや色の経験）をともに含んでいると認めていただきたい。一人称的な実在はすべてその三人称的な因果的基盤へと因果的に還元できる。しかし、そこには非対称性がある。色がかかわる場面では、私たち（もしくは少なくとも私たちの一部）は、意識経験を棚上げするためにその一人称的な存在論をともなう色の経験、意識の経験を切り離すことをいとわないだろう。そして、色を三人称の言葉で定義しなおすだろう。色は、一方の見方では本質上、色の経験の用語では定義されず、色の経験を引き起こす光の反射率の用語で定義されるものだ。だが私たちは、痛みのような意識の場合や、痛みのような意識にかんする概念の場合にはそのようにしたいと思わない。なぜだろうか？　なぜ意識や痛みの一人称的な経験を切り離して棚上げし、色についてそうしたように、因果の用語でその概念を定義しなおさないのだろうか？

私たちはそのように定義しなおすことができるし、特定の目的のためにその原因についてもっと多くのことを知っていたとしたら、そのように定義しなおすだろう。しかし、一方の色と、他方の痛みや意識とのあいだには非対称性がある。なぜなら、もし一人称的な存在論を切り離し、意識を三人称的な用語で再定義したら、私たちが意識という概念をもつことの意義を失うだろうからだ。その意味で、意識の還元不可能性は、深遠で形而上学的な非対称性――たとえば、色の経験がその原因とかかわる仕方と痛みの経験がその原因とかかわる仕方のあいだの非対称性――を明らかにするのではなく、むしろ、私たちが定義づけを行うさいの非対称性を明らかにするのである。「痛み」を定義するさいには、「色」を定義する場合以上に、痛みが私たちにはどのように感じられるのかに注意を払うのだ。

批判者の中には、意識なる存在は私たちが定義を行うために出てくる瑣末な帰結にすぎない、と私が主張しようとしていると考えた者もいた。だが、私が主張したのはそのようなことではなかった。以上の説明で誤解が解けるのを期待したい。

だが、還元は、ある現象が本当は他のなにかであるのを示すことで、還元された現象を厄介払いしていないだろうか? していないのである。そしてここから還元という概念をめぐる第二の混乱が生じる。消去的な還元とそれ以外の還元を区別しなければならない。消去的還元は、還元された現象は本当は存在しないことを示す。したがって、日没を地球の自転に還元するのは消去的である。というのも、この還元は、日没とはたんなる見かけの現象であることを示しているからだ。だが、固体性の還元は消去的なやり方ではない。なぜならその還元では、たとえば物体が実のところ他の物体に抵抗しないということを示すわけではないからだ。実際に存在するなにかを消去的に還元したりできないのだ。

しかし、なぜ私たちは意識が日没と同じような錯覚であり、したがって消去的に還元されることを示せないのだろうか？　消去的な還元は、見かけの現象と実在との区別に依存している。だが、意識というまさにその存在が日没のような錯覚であることを私たちは示せない。なぜなら、意識がかかわる場面では見かけの現象こそが実在だからだ。太陽は夕マルパイス山に沈むように見えるが、実際にはそうではない。しかし、もし私にとって意識の上で自分が意識しているように思えるのなら、私は実際に意識している。私は自分の意識状態の内容についてあらゆる種類の誤りを犯しうる。しかし、そうした意識がまさに実在する点について、そのように誤ることはない。

還元にかんするこの短い議論を要約しよう。意識を消去的に還元することはできない。なぜなら、意識は実際に存在するからだ。また、その現実の存在は通常の認識論的な疑いを免れる。なぜなら、そうした疑いは見かけの現象と実在の区別に依存するものだからだ。そして、自分の意識状態がまさに存在するために、そうした区別を行うことはできない。意識を神経的な基盤へと因果的に還元することはできる。だが、その還元は存在論的な還元を導くものではない。なぜなら、意識は一人称的な存在論を備えており、もし意識を三人称の用語で定義しなおせば、意識という概念をもつことの意義を失うからだ。

仮説3――因果と出来事

多くの因果的関係は時間で秩序づけられた離散的な出来事のあいだにある。これまで哲学者たちに大いに愛用されてきた模範的な事例は、ビリヤードのボール1が、ボール2に当たり、ボール2が転がるあいだにボール1が止まる、というものだ。だが、すべての因果がこういうふうなわけではない。多くの場合、原因は結果と同時に起こる。身のまわりの物を見てみよう。そして、それらの物が部屋の床に圧力を及ぼしていることに注意してみよう。この圧力について、因果的にはどのように説明されるだろうか？ それは重力によって引き起こされるものだ。しかし、重力は離散的な出来事ではない。それは、自然において持続的に作用する力である。加えて、同時に起こる因果関係については多くの事例があるが、それらはいわゆるボトムアップ、つまり、低レヴェルのミクロな現象が、より高レヴェルのマクロな性質を引き起こすという意味である。あらためて身のまわりの物を見てみよう。テーブルは本を支えている。テーブルが本を支えるという事実は、分子のふるまいによって因果的に説明される。先に述べたように、固体性について私たちは因果的な還元に基づいて存在論的な還元を施す。だが、その専門用語はこれまでどちらの流儀でも通用してきた。私たちはこう言うことができた。固体性とは、物がどのように圧力に抗するのか、どのように他の物からは不可入であるのか、どのように他の物を支えるのかという問題だ。そして、このことは分子のふるまいから因果的に説明される。私たちはそうしたやり方をとってこなかった。なぜなら、ミクロな構造がより深い説明を与えてくれると考えているからだ。私たちは次のように言う。固体性とは格子構造における分子の振動性の運動であり、このことはある物が他の物を支えるという事実を説明する。しかしながら、要点はこうだ。私たちは自然の因果的な秩序について議論している。その秩序が、時系列の中で連続する離散的な出来事の問題ということはめったになく、システムのマクロな性質を因果的に説明するミクロな現象の問題なのである。

仮説4——同一性

惑星のような物体や水のようなタイプの化合物にとって同一性の基準は適度に明確だ。しかし、大恐慌や私の誕生会のような出来事については、その基準はそれほど明確ではない。ある経験をするといった心的な出来事について考えるとき、その出来事がどの程度の規模であることを望むのかを決める必要がある。意識は脳過程と同一なのかそうではないのか？　そう、先に述べたように、明らかにかつ凡庸にも、意識とは脳過程に他ならない。意識とは、神経系において進行する質的・主観的・一人称的な過程だ。そのとおり。ただしこれは同一説論者が望んだものではない。同一説論者が望んだのは、ある意識状態を神経生物学的な過程、神経生物学的な記述に同定することだった。ここで私たちは決定したいのであって発見したいのではないように思える。私たちは一つの同じ出来事を神経生物学的な特徴と現象学的な特徴をともに備えたものとして扱えるように思える。一つの同じ出来事が、一連のニューロン発火であり、痛みでもある。だが、この種の同一性は唯物論者が望むものではない。この事例はジェグォン・キムによるトークン同一説の例にいくぶん似ている。[*5] 色を備えた物のすべてのトークンは、かたちを備えた物のトークンに同定される。[6] これは疑いなく正しい。だがそれは、色を備えていることとかたちを備えていることが同じだということを示しているわけではない。同様に、痛みの過程のあらゆるトークンが脳における一つの神経生物学的な過程のトークンであるというところまで、神経生物学的な概念を拡張することができる。しかし、これは一人称的な痛みの感覚が三人称的な神経生物学的過程と同じであることを結論しない。同一性の概念は、それほど心身問題の役には立たない。なぜなら、私たちは自分たちの出来事を、現象学的な出来事と神経生物学的な出来事をともに包括できるくらいに出来事の概念を拡張できるからだ。正しい処置とは例によって、そうしたご大層なカテゴリーのことは忘れて、事実の記述に努めることだ。では話を戻して、他のカテゴリーについてあなたが抱いているかもしれない先入見を、どのように事実に適応させるよう調整せねばならないかを検討しよう。

しかし、もし私たちが自分の出来事を、現象学的な特徴と神経生物学的な特徴をともに備えているように定義したのだとしたら、その結果として生じる同一性は必然的な同一性にたいするクリプキの反論を必要としなかったのではないだろうか？　そう、必要なかったのだ。水とH_2Oの必然的な同一性の場合、必然性は再定義によって果たされていた。私たちが水と呼び習わしてきた液体がH_2O分子から構成されていることが発見されるやいなや、私たちは「H_2O」を「水」の定義に繰り込む。そして、水がH_2Oであることが必然的な事実となるのだ。同様に私たちは、このタイプの痛みを現にそうである痛みそのものたらしめているものの一部が、このタイプの神経生物学的な過程によって引き起こされ、そこにおいて現実化しているというように、私たちの定義を調整しなおすことができる。まさにこの神経生物学的な過程を現にそうであるような過程たらしめているものの一部とは、まさにこの痛みを引き起こし、実現していることなのである。ところで、知覚をその原因の用語で定義するのはごくふつうのことだ。「坐骨神経痛」を考えてみよう。坐骨神経痛は坐骨神経の刺激によって引き起こされる痛みの一種として定義されている。

Ⅳ　唯物論でも二元論でもなく

ここで私が詳しく説明している見解が唯物論とも二元論とも異なっているのは、強調するに値する。私は唯物論と二元論はともになにかしら正しいことを述べようと努力していると思う。それだけに、正しい部分をそれぞれの間違った部分から切り離すことが重要である。そのためにも、私の見解と、それらの伝統的な見解とのちがいを正確に述べる必要がある。唯物論は正しくも次のように主張しようとする。つまり、宇宙は全体的に力の場に存在し、しばしばシステムに組織される物理的な粒子からできている。しかし、最後には存在論的に還元不可能な心的現象はないと誤って主張する。二元論は正しくも、還元不可能な心的現象があると主張しようとする。しかし、私たちみながそこに生きているふつうの物理的世界とは独立したなにかが存在し、それは物理的な実体「とは別の」なにものかであると誤って主張する。それぞれの見解の正しい部分を提示し、間違った部分を否定することが難題である。もし伝統的な語彙に忠実であるなら、それは不可能に思える。なぜなら最後には、還元不可能な（主観的・質的）心的なものはたんに物理的世界のあたりまえな一部分にすぎないというような自己矛盾を述べることになるからだ。だから最後に、私は伝統的な語彙に異議申し立てをしよう。

もし伝統的な語彙で自分の位置を述べようとすると、その言葉は最後には伝統によって定義された仕方とは全般的に異なる意味をもつことに注意しよう。唯物論者は「意識とは脳過程にすぎない」と言う。私も「意識とは脳過程にすぎない」と言う。だが、唯物論者が意図しているのは、質的・主観的・一人称的・非現実的で、触れ合って感じあう現象としての還元不可能な意識は現実には存在しない、ということだ。あるのはただ三人称的・客観的な現象だけである。しかし、私が意図したのは、質的・主観的・一人称的・非現実的で、触れ合って感じあう現象としての還元不可能な意識とは正確に、脳内で進行している過程であるということだ。二元論者は「意識は三人称的な神経生物学の過程に還元できない」と言う。私も「意識は三人称的な神経生物学の過程に還元できない」と言う。しかし、二元論者はこれを、意識は通常の物理的な世界の一部ではなく、それとは別のなにかだという意味で述べている。私の意図は、意識とは因果的に還元できるが存在論的には還元できない、ということだ。意識は通常の物理的世界の一部であり、それとは別のなにかではない。

では今度は二元論のこの特徴に照準を合わせてみよう。二元論者の構想では、意識とは定義上その物理的な実体とは別のなにかである。実際、二元論者は意識の還元不可能性がすでに、意識が神経生物学的な基盤とは別のなにかであることを含意していると考えている。私はこの含意を退ける。この点は本書の全体的な議論にとっても決定的だから、いくぶん詳しく説明しよう。意識の因果的な力とその神経的な基盤の因果的な力とがまさに同じものであるという事実は、私たちが意識と神経的な過程という二つの独立した物事について語っていることを示しているわけではない。もし現実の経験的な世界における二つの物事が互いに独立した存在であるなら、それらは異なる因果的な力をもっているにちがいない。しかし、意識の因果的な力は、まさにその神経的な実体の因果的な力と同じものである。この状況は、まさに固体の因果的な力とその分子構成の因果的な力の状況と似ている。私たちは二つの異なる実在について語るのではなく、同一のシステムについて異なるレヴェルで語っているのだ。意識は固体性や液体性などとは異なり、因果的な還元が存在論的な還元を導かない。すでに見てきたように、このことは明らかで、まったくあたりまえに、理にかなっている。意識は一人称的な存在論を備え、神経的な過程は三人称的な存在論を備えている。このために、前者を後者へと存在論的には還元できない。したがって意識とは、脳の一側面、つまり存在論的にみて主観的な経験からなる側面である。しかし、頭蓋骨のなかに「物理的なもの」と「心的なもの」という二つの異なる形而上学的な領域があるわけではない。そうではなく、脳内で進行する過程だけがあり、そのある部分が意識的な経験なのだ。

第三章〔唯物論への反論〕において、二元論者は自分たちが二元論を正当化する深い洞察を手にしていると考えている、と述べた。その主張に応えるときが来た。その洞察とはこうだ。心的なものと物理的なものとの区別はあるはずだ。なぜなら、宇宙におけるあらゆる微粒子の存在と軌跡とがいったん設定されたなら、宇宙の物理的な歴史全体が微粒子のふるまいによって決定されるからだ。しかし依然として意識状態がまったく存在していないかもしれないと考えうる。つまり、物理的な宇宙が原子一つにいたるまで現にそうであるようにあり、それでいながら意識は存在しないということは論理的に可能である。だが、実際には物理的な宇宙が原子一つにいたるまで現にあるようにあり、それでいてそのすべての物理的な性質が現にあるのとはちがう、ということは論理的に不可能である。この議論は、第三章において唯物論にたいして示したゾンビの議論を拡張したものであることに注意されたい。

その議論は、三人称的な事実の記述が一人称的な事実を必然的にともなわないと指摘した点において正しい。これは一人称的な存在論は三人称的な存在論へ還元できないというあたりまえの理由による。しかし、そうすると二元論者は、意識が脳とは別の存在論的な領域であり、意識は脳とは別のなにかであると結論づけようとする。だが、そうした結論は導かれない。二元論者がこの思考実験から捨象しているのは自然法則だ。私たちが微粒子の軌跡を想像したとき、私たちは不変の自然法則を保持していた。しかし、もし私たちが同一のしかし意識を除いた微粒子の軌跡を想像しようとするならば、私たちはその思考実験においてごまかしをしていることになる。なぜなら、微粒子がすべての自然法則にのっとって、言い換えると、(一人称的・主観的な) 意識の状態を引き起こし実現するように運動するさいにとっていたであろうように正確にはふるまわないところを想像したのだから。物理的な宇宙についての記述に自然法則が含まれるとすれば、また、自然法則は物理的な宇宙をある程度まで構成しているゆえに物理的な宇宙についての記述に含まれなければならないとすれば、意識の存在は自然法則の論理的な帰結として導き出される。

ある事態が論理的にみて可能であるか否かは、それが記述される方法に依存している。

宇宙において意識がまったく存在しないとしても物理的な粒子はあるはずだということは論理的に可能だろうか？　答えはイエスだ。しかし、他のさまざまな物事の中で、意識を引き起こし現実化するような物理的な粒子の軌跡を決定する、そのような自然法則をともないつつ生じながらも、しかし意識が存在しないような、物理的な粒子の軌跡があるはずだということは論理的に可能だろうか？　答えはノーである。意識が不在であるように記述することは論理的に可能である。しかし、もう一方の方法での記述は論理的に不可能だ。二元論者がもっている図式は、ミクロな物理的粒子とは独立した力による作用をうける小さな砂粒のようなものであり、彼らは一切の意識がなかったとしても砂の動きを想像できるというものだ。だが、それは間違った図式だ。もっとも原理的なレヴェルにおいて、質量／エネルギーの点は自然法則によって記述される力によって構成されている。ちょうど成長、消化、再生産といった他のさまざまな生物学的現象の存在がそうした法則から導かれるのと同様に、意識の存在はそれらの法則から論理的な帰結として導かれるのだ。

またしても、二元論の錯覚はまさに現実の区別を誤解することによって生み出されているように見える。世界の性質のうち一人称的もしくは主観的な存在論を備えた、還元不可能な性質と、そうではない性質との区別は事実ある。しかし、その現実の区別が心的なものと物的なものとのあいだ、*res cogitans*〔思惟〕と *res extensa*〔延長〕とのあいだの古い区別と同じものだと仮定したり、主観的な現象とは、それが実現されているシステムとは別のなにものかであると仮定したりするのはたいへんな誤りである。

二元論者は、「還元不可能性」には、還元不可能な現象が物理的な基盤とは別のなにものかである、ということがすでに含まれていると考えている。このことは意識が因果的に機能しようとそうでなかろうと、性質二元論者にどうしようもない問題を引き起こす。もし、意識が因果的に機能するなら、決定論を超えた因果関係があるように思われる。もし私が意図的に自分の腕を上げたとしたら、上がりつつある私の腕は、物理的な原因と心的な原因という二つの原因をもっていることになる。だが、もし意識が因果的な機能をもたないとすれば、随伴現象説をとることになる。生物学的自然主義の立場ではそうした問題は生じない。なぜなら、意識の因果的な機能とは、ニューロンやシナプスのレヴェルよりも高いレヴェルにおいて記述される脳の機能の形式にほかならないからだ。次のように考えていただきたい。おおまかに言えば、ニューロンに対する意識とは、金属分子に対するピストンの固体性のようなものだ。意識も固体性もともに因果的に機能する。だが、いずれもそれらが一部をなすシステム「とは別の」ものではないのだ。

V　唯物論と二元論への反駁のまとめ

第三章で私は二元論を反駁することを約束した。公平を期して、唯物論への反駁についても要点をまとめておこう。

唯物論を、伝統的に定義されてきたように、宇宙には物理的な現象以外にはなにも存在しないという見解だと定義しよう。意識や自覚やその他の本来的に心的なものについて、還元できない内的で主観的な状態など存在しない。こうしたすべての見かけの状態は、消去もしくは物理的なものに還元できる、という次第。

これは、どちらかと言えば反駁しやすい見解だ。なぜなら、この意見が否定しているのは、誰もが存在することを知っている物事の存在だからだ。唯物論は存在論的に主観的な現象は存在しないと断定する。ところが、私たちはこの意見が間違っていることを知っている。というのも、私たちはつねに主観的な現象を経験しているからだ。この種の反駁では単純すぎて満足できないという哲学者たちがいるので、同じ主張をするために、より複雑な論証——コウモリや色、反転されたスペクトラムとクオリア、中国語の部屋、等々——を考案する。だが、こうしたさまざまな方法において言われている要点は、ここに述べたことなのである。

二元論の論駁はこれよりも厄介だ。二元論を次のように定義しよう。宇宙には、形而上学的・存在論的に二種類の領域——一方は心的な領域、他方は物理的な領域——があると考える立場を二元論と定義する。この見解は反駁しづらい。なぜなら、唯物論は私たちがその存在を知っているなにかを存在しないと前提する一方、二元論はそうしたなにかがあることを前提としているからだ。また、二元論を形式的に論駁するには、全称否定を証明しなければならない。形式的な「反駁」を加えるよりはむしろ、二元論にたいして争う余地のないはずの論証をとりたい。(8)

一　二元論が主張する二つの領域——心的なものと物理的なもの——の関係を知的に理解できるように説明しおおせた人が誰一人いないこと。

二　その仮定が不要であること。一人称的な事実と三人称的な事実はすべて、分離した二つの領域を仮定しなくても説明できる。

三　その仮定は法外な困難を生み出すこと。二元論の立場をとると、心的状態と心的な出来事がどのようにして物理的状態と物理的な出来事の原因になるのかを説明できなくなる。要するに、随伴現象主義を避けられない。

こうした論証はすでに論理的な可能性としての二元論を棄却していることに注意されたい。とうていありそうもないことだが、もし私が、身体が滅びたときには身体から魂が抜け出てゆくだろうと考えたとしても、それは論理的な可能性なのだ。私はそれが不可能であることを示そうとはしなかった(もちろん、私だって本当にそんなことがあったらいいのにと思う)。だが、それは宇宙がどのように動いているかについて私たちが知っているすべてのことと相容れない。それゆえ、そう信じるのは不合理なのである。

第五章　意識Ⅱ――意識の構造と神経生物学

前章では基礎的な存在論について説明した。私たちはこれから意識という非常に複雑で独特なものを探究していくのだが、その間もたいへんに簡素、というよりも粗雑でさえあるこの存在論を心にとめておく必要がある。基礎的な存在論は簡素だが、結果として現れる現象は複雑で、脳にかかわる神経生物学的な詳細は理解しがたいものであり、目下のところほとんど知られていない。比較的簡単な哲学上の問題をいったん解いたら、後には非常に厄介な神経生物学上の問題が残る。

本章では、まず意識の構造について説明しよう。それから私が提起した説明とは異なる説明について触れ、最後に意識の神経生物学的な問題にかんするいくつかの議論に結論を出そう。

I　意識の性質

哲学的であれ科学的であれ、どんな理論であっても解明を望んでいる意識の性質とはなにか? 私の考えでは、議論を進める最良の方法は、人間とおそらくは動物の意識の中心的な性質を簡潔に列挙してみることだ。それではははじめよう。

1　質的であること

以前の章で述べたように、あらゆる意識状態はそれについての質的な感覚を備えている。意識状態はそのような意味で、つねに質的である。先に、この性質を記述するにあたって「クオリア」という用語を導入した哲学者たちがいることに触れたが、その用語は贔屓目に見てもまぎらわしいものだ。なぜならその用法は、ある意識状態は質的ではないと示唆しているからだ。見たところその考えでは、痛みの感覚やアイスクリームの味わいのような意識状態は質的であり、幾何学の問題について考えるような意識状態は固有の質的な感覚をもたないことになる。思うにこれは間違っている。もしあなたが二足す二は四に等しいと考える場合、そこに質的な感覚がないと考えるなら、それをフランス語やドイツ語で考えてみよう。たとえ、2+2=4という志向内容が英語の場合とドイツ語の場合とで同じだったとしても、「zwei und zwei sind vier」と考えるのと英語で考えるのとではまったくちがう感じがする。意識という概念とクオリアという概念とは完全に同じ対象を指しているのだから、私は意識から区別されるなにものかとして「クオリア」という概念を使わないつもりだ。それでも、私が「意識」と言うさいに、読者は私がこの質的な特徴を備えた状態について議論しているのだと了解されると思う。

2　主観性

意識には質的な特徴があるため、意識状態はただそれらが人間や動物といった主観によって経験されるときにのみ存在する。意識状態は、私が存在論的な主観性と呼ぶ、ある種の主観性を備えている。この点を言い換えれば、意識は一人称的な存在論を備えているということだ。意識状態は人間や動物の主観によって経験されることでのみ存在し、その意味において、一人称の視点からのみ存在するのだ。私があなたの意識を知るという場合、私は自分自身が意識をもっているという知識とはまったく異なった知識をもっているのである。

人間や動物の主観によって経験される場合にのみ存在するという意味で、意識状態が存在論的に主観的であるという事実は、意識状態にかんして科学による客観的な研究がありえないことを意味するわけではない。「客観性」と「主観性」には、存在論的な意味と認識論的な意味との[1]あいだの系統的なあいまいさがある。認識論的意味においては、話者や聴き手の感覚や態度とは独立して真偽を確かめうる言明と、その真偽が話者や聴き手の感覚や態度に依存する言明との区別がある。「ジョーンズの身長は六フィートだ」という言明は、認識論的には客観的なものだ。というのも、その真偽は話者や聴き手の感覚や態度とは関係ないからである。しかし、「ジョーンズはスミスよりいいやつだ」という言明は、認識論的にみて主観的である。というのも、その真偽はその議論に参加する人の感覚や態度から独立しては決まりえないからである。こうした認識論的な意味に加えて、存在の様態には二つの区別がある。人間や動物の主観によって経験される場合にのみ存在するという意味では、意識状態は主観的な存在様態を備えている。この点で、意識状態は、それ以外のほとんど宇宙全体――山、分子、地殻構造プレートといった客観的な存在様態を備えたもの――とは区別される。意識状態の存在様態は、まさに存在論的に主観的である。しかし、主観的な問題における存在論的な主観性は、まさにその主観的な問題から認識論上、客観的な科学を排除しない。実際、痛みや不安、その他患者が患う苦痛を医療技術で治療できるように、それらについて認識論〔知識の検証〕の面からも客観的・科学的に説明できるようになることを、神経学にかかわる科学全体が望んでいるのである。哲学者と神経生物学者が、科学は主観的な経験を扱えないと語るのを聞くたびに、私は彼らに神経学の教科書を見せたくなる。そうした教科書を書いたり使ったりする科学者と医師たちには、人びとの主観的な感覚について科学的な説明を与える以外に選択肢がない。なぜなら、彼らは現に苦しんでいる患者を助けようとしているからだ。*1

3 統合性

いま私は、指先の感覚や首まわりのシャツの圧迫感、落葉の風景だけを経験しているわけではない。これらすべてを単一の統合された意識野の一部として経験している。病理的なところのない通常の意識は、統合された構造とともにある。カントはこの意識野の統合を「統覚の超越論的統一(2)」と呼び、そこから多くのことを引き出した。そして彼は正しかった。これから見ていくように、それは非常に重要である。

私はかつて、質的であること、主観性、統合性という三つの特徴は、意識の個別の性質として説明できると考えていた。しかしいまやそう考えるのは間違いであるように思える。この三つはいずれも同一の現象の諸側面なのだ。意識はまさにその本性からして質的であり、主観的、統合的である。ある状態が、私が述べてきた意味で質的なものであるときには、その状態は、これまで説明してきたような意味において主観的でもある。しかし、その状態が質的でありかつ主観的であるときには、その状態は、ここまで説明してきたような意味において統合的でもあるのだ。この最後の点については、自分のいまの意識状態が一七の独立した部分に分割された場合を想像してみればわかる。もしこういう状況が生じたとすると、一七の部分をもつ一つの意識というものがあるのではなく、むしろ一七の独立した意識があり、一七の異なる意識の中枢があるということになるだろう。物理的な物が概して分割できるような具合には、意識を分割できない、これを理解することが決定的に重要である。むしろ、意識はつねに統合された意識野の個別的なまとまりとしてあるのだ。

この統合性という性質を考える上での好例は、いわゆる分離脳の実験である。少しわき道にそれるが説明しよう。意識を研究する方法の一つに、意識の病理学的な研究や、意識の変質についての研究がある。本書でもときどきこれらの方法に依拠するつもりだ。さて、分離脳の患者は、通常の治療では対処しきれない重い癲癇《てんかん》に苦しんでいた。医師は思い切って脳梁《のうりょう》、つまり二つの脳半球をつなぐ組織体を切断した。この処置は実際に多くの癲癇患者を救った。しかし、いくつかの興味深い現象をもたらした。もっとも著しいのは、ある状況で患者があたかも二つの独立した意識の中枢をもっているかのような行動を引き起こしたことだ。典型例として、次のようなことが起こった。患者は一本のスプーンを見せられた。だが、そのスプーンは彼の左の視野の一部に映り、そのため視覚の刺激が右脳だけに生じたのだ。(3)言語は左脳がつかさどっている。彼は「なにが見えますか?」と問われると、言語をつかさどる左脳にはスプーンの視覚がないために、また、脳梁の切断によって両脳半球の連絡がまったく不十分なため、「なにも見えません」と答えることになる。

しかしながら、彼は右脳が制御する左腕をスプーンの視覚経験が生じている位置までのばし、スプーンをつかむことができるのだ。こうした種類の実験には、ロジャー・スペリー(4)とマイケル・ガザニガ(5)による無数の例がある。*2 患者は意識の中枢を一つもっているのだろうか、それとも二つだろうか? 今のところ確かなことはわかっていない。しかし、一つの脳の中にそれぞれの脳半球に対応した二つの意識野があるという可能性や、通常の場合はこの二つの意識野が単一の統合された意識野に連合している可能性を考慮する必要がある。

4 志向性

志向性と意識を、まるで個別の現象であるかのように語ってきた。しかしもちろん、多くの意識状態は本来的には志向的である。たとえば、私がそばにあるイスとテーブルを目で知覚していながら、イスやテーブルを見ていると思えないとしたら、私のいまの視覚は、現にそこにあるイスやテーブルについての視覚経験ではありえない。私の経験の少なからぬ場合において、その経験が経験を超えて物事を指し示しているように見える、そんな性質を備えている。この性質は、哲学史上「志向性」と呼ばれてきた。意識が必ず志向的だというわけではない。また、あらゆる志向性が意識であるというわけではない。しかし、事実、意識と志向性のあいだにはたいへん重大かつ重要な重なりがある。後に見るように、両者のあいだには論理的な関連がある。現実に無意識的な心的状態とは、原則的に意識に上りうるなにごとかであるはずだ。脳の損傷から心理的な抑圧まで、多くの理由によって、実際には無意識は意識に上りにくいのかもしれない。しかし、無意識とは、意識的な心的状態の一部でありうるような類いのなにものかであるはずだ。志向的ではない意識状態の一例としては、不安の感覚がある。それは、特定のなにかについて心配するのではなくただ不安な感じがするといった、ときおり生じる感覚だ。意識をともなわない志向状態の例は無数にあるが、明確な事例としては人がぐっすり眠っているあいだにも存在する志向状態がある。たとえば眠っているあいだにも、私はブッシュが大統領〔二〇〇四年現在〕であることや、2+2=4であること等々、寝ているあいだは意識に上らないその他無数の信念を抱いている。このように述べるのは依然として正しいことである。

5 気分

私の意識状態は必ずある種の気分をともなっている。必ずしも呼び方のはっきりした気分とはかぎらないまでも、私はいつでもなにかしらの気分にある。私はとりたてて意気高揚する必要はないし、意気消沈したり、不機嫌になる必要はない。しかしそれでもやはり、言うなれば意識の趣きのようなもの、つまり人の意識経験に対するなにがしかのトーンというものが存在するのだ。劇的な変化を観察してみると、気分の存在を確かめられるだろう。もし突然とても悪い知らせを受け取ったら、自分の気分が変わることに気づくだろう。もしよい知らせならそれとは反対の気分に変わるにちがいない。気分は感情とは違う。なぜなら感情は必ず志向的だからだ。感情には必ずなにがしかの志向内容がともなっている。これにたいして、気分には必ずしも志向内容がともなわない。だが、気分は人を感情へ傾かせる。たとえば、いらついた気分のときには、怒りの感情を経験しがちにならないだろうか。

気分は他の意識の側面に比べて薬品のコントロールを受けやすいように思える。麻酔や鎮痛剤によって痛みをコントロールできるのと同様に、プロザックやリチウムといった薬物はうつの気分に作用する。すでに痛みのコントロールに成功してきたように、薬理学が進展すれば、衰弱した気分を治癒するような、より効果の高いコントロール方法も登場するのではないだろうか。

6　中枢と末梢の区別

意識野のうちでは、人はいつもあることにより多くの注意を払い、別のことにはそれほど注意を払わない。私はいま、外から聞こえてくる音や窓からさしこむ光ではなく、心の哲学についての考えを書き下ろそうと注意を集中しているところだ。あるものは私の意識野の中心にあり、またあるものは周縁にある。そのよい証拠に、人は自分の意識を意志によって向けかえることができる。私は位置を変えたり眼を動かすことさえせずに、目の前にある水の入ったグラスに注意を向けたり、窓の外の木に注意を向けられる。ある意味では意識野は変化していないといえるが、私は意識野の異なった性質に焦点をあわせる。この注意を向けかえる能力や、意識野において私たちが注意を払うものと払わないものの諸性質の区別は、すでに神経生物学の主要な研究テーマになっている。

意志で注意を向けかえる能力に加えて、一般的に脳はある欠落を補うために小さなトリックを用いている。私たちには盲点があるが、それが見えることはない。また、視野の周縁には色の受容体がないにもかかわらず、私たちは色を見ている。

7 快／不快

気分に関連するものの、気分と同じとは言えない現象として、快／不快がある。これは、どんな意識状態にもある程度ともなう現象である。あるいはむしろ、快／不快というふつうの概念もその一部として含むような尺度のどこかに位置すること、と言えるかもしれない。そこでどんな意識経験についても、「たのしんだ?」「おもしろかった?」「たのしかった?　つまらなかった?　退屈だった?　愉快だった?」「むかついた?　うれしかった?　憂鬱だった?」と尋ねてみることには意味がある。意識がかかわる場面には快／不快という要因がついてまわっている。

8　状況性

意識経験には必ず、背景状況とでも言うべき感覚がともなっていて、意識野はその中で経験される。状況の感覚は必ずしも、また一般的には意識野の一部というわけではない。しかし、普段私は、ある程度次のようなことを認識している。自分が地球上のどこにいるのか、いまは何日か、何年か、昼食をとったかどうか、どの国の市民なのか等々といったことを認識している。そのさい、私の意識野は自らがそうした状況の中にあることを認識しているが、そうした状況には、私が自明視しているような一連の性質がともなっているのだ。人は、それが失われたり途絶させられると状況性という感覚に気づくようになる。歳をとってくるとときおり、いまは何月なのか？　いまは春学期か秋学期か？　といったことが突然わからなくなることがある。こうした折に襲われる混乱の感覚が、状況性が失われる典型的な経験である。馴染みのない土地で真夜中に眼が覚めたときに「自分はどこにいるんだろう？」と感じる狼狽の感覚などは、よりわかりやすい事例だろう。

9　能動的な意識と受動的な意識

自分の意識経験を内省してみると、一方に自発的で意図的な行為の経験があり、他方に受動的な知覚の経験がある、といったように明白なちがいがある。これははっきりした区別だと示唆したいのではない。なぜなら、知覚にも自発的な要素があり、自発的な行為にも受動的な構成要素があるからだ。しかし、たとえば意識的な行為の一環として自発的に腕をあげるのと、誰かに神経回路を刺激されて腕を上げさせられるのとでは明らかに違う。このちがいは、カナダの神経外科医ワイルダー・ペンフィールドの研究によってよく説明できる。ペンフィールドは、患者の脳の運動皮質を刺激すると、患者の手足に動きが引き起こされることに気づいた。患者は必ず、「自分が動かしたんじゃない。あなたがそうしたんだ」と語った。*3 この場合、患者は腕の動きを知覚する。しかし、彼は自発的な行為を経験したのではない。基本的なちがいはこうだ。知覚の場合（目の前のグラスを見るとか、首のまわりのシャツを感じるとか）、「自分はこれを感じている」、そしてそのような意味で、「このことは自分に生じている」という感覚を人は抱く。行為の場合（腕を上げるとか、部屋を歩き回るとか）、「自分はいまこれをしている」、そしてそのような意味で、「自分はこの行為を生じさせている」という感覚を人は抱く。

自発的な行為の経験こそが、とりわけ自由意志を私たちに確信させる。心にかんするあらゆる説明はこの経験に直面するはずだ。自由意志については第八章で詳しく述べよう。

10　ゲシュタルト構造

意識経験は無秩序な混乱として生じるのではない。むしろ、意識経験は概して明確で、

ときに精密な構造をともなって生じる。たとえば通常の視覚では、なにかを見るときに、識別不可能な染みや断片を見ることはない。そうではなく、テーブル、イス、人びと、車などを見ている。たとえ、そうした対象の断片だけが網膜において光子を反射し、網膜の像がさまざまにゆがんだとしても。ゲシュタルト心理学者[6]は、こうした構造を探究し、いくつかの興味深い事実を発見した。一つには、脳は不十分な刺激を受け取るのだが、それらを一貫性のある全体へと組織する能力を備えているということだ。さらには、一定の刺激を受け取ってそれをあるときはある知覚として、別のときには別の知覚として扱う能力がある。よく知られた「アヒル‐ウサギ」の例では、この図という一定の知覚的な入力がある。しかしあるときそれはアヒルとして知覚され、またあるときにはウサギとして知覚される。

ここに掲げた図を見てみよう。左の図はかたちからして人間の顔に似ていない。しかし、にもかかわらず、あなたはこの図を顔として知覚するだろう。なぜならあなたの脳が不十分な刺激を一貫性のある全体へと組織するからだ。右の図は有名なアヒル‐ウサギの図で、アヒルとしても、ウサギとしても見ることができる。

さらに、ゲシュタルト構造は知覚を一貫性のある全体へと組織するだけではない。意識野全体において、知覚している図とその背景の地との区別も行っている。たとえば、本を背景にしたペンを見たり、机を背景にして本を見たり、床を背景に机を見たり、部屋全体を背景にして床を見たりと、私は自分の知覚野全体の限界に到達するまで、こうした地と図の区別をつづけられる。

したがって、意識のゲシュタルト構造には少なくとも二つの側面がある。第一に、知覚を一貫性のある全体に組織する脳の能力。それから第二には、背景から図を弁別する脳の能力である。

11　自己の感覚

通常の意識経験には、言及せずに済ますことのできない、もう一つの性質がある。自分が誰であるか、自己としての自分自身という感覚をもつことは、通常の意識経験にとって一般的なことだ。しかし、これはいったいなにを意味しうるだろうか？　私は自分の「自己」を、履いている靴やいままさに飲んでいるビールのようには経験しない。私はどうもこの論題をとりあげるのに気がすすまない。どうしてかというと、第一に、哲学における自己についての議論全体には、たいへんみすぼらしい歴史しかない。第二に、いっそう悪いことには、自己の問題はたいへん厄介な問いを孕んでいるので、どうにも本書でこの問題に取り組む気が起きないのだ。しかしながら、結局のところ私はこの問題に取り組まなければならないだろう。そこで自己について説明するために第一一章を用意する。

こうした性質をリストアップしつづけることはできるだろう。しかしここまでのところで意識経験の複雑さをうまく伝えられたのではないかと思う。以下では、意識の本質的な性質、すなわち、質的で統合された主観性を際立たせる理由が明らかになるだろう。また、そうした性質と志向性との関係も探究しようと思う。

Ⅱ　その他の哲学的アプローチ

本書を進めるなかで、消去主義的唯物論から実体二元論までのあらゆる方法を含む、心の哲学へのいくつものアプローチを検討してきた。これらのアプローチは、暗示的にであれ明示的にであれ意識にかんする理論である。たとえば、心のコンピュータ理論はあっさりと、意識とは脳における計算的《コンピュテーショナル》な過程であると主張する。次の点を強調しておくことは大切である。つまり、そうした理論では――他の還元主義でも同様だが――たとえば、もし適切なコンピュータ・プログラムさえあれば、そのコンピュータにはプログラムに加えて意識があるだろう、というふうには主張しない。むしろそこにあるのは意識にほかならないと主張する。だが、そこには適切な入力と出力をともなった適切なコンピュータ・プログラムがあるばかりだ。*4 しかし、これまで多数の哲学者の見解を扱ってきたとはいえ、意識について非常に影響力のある見解でまだ言及していないものがある。念をいれておくためにも、ここまで検討してこなかったいくつかの見解を見ておこう。

1　ミステリアン(7)

ミステリアンは、意識とは現行の科学的な手法では解決できない謎だと考える。なかには、どうしたら意識を脳の過程から説明できるかはついに理解されないだろうと考える者もいる。トマス・ネーゲル*5は、脳がどのようにして意識を引き起こしているのかをやがて理解できる日がやってくるかもしれないが、そのためには現実にたいする私たちの考え方や、科学的な説明という概念をすっかり刷新する必要があると考えている。なぜなら、現在の道具立てでは、私たちは主観的・質的な内在的経験がどのようにして三人称の神経的現象から生じてくるのかを理解できないからだ。コリン・マッギン*6(8)は極度のミステリアンで、原則として脳はどのように意識を引き起こすのかについて人間が理解することはありえないと考えている。

私の考えでは、ミステリアンは悲観的にすぎる。もちろん、私たちは意識の科学的な説明をけっして見つけられないだろうというミステリアンの見解はおそらく正しい。しかし、あらかじめ諦めてしまうのでは敗北主義というものだろう。統合された意識野に対応するさまざまなニューロンが実際に見つかっていることを思い出そう。ならば第二段階として、そうした相互に関係した要素が実際に原因であることを示せると考えてみよう。つまり、それら神経生物学的な過程にいわばスイッチを入れれば意識を引き起こし、スイッチを切れば意識を消せると考えてみよう。第三段階として、システム全体がどのように機能するかについての理論を発展させるとしよう。つまり、私たちは因果的な相互関係についての言明を、一般的な法則や原理についての言明に埋め込むことができると考えてみるのだ。これはまさに私たちが、科学における他の領域で受け入れている理論的な構造ではないだろうか。病原菌についての理論が好例である。第一に相互関係を発見し、第二にそれが因果関係であることを調べ、第三に理論を得る。ネーゲルは、たとえそうした相関関係が得られたとしても、また、たとえそれについて一般的な言明をつくることができたとしても、私たちが因果的な説明に期待するような種類の必然性はそなわっていないという理由から、そうしたプロジェクトに異論を唱えている。たとえば、なぜテーブルは固体なのかを説明するさい、私たちは次のように理解できる。つまり、もしテーブルが分子のふるまい（固体）だと仮定すると、テーブルは他の物からの圧力に抗するはずだし、他の物によって貫通されないはずである。ネーゲルによれば、この「はず」というのが科学的な説明の典型である。

この意味での必然性とは、主として分子のふるまいと身のまわりにある慣れ親しんだ対象、このあいだに私たちが思い描くアナロジーによってつくりだされる錯覚であると思う。私たちはテーブルは物を支えるはずだと考える。なぜなら、私たちは分子の運動を、私たちに馴染みある一種の格子状のなにかを形成するものとして考えているからだ。しかし、物事はこのようにして必然的に起きるはずだ、というある種の直観的な意味を伝えるのがある。科学における説明の一般的な特徴なのではない。反対に、自然は根源的に偶然的なもので科学におけるもっとも重要な説明原理の多くは、けっして直観的でも明白でもない。シュレーディンガーの方程式やプランク定数、あるいは、アインシュタインの有名な$E=mc^2$を考えてみればよい。いずれも、自然がどのように明らかになったかを示しているにすぎない。自然がそのように明らかにされる必要はなかった。しかし事実、自然はそれが明らかにされたようにあるのだ。私はヒュームと同様、自然は必然的に現在の姿をしているという確信は錯覚だと考えている。たとえば、ビリヤードの球が他の球に当たったときでさえ、当てられた球が動くことは自然の事実にすぎない。しかし、同様に二つの球がともに逆向きに動くとか、第一の球が第二の球を飲み込むという自然の事実だってありうるのではないか。自然はほかならぬある一つの仕方で明らかにされたということにすぎない。自然は驚きに満ちている。たとえば、容器に入れられた液体ヘリウム3はその容器の内壁をのぼってゆく。こういう現象をけっして忘れてはならないだろう。だから私は、神経生物学的な意識の説明の可能性に対するネーゲルの反論を、疑問の余地のないものだとは思わない。

2 付随説《スーパーヴィーニエンス》(9)

現象Aが現象Bに付随しているとする。このとき、A固有の性質に生じるどんな変化もB固有の性質に生じるある変化に対応しているはずであり、つまりはAが完全にBに依存しているということである。一般に、意識は脳過程に付随すると言われている。その基本的な考え方はこうだ。脳状態の変化に対応することなく心的状態が変化することはありえない。たとえば、もし私が渇きを覚えている状態から渇きを覚えていない状態へと移行したら、私の脳内にもこれに対応した変化があるはずだ。これは概して正しく、意識状態は完全に脳状態に依存、もしくは付随している。多くの哲学者たちがこの見解を表明してきた。おそらくもっとも著名なのは、ジェグォン・キムだろう。*7 この見解は、ときに「非還元的唯物論」と評される見解を導く。付随説の考え方では、いかなる意味においても意識を消去することなく完全に唯物論的な説明が可能になる。付随説はただ、意識とは完全に脳過程に付随するものだと主張する。付随説は心身問題を解決したとか、少なくともその解決への第一歩を提供したと考える向きもある。

意識が脳に付随するというのはなるほど正しい。しかし、この原則は心脳関係を理解するうえではむしろ、使い道がかぎられている。なぜかといえば、二種類の異なる付随性があるためだ。つまり、構成的な付随性と因果的な付随性である。哲学における付随性〔依存性〕という概念は、伝統的には倫理や価値判断にかかわる性質を説明するために用いられてきた。たとえば、二つの行為がその善さにおいてだけ異なるということはありえない。他の点にちがいがないまま、一つの行為が善く、別の行為が悪いなどということはありえない。善性と悪性は、その行為のなにか他の性質に付随〔依存〕しているはずである。これを私は「構成的付随性〔依存性〕」と呼ぶ。行為を善いものにする性質は、それを善くする原因にはならない。そうではなく、その性質はその善さを構成するのだ。しかし、このアナロジーは、心の哲学で付随説をとる哲学者が期待したほどは心にあてはまらない。意識の脳過程にたいする付随性は、因果的な付随性である。脳過程は、付随する性質〔意識〕にたいして因果的な原因となる。脳過程は、ニューロン発火のレヴェルでは、意識を構成しない。むしろ、低レヴェルにおけるニューロン発火が、意識という高レヴェルの性質や意識というシステムの性質を引き起こすのである。しかし、もし以上が正しいとすれば、また私たちが脳について知っているあらゆることがその正しさを示唆しているとすれば、付随性という概念は私たちがすでに手にしている諸概念――ボトムアップの因果を含む因果という概念や、高レヴェル／低レヴェルの記述という概念、より低レヴェルの要素から構成されたシステムにおいて実現される、より高レヴェルの秩序をもった性質といった概念――になにも加えるところがない。そう、意識は脳過程に付随している。しかしそれがどのように機能しているかについては依然として説明の必要があるのだ。

3 汎心論

汎心論とは、あらゆるところに意識がある、とする見解だ。この見解が明示的に述べられることはめったにない。しかし、とりわけミステリアンのなかには次のように暗示している者もいる。つまり、もし私たちが意識をミクロな過程の観点から説明するようになるとすれば、ともかくも、意識のなんらかのかたちはすでにそのミクロな過程に顕現しているにちがいないという考えである。かつてトマス・ネーゲルはこの見解に近づいたことがある。デイヴィッド・チャーマーズ*8は明示的には是認していないものの、この見解を探究し、支持している。この見解によれば、万物はある程度意識的である。サーモスタットを一例に意識の遍在を説いて、チャーマーズはサーモスタットが意識をもつとはどのようなことかを雄弁に語っている。

どうしても信じがたいという点はさておくとしても、汎心論にはてんでばらばらというさらなるデメリットがあるのだ。私には、汎心論が意識の統合性という問題にたいしてどのように対処するのかがわからない。意識はパンの上のジャムのように広がっているわけではない。むしろ、意識は分離した諸々の構成単位《ユニット》としてある。もしサーモスタットに意識があるなら、サーモスタットの部品についてはどうなのか？　それぞれのネジに別々の意識があるのだろうか？　それぞれの分子にも？　もしそうだとすると、個々のネジや分子の意識はどのようにしてサーモスタット全体の意識にかかわっているのか？　また、もしそうでないとすれば、サーモスタットの部品や、サーモスタットがその一部である温熱システム全体や、その温熱システムが存在する建物ではなく、ほかならぬサーモスタットを意識の構成単位にしている原理はどのようなものだというのだろうか？

4　神経生物学

意識についての第四のアプローチは、私がこれまで論じてこなかったものだが、意識の科学的な問題を解こうとする神経生物学の試みだ。私はこれこそがまさに正しいアプローチだと考えている。この研究は非常に重要なので、次節をこれに割り当てることにしよう。

Ⅲ　神経生物学のアプローチ

長いあいだ、ほとんどの神経生物学者は意識の問題にまったく手をつけようとしなかった。実際、多くはいまだに着手したがらずにいる。理由はまちまちだ。ある者は、まだ意識を研究する「準備ができていない」、つまり、まずは非意識的な現象における脳の機能についてもっと知る必要がある、と感じている。またある者は、意識の問題はまったくもって科学の問題ではないと感じている。つまり、意識の問題は神学者や哲学者に任せるべき問題であっても、それは当然のことながら科学的な問いとして解釈されるものではない、というわけである。また、意識について生物学的な説明を与えることはできない、つまり、科学にはなぜ暖かさが暖かく感じられるのかとか、なぜ赤は赤く見えるのかといったことを説明する術がないと感じている者もいる。こうした種類の懐疑主義と、先に触れたミステリアンの見解の関連に注意しよう。

それでもなお、現代は、どのようにして脳過程が意識状態を引き起こすのかを正しく理解しようと試みる有能な神経生物学者たちが数多く存在するという点で、注目に値する時代である。理論的に言えば、そうした研究プロジェクトは私が先に言及した三つの段階で進展している。第一は、NCCと呼ばれる意識の神経的な相互作用を見つけること。[10]第二は、その相互作用が因果的なものであるかどうかを知るためのテスト。第三は、理論を得ること。

分析のためにこの研究を二つの異なるグループに区分できると思う。それぞれを「ビルディング・ブロック・アプローチ」と「統合野アプローチ」と呼ぼう。[11]ビルディング・ブロック・アプローチでは、意識野全体を程度の差はあれ独立した意識の構成単位から成るものとして扱う。私はその構成単位を「ビルディング・ブロック」と呼ぶ。ビルディング・ブロックの例として私が念頭においているのは、赤の経験、ビールの味、中音程のドの音などだ。ビルディング・ブロック・アプローチの考え方はこうだ。もし、赤の知覚のような一つのビルディング・ブロックでもいいから、脳がどうやってそれを引き起こしているかを正しく理解できれば、私たちは、意識の問題全体を解決するためにその知識を使えるかもしれない。思うに、脳がどうやって赤い薔薇の入力刺激から実際の意識上での赤さの視覚経験へと移行させるのかを理解できたなら、私たちはその知見を他の色や、音、味、匂い、意識一般についても同様に適用できるだろう。ビルディング・ブロック・アプローチは、先に説明した三段階の研究プロジェクトに申し分なくかなっているように思える。また、目下もっとも興味深い研究の多くは、特定の意識経験にかんするNCCを探し出すことから成り立っている。

こんにち意識の問題を研究しているほとんどの神経生物学者は、なんらかのかたちのビルディング・ブロック・アプローチを行っていると言っても的外れではないと思う。確かに、私たちは意識にたいして原子論的なアプローチをとるべきで、意識の問題全体をより小さな諸々の問題へと分割し、その個々の小さな問題を解決するよう努力すべきだと考えたくなる。一般にどうやって脳は意識を生み出すのかを問おうとしてはいけない。そうではなく、どうやって脳は薔薇の赤さという特定の意識経験を生み出すのかと問おう、と。この原子論的なアプローチは科学の他の領域ではたいへん有効だったので、このアプローチが意識についても有効なのではないかと考えることは自然なことに思える。ビルディング・ブロック・アプローチでは、一般に三つの研究手法が用いられている。第一に、いわゆる盲視と呼ばれる現象の研究は、意識の問題へのおあつらえむきの糸口を与えてくれるように思える。盲視の患者では、脳後部の第一次視覚野に損傷がみられる。視野のほとんどにおいてはふつうにものを見ることができるのだが、ある部分だけが見えない。にもかかわらず、盲視の患者はしばしばその視野の見えない部分で生じた出来事について答えることができるのだ（明らかに撞着《どうちゃく》語法である「盲視」なる表現が使われるのはそのためである）。したがってたとえば、〔患者の盲視部分でのみ見える位置にOやXを提示する実験を行うと〕患者は、実際にはXやOを見ていないと報告するにもかかわらず、スクリーンにXあるいはOがあるのを報告できる。患者自身が言うように、彼はただ「推測している」のだ。しかし、その推測は圧倒的な確率で正しい傾向にある。したがって、それは偶然の問題ではない。こうした事例において、もし脳内に、Xの意識経験を盲視経験から区別している箇所が見つかれば、視覚経験にかんするNCCを発見できると思われる。

研究の第二の手法は、いわゆる両眼視野闘争とゲシュタルト転換にかんするものだ。もし一方の目で水平に引かれた何本かの線を見て、他方の目で垂直に引かれた何本かの線を見ると、一般にその被験者は格子を見るわけではない。そうではなく、被験者は水平の線から垂直の線へと切り替わって見えるという経験をすることになるだろう。水平の線と垂直の線という知覚的な刺激が不変なまま、水平の線が見えたり垂直の線が見えたりという風にその経験が変化するから、当然私たちはその経験にかんする脳のなかの部位を特定できるように思える。そして脳のその部位では、同一不変の刺激が水平線の経験を生み出すものから垂直線の経験を生み出すものへと切り替わるというわけだ。そこでこのことから、そうした意識のあり方にかんするNCC〔意識の神経的な相互作用〕の知見が得られるだろうと期待される。

同様のことがゲシュタルト現象についてもあてはまる。アヒル-ウサギの場合、紙の上の不変の刺激が、あるときはウサギの経験を生み出し、またあるときはアヒルの経験を生み出す。もし脳内に、アヒルの経験からウサギの経験へと切り替える、あるいはその逆の切り替えを行う部位が特定できたら、そうした経験にかんするNCCを得られるのではないだろうか。

最後に、もっとも影響力のある第三の研究手法は明快なもので、知覚的な刺激を脳に入力して、そうした刺激が意識に視覚経験を引き起こす部位を特定しようとするものだ。いままでは、視覚についてなされた膨大な研究があり、多くの研究者にとってはどのように脳が意識を引き起こすのかを探求するうえで、もっとも妥当な研究プロジェクトであると考えられている。*9

意識の問題への第二のアプローチは、統合野アプローチである。これは先に触れた質的、主観的な統合性という性質を真剣に受け止めるところからはじまる。このアプローチにとって、意識の規範、調査の第一目標となるのは、赤い色の経験のようなものではなく、質的で統合された主観性の意識野全体である。このアプローチにとって基本的な問題は、「どのようにして脳が意識野における特定のビルディング・ブロックを生み出すのか？」というものではなく、「そもそも脳はどうやって意識野全体を生み出すのか？」「意識している脳と無意識の脳はなにがちがうのか？」「そのちがいはどのようにして意識を因果的に説明するのか？」という問題である。

このアプローチについてはこう考えてみるとよい。暗い部屋で目覚めたところを想像してみよう。あなたはすっかり目覚めていて、注意を払っている。といっても感覚には最小限の入力しかない。視覚への刺激も音もないとしよう。なにも見えず、なにも聴こえない。唯一感じられるのは、ベッドに反発する自分のからだの重さと、からだにかかるシーツの重さだけだ。しかし、これが重要なことだが、あなたはこの知覚の入力が最小限の状況で、十分意識的であり注意を払っているだろう。この時点で、あなたの脳は完全な意識野を生み出している。理解すべきは、脳がどのようにしてこの意識野を生み出し、その意識野はどのようにして脳に存在しているのかということだ。今度は、この暗い部屋であなたが目覚め、灯りをつけて動きまわるとしよう。このとき、あなたは意識をつくり出しているのだろうか？　なるほど、ある意味ではあなたは意識を生み出しているといえるだろう。なぜなら、あなたはいま、真っ暗でなにも見えずなにも聴こえないときにはなかった意識状態をもっているのだから。しかし、私はこれを次のように考えてみたい。あなたは新しい意識をつくり出したのではない。先立って存在していた意識野を変化させたのだ、と。統合野モデルでは、私たちは知覚的な入力を、意識のビルディング・ブロックをつくりだすことだと考えるのではなく、その知覚を得るのに先立ってあるはずの意識野に凹凸をつくり出すことだと考えるべきである。

統合野アプローチは、ビルディング・ブロック・アプローチよりもうまく意識の問題を解くように思える。なぜだろうか? ビルディング・ブロック・アプローチは、成功するかもしれないし、それは確かにこの分野において現在の研究者たちにもっとも一般的に好まれているアプローチでもある。しかしながら、ビルディング・ブロック・アプローチには厄介な性質がいくつかあって、そのために私にはうまくいかないように思えるのだ。このアプローチは他の点においてはまったく無意識的な主体というものを予想する。もし赤の経験のような一つのビルディング・ブロックについてであれ、そのNCC〔意識の神経的な相互作用〕をつくりだせたら、そのようなNCCを備えた無意識的な主体はいきなりほかならぬ赤の意識経験を、そしてそれだけをもつことになるだろう。赤の経験についてのNCCだけを備えた無意識的な主体の意識には、赤の経験がぱっと訪れて、すぐに無意識へと消えてゆく。もちろんそれは論理的には可能である。しかし、脳について私たちが知っていることを考慮すると、まったくありそうもないように思える。その要点をおおまかに書けば、赤の意識経験は、すでに意識のある脳においてのみ生じるということだ。知覚が意識をつくり出していると考えるべきではなく、先立って存在する意識野を知覚が変化させていると考えるべきだ。もう一度、夢について考えてみよう。多くの人がそうであるように、私も色つきの夢を見る。夢の中で赤い色を見るとき、赤のビルディング・ブロックをつくりだすような知覚への入力を私は外界から受け取っていない。そうではなくて、夢の意識の統合野全体をつくりだす脳内のメカニズムが、その統合野の一部として赤の経験をつくりだしているのだ。

先に述べたように、ほとんどの研究者はビルディング・ブロック・アプローチを採用している。ビルディング・ブロック・アプローチを採用すれば比較的手のつけやすい研究プロジェクトを実施できる、それが理由の一端なのだと思う。膨大な量の同期するニューロン発火――視床皮質組織のように脳の大きな部分で意識を生み出しているであろうニューロン発火――を研究するのは、たいへん難しいように思える。これに比べれば、色の経験のような意識の特定のあり方を研究するほうがはるかに容易だろう。

この論点については不確かなことが多すぎる。この先、意識にかんする研究がもっといろいろ出てくるだろう。私は統合野アプローチが有望だとにらんでいる。だが、それが誤りであると判明することがあるかもしれないとは思っている。

Ⅳ　意識、記憶、自己

意識の研究では、臨床や病理学の事例を検討するのが役立つと述べた。なぜなら、そうした病理学的な事例と対比しないかぎり見逃してしまうような、ふつうの一般的な事例の特徴に気づかせてくれるからだ。すでに分離脳と盲視という二つの事例に触れた。ここではより切実な事例を紹介しよう。一九九九年一月四日、私はカリフォルニアのスコーバレーのKT22で、凍った斜面をスキーで滑り降りていた。私の内在的・主観的な視点からは光がとても乱反射していて、こぶがほとんど見えなかったことを覚えている。次に覚えているのは、フニテル・リフト〔ロープを二本用いるタイプのリフト〕に座って、今日は何日かと考えていたことだ。もうクリスマスは済んだのだったか？　新年を迎えた後だったか？　向かいに座っていた女性が、一月四日から一月六日までのリフトの三日券をもっているのを見た。それで一月四日だとわかった（なぜ五日でも六日でもなく四日なのか？　ただそうわかったのだ）。

私が落下するのを目撃した人たちの話では、私のスキー板は止まったが、身体のほうは止まらず、私は頭から落ちたそうだ。私はなんとか立ち上がってゴーグルと眼鏡を雪の中から探しだし、スキーをはきなおして残りの斜面をきわめて慎重に滑り降りた。しかし、私は問いかけや会話には応じなかった。私の意識が「戻る」よりも前に私は下山し、スキーリフトまで戻っていた。

生涯のこの一五分間のことは、なに一つとして思い出せない。そのあいだも、まったく正常どころではないというのに、私はまるで完全に意識があるかのようにふるまっていた。次のような問いを考えてみると、この事例のおもしろさが見えてくる。つまり、その一五分のあいだ、私には意識があったのだろうか？ これはペンフィールドの事例にとてもよく似ている。ペンフィールドの事例では、患者は癲癇《てんかん》の小発作中の無意識状態であったにもかかわらず、車を運転して帰宅途中であったりピアノを弾いたりしつづけたのだ。私はかつてペンフィールドの説明を信じたものだったが、自らの経験の後では自信がなくなった。私の場合、自分はそのあいだも意識があったが、たんにその意識経験が記憶に残らなかったのだと理解するようになった。私にはまったく記憶がない。しかし、一〇〇％ふつうではなかったとはいえ、もし意識がなかったらとれるはずのない行動を私はとったと思う。このような場合、私たちは記憶に残らない低レヴェルの意識をもっているのだ（ちなみに、医学的な検査の結果、震盪《しんとう》と硬膜下の血腫が判明したが、後に完全に快復した。いまではスキーをするときにはヘルメットを着用することにしている）。

V　結論

本書で考察してきたすべてのテーマのなかでも、意識の問題は私がもっとも不十分に感じるものの一つだ。意識は、あまりにも驚きに満ちていて、謎めいた現象である。それだけに、ふつうの言葉で意識を記述しようという努力は失敗するばかりでなく、まさにそうした努力が必要とされること自体が、すでにその失敗を告げ知らせているのだとみなが感じている。意識と脳の関係の一般的な特徴と、したがって、心身問題の一般的な解決について述べるのは難しくない。意識は脳内のミクロな過程によって引き起こされ、脳において高レヴェルの性質もしくはシステムの性質として実現されている。しかし、その構造自体の複雑さと入り組んだ脳過程が備えた精密な本性は、このような特徴の描写によっては分析が及ばないのである。私たちは、意識なんて生の一側面にすぎないと考えて矮小化しがちだ。もちろん、生物学的に言えば、意識は生の一側面にすぎない。しかし、こと私たちの現実的な生の経験がかかわるかぎりで言えば、意識とは私たちが意義ある存在であるという、まさにその本質にほかならない。もしデカルトによって文意がねじ曲げられていなければ、私たちは「心の本質は意識である」と言うことができるはずだ。私が人間の意識の多様さを記述しようと試みるとき、記述しているのは一個の生そのものなのだということがわかるはずだ。近代の知的な活動の不可思議な特徴の一つは、次のような考え方だった。意識——質的・主観的な状態および過程という、文字通りの意味での意識——は重要ではなく、どういうわけかそれは問題にもならないとされてきたのである。こんな考え方は馬鹿らしくてお話にならない。そもそも意識があるからこそ、いろいろな物事が重要性をもつようになるのだから。意識を備えた存在にたいしてのみ、なんにせよ重要な出来事が生じるのだから。

第六章　志向性

志向性の問題は、心の哲学にかんする問題の中でもおそらく意識の問題の次に難しい、信じがたいほど難しい問題だ。それどころか、志向性の問題は意識の問題によく似ている。頭蓋骨の中の微々たる容量の物体にすぎない脳が、どうして意識をもつことができるのか。あるいはその物体の相互作用からどうして意識が生み出されうるのか。これはじつに理解しがたいことだと考えられている。それだけに、頭蓋骨の中のほんのわずかな物体がどうしてその外側の世界に存在するなにかを「指し示し」たり、注意を向けられるのか、その物体の相互作用からどうしてそうした指示が生み出されうるのか、ということが想像しがたいのだ。一つ例をとりあげてみよう。いま私は「太陽は地球から九三〇〇万マイル離れている」と考えている。私の思考はたしかに太陽を指し示している。あるいは太陽に注意を向けている。これは、月、ガレージにある私の車、飼い犬のギルバート、隣人などについての思考ではない。では、その思考はどうやって太陽に届きうるのだろうか？　太陽がはるばる地球まで光を送っているように、私が心的な光線をはるばる太陽まで送っているのだろうか？　もし私と太陽のあいだになんらかの関係がないとしたら、どうして私の思考が太陽に届きうるのかということは想像しがたい。また、太陽にあてはまることは、信念、欲求、その他の志向状態においてて私が志向の対象として表象できるあらゆる対象についてもあてはまる。たとえば、私が「カエサルはルビコン川を渡った」と考えるなら、私の思考はカエサルに向けられている。そしてその思考には「カエサルはルビコン川を渡った」という内容がある。しかしそれでは、歴史のはるか遠い過去の特定の一個人や特定の川を指し示したり、川を渡るという特定の行為をその個人に帰せられるのは、いったい私の頭蓋骨の中の物体にかかわるどんな事実によっているのだろうか？

さらに、いま述べた「どうしてそんなことがありうるのか」という問題に関連して、「私はどうしてそうしたことがまさにそのとおりに起こっていると確信できるのか」という問題がある。ユリウス・カエサルを指し示すとき、自分の思考がたとえばマルクス・アントニウスでもアウグストゥス帝でも私の飼い犬のギルバートでもなく、まさにユリウス・カエサルに行き当たっていると、私はどうやって一人で確信できるのだろうか？　暗闇に石を投げたら、私にはその石がなにに当たったのかさっぱり見当がつかないかもしれない。だが、見えないものに向けて自分の指示を投げかけるとき、たいていの場合、私はその指示がなにに当たっているかを完全に確信している。

問題はさらに厄介になるが、私はときに存在してさえいない対象について考えられるように思える。幼い頃、私はクリスマス・イヴにはサンタクロースがやってくるものだと信じていた。そのさい、私の信念はサンタクロースにかんするものだったのだろうか？　たしかにそのように思える。だが、サンタクロースはそもそも存在していないというのに、どうしてそんなことがありうるのか？

哲学者だけが問う問題があるという点に注意したい。哲学は、健全な人があたりまえすぎて悩むにおよばないとみなすことについて、謎や驚きを感じるところからはじまる。

心の志向性について、「それは単に言語の志向性みたいなものだ」と言ってみても説明にならないことにも注意しておきたい。言語の場合、「カエサルがルビコン川を渡った」という発話はカエサルにかんするものであり、この発話はカエサルについて彼がルビコン川を渡ったことを述べている。心的な表象が、その志向的な能力を言語から引き出しているとは言えない。なぜなら、当然ながら当の言語についてもその志向性がどこに起因するかという同じ問題が生じるからだ。ただの文、つまり私の口から出た音声や紙に書きつけた痕跡が、どうして二〇〇〇年前の一万マイル離れた場所で生じた対象や事態を指し示したり、それに注意を向けたり、あるいは記述できるのだろう？　言語の志向性は、心の志向性の観点から説明されるべきものであっても、その逆ではない。心がそうした音声や痕跡に志向性を負わせるという事実があるからこそ、その音声や痕跡は私が言及した対象や出来事を指し示すのだ。言語の意味は志向性から引き出され、その志向性は心のオリジナルな志向性から引き出されるはずのものだ。

志向性には、取り組むべき三つの問題がある。第一は、そもそもどうして志向性がありうるのかという問題。第二は、志向状態が可能だとしたら、その内容はどのように決定されるのかという問題。第三は、志向性のシステム全体はどのように機能しているのかという問題。哲学の文献のほとんどは、はじめの二つの問題にかかわっている。私は第三の問題がもっとも興味深いことに気づいた。本章では、まずどうして志向性がありうるのかという問題を扱いたい。そのさい、謎にぶつかるたび私が使っているいつもの方法、現象全体を現実に引き戻すという手法を使おうと思う。それから第三の問題にすすんで、志向性の構造を説明しよう。そこではt字のインテンショナリティ（志向性）とs字のインテンショナリティ（内包性）[2]のちがいについても説明する。最後に、第二の問題、つまり、志向状態の内容はどのように決定されるかという問題に結論を出そう。認知科学に親しんでいる読者は、ここで志向性について語られている内容が、認知科学では「情報」として知られる議論だと気づくだろう。ここでは「志向性」という言葉を採りたい。なぜなら、「情報」という言葉には、純粋に観察者から独立した心的な意味（たとえば、いま窓の外を見ることによって私は〔観察の有無にかかわらず存在する〕天気にかんする情報を得る）と、心的ではなく観察者に関与する意味（たとえば、樹木の年輪は〔観察者が観察することではじめて判明する）その樹齢にかんする情報を含む）とのあいだの系統的な両義性があるからだ。この両義性は「志向性」にも生じうる。だが、それは比較的容易に退けられるもので、おそらく混乱の度合いはより少ないだろう。

I　志向性はいかに可能か

この問題は、意識の問題と同様に難しいものと考えられている。また、この問題の解決法は、意識の問題を解決するために提起されるものにたいへんよく似ている。二元論の解決案は、心的なものと物理的なものという二つの領域があるのと同様に、心的な領域には、物理的な領域にはないある種の力が存在すると主張する。つまり、物理的な領域には指示する能力は存在しない。しかし心的な領域には本質上、思考する能力があり、思考には指示がともなっている、というわけだ。この二元論の主張がまったく解決の体をなしていないことは言うまでもないだろう。なぜならこの解決は、志向性の謎を説明するために、心的なもの一般の謎に訴えているからだ。

私の考えでは、現代哲学で志向性の問題にたいしてもっとも一般的な解決を提示しているのは、ある種の機能主義だ。その考え方はこうだ。志向性は全般的に因果関係の観点から分析されるはずである。この因果的な関係は、環境と行為者のあいだ、その行為者の内部で生じるさまざまな出来事のあいだに存在している。この立場に立つと、志向性にはなにも謎めいたところがない。それは因果の一形式にすぎないからだ。特殊な性質があるとすれば、志向的な関係が行為者の大脳の内部と外的な世界とのあいだに存在しているということくらいだ。機能主義には、コンピュータ機能主義や強い人工知能など、機能主義の中でも強い影響力をもった見解もあるが、それについてはいまのところ語るまでもないだろう。

最後に、志向性にかんする消去主義の見解がある。つまり、志向状態なるものは実際には存在しないという考え方だ。志向性があるという信念は、古い素朴心理学《フォーク・サイコロジー》の名残にすぎない。脳科学が発展した暁にはそうした信念は克服されるだろう、というわけだ。消去主義のなかには「解釈主義」とでも呼ぶべき立場がある。志向性がどこから生じるかということは、必ず外部の観察者が行う解釈というかたちをとる、という考え方だ。この立場を徹底したのが、ダニエル・デネットによる次のような着想である。人はときどき「志向的な態度」を採るが、人びとが文字どおり信念や欲求をもっているかのようには考えるべきではない。志向的な態度は、むしろ人びとのふるまいを予測するうえで有益な態度なのだ、という考え方だ。[*1]

志向性にかんするあれこれの説明にたいする批判に多くの時間を費やすつもりはない。なぜなら、私はすでにこれまでの章でそうした議論の一般的な趣旨を批判しておいたからだ。私の意図は、先に意識の問題についてそうしたように、問題全体を現実に引き戻すことにある。思考過程のようにつかみ所がなく抽象的ななにごとかが、太陽、月、カエサル、ルビコン川などに届くということがどうして可能なのか。こう問うとしたら、これはたいへんな難問に見えるにちがいない。しかし、もし問題をもっと簡潔なかたちで提示すれば理解は容易になるだろう。たとえば、「動物はどのように飢えや渇きを覚えるのか?」とか、「動物はどのようにしてものを見たり恐れを感じたりするのか?」というふうに提示するなら。意識についてそうしたように、心に備わる一連の生物学的な能力について語ることにしよう。たとえば、飢えや渇き、性的欲求、知覚、意図的な行為のように原初的な生物学的能力からはじめるのがよい。前章では、意識にあらわれる渇きの感覚が、どのようにして脳過程から引き起こされるのか、その神経生物学的な詳細を解説した。だが、その説明の中ですでに、脳の過程自体が志向性のさまざまな形態を引き起こす次第を確認したはずだ。というのも渇きとは志向的な現象だからだ。渇きを覚えるということは、「飲みたい」という欲求を抱くことだ。アンギオテンシン2が視床下部に取り込まれて、最終的に渇きの感覚に結実する神経活動を引き起こすとき、その事実によって結果として志向的な感覚が生じるのだった。意識と志向性の基礎的なあり方は、ニューロンのふるまいによって引き起こされ、ニューロンから成る脳のシステムにおいて現実化する。渇きにあてはまることが、飢えや恐れや知覚や欲求やその他すべてにもあてはまる。

いったん志向性の問題を、抽象的で霊的なレヴェルから具体的で現実的な動物を扱う生物学のレヴェルに引き戻して解き明かしたなら、動物がどのようにして志向状態をもちうるかについて、解決できない謎が残されているとは思えない。もし飢えや渇きのような簡潔で明確な事例から着手すれば、志向性はまったく説明に困るようなものではない。もちろん、信念、欲求、それに思考過程といった洗練された志向性は、知覚や飢えや渇きの感覚に比べてより複雑だし、環境からの影響による脳の直接的な刺激からは隔たったものだ。だが、それらはまさに脳過程により引き起こされ、脳のシステム内において現実化するのである。

志向的な関係が存在しうるということがなぜ謎めいて見えるのか。それは「自分の思考はどうやってはるか彼方の太陽や、歴史の遠い過去におけるユリウス・カエサルに届きうるのか?」といった問題を提起するさいに、志向内容を記述する文に、誤った関係性のモデルを押し付けたからだ。同様に、サンタクロースのようなまったく実在しないものについてどうして考えを抱けるのかと混乱するのは、志向性というものが、あたかも隣に立つとか、打つとか、その上に座るとかのように、関係の一種であると思いなすからだ。存在しないなにかを打つことはできないし、九三〇〇万マイル離れたなにかに座ることもできない。だが、なにかを指し示したり、それについて考えたりするのは、それに座ったり、打ったりするのとは似ても似つかぬことだ。志向性とはむしろ表象の一形式である。表象という概念は、表象されたものが実際に存在していることを必要としないし、表象されたものが表象にじかに近接して存在することを必要としない。「サンタクロースがそもそも存在していないとしたら、どうやってサンタクロースについて考えられるのか？」という問いを、「サンタクロースがそもそも存在していないとしたら、どうやってサンタクロースについての物語をつくれるのか？」という問いとして受けとるべきだろう。これならくみしやすい。なぜなら、虚構《フィクション》の物語をつくることには抽象的な難しさはないように思えるからだ。もちろんこう言ったからといって問題が解決されたわけではない。なぜなら厳密に言えば、物語の志向性は、心的内容の志向性から引き出されるからだ。見るからに謎めいたものであっても、そこに謎などないという次第を示すことで、その謎めいた感じを取り除きたいと思う。実在しないものについて志向内容をもつという能力はいかにも謎めいている。だが他方で、虚構の物語を構築する能力にはさほど謎めいたところはない。

しかしながら他にも多くの問題がある。たとえば、意識的な志向性と無意識的な志向性の関係はどうなっているのか？　志向状態はどうやってその内容を得るのだろうか？　こうした問いに答えられる地点まで徐々にのぼっていこう。現時点で私が打てる最善の手は、志向状態の形式的な構造を記述することだ。なぜなら、信念、欲求、希望、恐れ、知覚、記憶、意図といったさまざまな志向状態の構造が備える特徴を理解するまでは、どのようにして志向性が機能するのかをつかむのも覚束ないからだ。

Ⅱ　志向性の構造

1　命題的内容と心理様態

志向状態には、自らを超え出て世界の中の対象と事態を指し示す能力がある。だとすれば、志向状態にはそうした指示を決定する、ある種の内容があるはずだ。さらには、その志向状態の内容と実際にあらわれている志向状態のタイプとを区別する必要もある。たとえば私は、「雨が降るだろう」と信じる、「雨が降るだろう」と期待する、「雨が降るだろう」と恐れる、「雨が降るだろう」と願うといったことができる。いずれの場合も「雨が降るだろう」という同じ内容である。だがこの同じ内容が、信念、恐れ、期待、欲求といった異なる心理様態《モード》で世界にかかわっている。ところでこの区別は、言語における同様の区別と正確に平行している。私はあなたに部屋を出るよう命じることができるのと同じように、あなたが部屋から出るであろうと予測できる。また、私はあなたが部屋を出るかどうかと尋ねることができる。いずれの場合も「あなたが部屋を出るだろう」という同じ内容をもっている。だがこの同じ内容が異なる種類の言語行為《スピーチ・アクト》(3)において表現されている。これについてはこう考えればよい。志向状態は、信念や欲求といった心理様態をとり、そこに「雨が降っている」といった命題のような命題内容をともなっている――こう考えればよいのである。このことをS（p）と表現しよう。ここでSは志向状態〔state〕の様態あるいはタイプを、pは命題内容〔propositional contents〕をあらわしている。このような状態はしばしば「命題的態度」と呼ばれる。

どんな志向状態も必ずその内容として完全な命題を備えているというわけではない。ある人はアイゼンハワーに心酔するかもしれないし、マリリンを愛するかもしれない。こうした事例では、志向状態は〔真偽が問題となる〕命題をともなう場合とはちがって、単に対象を指し示しているだけだ。こうした状態をS（n）と表現しよう。ここでnは、対象を名づける、もしくは指し示している。

志向的な表象は、必ずほかならぬ特定のアスペクトのもとにあることに注意したい。たとえば、私はある対象を「明けの明星」ではなく「宵の明星」として――両者は同じものであるにもかかわらず――志向的に表象するかもしれない。「夕方の地平線付近に輝く天体」というアスペクトは、「明け方の地平線付近に輝く天体」というアスペクトと同じではない。志向状態には必ずアスペクト形態《シェイプ》がともなう。なぜなら、あらゆる表象はアスペクトのもとにあるからだ。これは重要な点だ。というのも、仮にも志向性にかんする理論であればどんな理論であれ、アスペクト形態を説明する必要があるからだ。唯物論の理論にはこれを説明できないものもある。第三章で、機能主義は「水を欲すること」と「H_2O

を欲すること」を区別できないと述べた。これは機能主義が志向性を分析するにあたって依拠する因果関係が、アスペクト形態に真の志向性の特徴を与えなかったためだ。無意識については第九章で検討しよう。無意識にかんする理論ならどんな理論であれ、志向状態が無意識のものである場合には、アスペクト形態が存在していることを説明する必要がある。

2 適合の方向

志向状態や、さらには言語行為のようなものは、さまざまな仕方で世界にかかわっている。信念の目的は真であることであり、その信念は真であるかぎりにおいて達成される。また、その信念は偽であるかぎりにおいて過つ。他方で、欲求は世界のありようを表象するのではなく、人が世界をどうしたいかを表象していると考えられる。したがって「雨が降っている」と私が信じるなら、この私の信念は実際に雨が降っている場合にかぎって真である。だが「雨が降ってほしい」と私が欲する場合、この私の欲求は雨が降る場合にかぎって満たされ、かなえられるだろう。これらは同じように見えるが、両者には決定的なちがいがある。信念の場合、その志向状態は、世界において物事がどのようにあるかを表象していると考えられる。言うなれば、信念には信念の内容を世界に適合させる責任がある。しかし、欲求の場合、物事がどうあるかを表象するのが目的ではない。人が物事をどうしたいかを表象するのがその目的だ。言うなれば、欲求には世界を欲求の内容に適合させる責任がある。この区別を説明するためにジャーゴンを一つ導入しよう。心的状態が、独立して存在する現実《リアリティ》に適合する責任をもつとき、その心的状態は「心を世界へ適合させる方向」(4)をもつ、あるいは「心を世界へ適合させる責任」があると言うことにしよう。その心的状態は、世界において物事が現実にどのようにあるかということに適合するか、あるいは適合しそこねるかのどちらかだ。知覚経験と同様に、信念、確信、仮説といった心的状態はいずれも、いま述べた「心を世界へ適合させる方向」をもっている。心を世界へ適合させる方向が達成されたかどうかを評価するもっとも一般的な表現は、「真」と「偽」だ。信念や確信は、真か偽かを言うことができる。欲求や意図は、信念のように真か偽であるということはない。なぜなら、欲求や意図の目的は独立して存在する現実に適合することではなく、むしろ現実のほうをその志向状態の内容にあわせることだからだ。こうしたわけで、欲求や意図は、「世界を心へ適合させる方向」(5)をもつ、あるいは「世界を心へ適合させる責任」があると言おう。

命題的内容があるにもかかわらず、適合方向をもたない志向状態もある。というのも、そうした志向状態の目的は、現実に適合すること（心を世界へ適合させる方向）でもなければ、現実を志向状態に適合させること（世界を心へ適合させる方向）でもないからだ。むしろ、そうした志向状態ではすでに適合しているのを当然のこととみなす。たとえば、私があなたの足を踏んだのを申し訳なく思ったり、太陽が輝いているのをうれしく思うとしたら、このとき私はあなたの足を踏んだことや太陽が輝いていることをそもそも適合するとかしないとかいうより先に、当然のこととみなしている。こうした事例については、その志向状態には「適合方向が無い」(6)と呼ぶことにしよう。適合方向が無い志向状態は、適合関係を判断したり、適合関係を成就しようとするよりはむしろ、それを「前提」とする。心を世界へ適合させる方向を下向きの矢印「↓」で、世界を心へ適合させる方向を上向きの矢印「↑」であらわし、適合方向が無い場合を空記号「φ」で示せば便利だろう。

3 充足条件

私たちが適合方向をもった志向状態にあるときには必ず、その適合は達成されるか否かのどちらかだ。つまり、場合によって、信念は真であるとか偽であるとか、欲求がかなえられるとかかなえられないとか、意図が実現されるとかされないとかいうことがあるだろう。こうした事例では、信念、欲求、意図が満たされると言うことができる。信念が真になるようにするものは、欲求が満たされるようにするものであり、それは意図が実現されるようにするものだ。このような現象を「適合方向のある志向状態には必ず充足条件がある」と記述しよう。すると心的状態とは、その心的状態の充足条件を表象したものだと考えることができる。それどころか、充足条件こそが志向性を理解するための鍵である次第を後で論じよう。だがそのためにはもうすこし準備が必要だ。

4　因果的な自己言及性

生物学的に見てもっとも基本となる志向的な現象――知覚経験、なにかを為そうという意図、記憶などを含めた諸現象――には、その充足条件に固有の論理的な性質が備わっている。どういうことか。たとえば、「昨日ピクニックに行った」という私の記憶の充足条件はこうだ。私がそのピクニックに行ったという出来事を実際に思い出すとすれば、その出来事自体がそれにかんする私の記憶を引き起こさなければならない。記憶の充足条件をさらに詳しく見ると、その充足条件は記憶の対象となる出来事が生じたということだけではない。それに加えて、その出来事の発生が他ならぬまさにその記憶――その出来事の発生を充足条件とするその記憶――を引き起こしたということもまた、その記憶の充足条件なのだ。いわば、記憶、意図、知覚経験はすべて因果的に自己言及的なものだと説明できる(7)。その意味するところはこうだ。状態それ自体の内容が、因果的な必要条件をなすというかたちで、その状態を指し示しているのだ。記憶の充足条件自体は、その記憶が、記憶された当の出来事によって引き起こされるものであることを必要とする。意図の充足条件は、その意図の内容に表象された行為の遂行が、他ならぬまさにその意図がその遂行を引き起こすべきであるということを要請する、これを必要とするのだ。他の事例も同様である。

この点で、意図、記憶、知覚経験は、信念や欲求とはちがう。そのちがいを詳しく説明してみよう。もし私が昨日ピクニックに行ったと信じているなら、そのとき私の志向状態の形式的な構造〔S（p）〕はこうなる。

信じている（私は昨日ピクニックへ行った）。

だが、もし私が昨日ピクニックへ行ったことを思い出しているなら、私の志向状態の形式的な構造はこうなる。

思い出している（私は昨日ピクニックへ行った。私がピクニックへ行ったことがこの記憶を引き起こしている）。

心を世界へ適合させる方向をもつ状態では、知覚や記憶のような因果的に自己言及的なものと、信念のようにそうでないものとを区別する必要がある。このことにちょうど平行して、世界を心へ適合させる方向をもつ状態では、なにかをするに先立って抱く意図（「事前の意図」と呼ぶ）や、私が現にしようと意図していることをしている最中に抱いて

	認知			意思決定		
	知覚	記憶	信念	行為中の意図	事前の意図	欲求
因果的自己言及	○	○	×	○	○	×
適合方向	↓	↓	↓	↑	↑	↑
因果関係の方向	↑	↑	φ	↓	↓	φ

いる意図（「行為中の意図」と呼ぶ）のような因果的に自己言及的なものと、欲求のように因果的に自己言及的ではないものとを区別する必要がある。

適合方向をもつすべての因果的な自己言及の状態もまた因果の方向をもっている。たとえば、視覚を例にとろう。私が、マットの上に猫がいるのを見かけたとする。このときマットの上にその猫がいるということが、私にその状況をそのように見せる原因となっている（世界を心へ適合させる方向の因果）ときにかぎり、私は物事が実際あるとおりに見ている（したがって心を世界へ適合させる方向を達成する）。意図的な行為では矢印は逆方向へ向く。私の試み、つまり私の行為における意図がその行為の成功の原因となる場合（心を世界へ適合させる方向の原因）にかぎり、私は意図的に棚の最上段にある本に手をのばすことに成功する（したがって世界を心へ適合させる方向が達成する）。

以上の議論から生じる形式的な関係は、なかなか美しいので図示しておこう。ここでは二つのグループを名づけるために、認知や意思決定という旧式の用語を用いている。

5 志向性のネットワークと前志向的能力のバックグラウンド

志向状態は一般に、単独では存在しない。たとえば私が「雨が降っている」と信じている場合、私がその信念を単独でもつことはありえない。なぜならそのとき「雨が降っている」という信念とともに、雨が水滴から成ること、空から落ちてくること、一般に上ではなく下へ向かうこと、地面を濡らすこと、雲から発生することといった事柄を、多少漠然とではあれ私は信じているはずだからだ。もちろん、「雨が降っている」という信念をもちながらも、他の信念をもたない人がいるかもしれない。しかし一般的に、「雨が降っている」という信念は、もろもろの信念や他の志向状態から形成される「ネットワーク」に占める位置によって、はじめてそのような信念となりうる。ある人の志向状態の総体は、精巧に相互行為するネットワークをかたちづくるものと考えられる。どんな志向状態も、ただその充足条件を決定するだけであり、その志向状態が織り込まれているネットワークとの関係においてはじめて機能できる、とさえ言えるのだ。たとえば私が「自分は車を所有している」と信じているなら、私は車が交通手段であること、車とは一般道や高速道路で走らせるものであること、あちこちに移動するものであること、人が乗り降りするものであること、売り買いできる財産の一種であること、といったこともまた同時に信じているはずだ。

このネットワークの糸を最後までたどると、最終的には一群の技能、つまり世界とのかかわり方、傾向性、諸能力全般にたどりつくだろう。私はそうした能力をまとめて「バックグラウンド」と呼んでいる。たとえば、私が「スキーに行く」という意図を抱くとする。私は自分がスキーの技能を当然身につけていると思える場合にかぎってそう意図するだろう。だが、スキーの技能はそれ自体特別な意図、信念、欲求ではない。一般に志向状態が十全に機能するためには、志向的ではない諸々の能力のバックグラウンドが必要とされる。議論の的となることも多いが、私はこのテーゼを採りたい。

志向性の形式的な構造についてごく簡単なスケッチを提示してみたが、次のように要約できるだろう。どんな志向状態についても、状態のタイプと、その内容との区別が存在する。内容が完全な命題である場合、その内容は世界の中の事態を表象するだろう。また、それは三つの適合方向――心を世界へ、世界を心へ、無方向――のいずれかをともなっているだろう。適合方向のある志向状態は、その充足条件を表象している。志向性のネットワークを考慮に入れれば、適合方向の無い志向状態でさえ、あるいは、完全な命題的内容をもたない志向状態でさえ、依然としてその大部分は適合方向のある状態によって構成されているのだ。したがって、もし私があなたの足を踏んだのを申し訳なく思うとしたら、私はあなたの足を踏んだこと、自分はそうしたかったわけではないことを信じているはずだ。また、もし私がジミー・カーターに心酔しているとすれば、私はジミー・カーターにかんする一群の信念と欲求をもっているはずだ。一般に、志向性とは充足条件の表象である。生物学的にもっとも基本的な志向状態、つまり動物を直接的に環境とかかわらせるような志向状態は、その充足条件のうちに因果的な自己言及の要素をもっている。どんな志向状態も機能しうる。つまり志向状態のネットワーク内に占める位置と、ただ前志向的な諸能力というバックグラウンドに占める位置によって、志向状態は充足条件を決定しうるのである。

のちほど、第九章で無意識について語る。そこでは無意識の場合には、志向性のネットワークが、バックグラウンドの諸技能のなかでも、意識的な志向現象を生み出す技能というきわめて特別なケースである点について検討するつもりだ。

ここで説明してきた志向性の形式的な構造は枝葉末節のことではない。これこそが、私たちの意識的な活動の構造なのだ。それどころか、意識的なものと無意識的なもの両方の心的な活動の構造なのである。自分が置かれている社会的な状況を理解するようになるとき、ある行動に従事しようと決意するとき、夜空に星を見つけるとき、マドレーヌを食べるうち不意に子どもの頃を想い出すとき——こうしたことはどれもすべてここで説明してきた形式的な構造のあらわれなのである。私たちの生について理解するためには、志向性の構造を理解しなければならないのだ。

ついでに、この議論が少しも現象学のほうへ傾いていない点を強調しておきたい。これは重要な点である。ここで語られているのは、志向性の論理的な構造についてである。現象学では、ほとんどこの構造にアクセスすることができない。

Ⅲ 二つのインテンショナリティ――志向性と内包性

ｔ字のインテンショナリティ（志向性）とｓ字のインテンショナリティ（内包性）のちがいをわきまえていなければ、志向性をめぐる現代哲学の研究を理解したことにはならない。

専門の哲学者にさえしばしば混乱が見られる。これまで見てきたように、ｔ字のインテンショナリティ（志向性）とは心の性質だ。この性質により、ｔ字のインテンショナリティ（志向性）はそれ自体独立した世界の中の対象と事態へと方向づけられ、関与し、その一部となる。ｓ字のインテンショナリティ（内包性）とは、外延性〔extensionality〕に対立するものだ。それは特定の文や言明その他の言語的な存在物が備える性質であって、この性質のためにそうした文や言明は外延性のテストをパスできない。この二つのインテンショナリティのあいだには、ｔ字のインテンショナリティの状態（志向状態）にかんする多くの文が、ｓ字のインテンショナリティ（内包性）の文である、という関連がある。外延性についてはいくつかのテストが存在する。そのうちもっともよく知られているのは、外置換テスト（場合によってライプニッツの法則と呼ばれる）[8]と存在推論の二つだ。順に考察してみよう。置換テストは、二つの表現が同一の物事を指し示している場合にはいつでも、一方を他方に置換してもまさに置換を行っているその言明の真理値（真偽）を変えることはない、というものだ。形式的には次のように定式化できる。

一　[(a=b) & Fa] → Fb

aはbと同一、かつ、aが性質Fを備えるならば、bは性質Fを備える。

たとえば

二　カエサルはルビコン川を渡った。

かつ

三　カエサルはマルクス・アントニウスの親友と同一人物である。

ここから次のように推論できる。

四　マルクス・アントニウスの親友はルビコン川を渡った。

以上から、言明二における「カエサル」にかんする出来事は置換可能性の点で外延的であると言われる。しかし、置換できない言明も存在する。たとえば

五　ブルータスは、カエサルがルビコン川を渡ったと信じている。

この言明五と、同一性を述べている言明三から次のように推論するのは妥当ではない。

六　ブルータスは、マルクス・アントニウスの親友がルビコン川を渡ったと信じている。

なぜなら、ブルータスはカエサルがマルクス・アントニウスの親友だと信じていないかもしれないからだ。こうした文はカエサルにかんする出来事について内包的であると言われる。これは置換可能性のテストに失格している。

存在推論の原理によれば、aが性質Fを備えるときにはいつも、その性質Fを備える対象が存在することを妥当に推論できる。形式的には次のように定式化できる。

七　$Fa \rightarrow (\exists x)(Fx)$

たとえば

八　ジョンはカンザス・シティに住んでいる。

ここから次のように推論するのは妥当だ。

九　ジョンが住んでいるxのようなあるxが存在する。

しかしこの形式の文の中には、妥当に推論を遂行できない場合もある。たとえば

一〇　ジョンは失われたアトランティスの都市を探し求めている。

ここから次のことは導かれない。

一一　ジョンが探し求めているxのようなあるxが存在する。

なぜなら、彼が探し求めている都市は、そもそも存在していないからだ。

言明一〇のような文は、内包的であると言われる。なぜなら、それは存在推論のテストに失格するからだ。

こうした内包的な文〔言明五、一〇〕はともに、t字のインテンショナリティの状態（志向状態）にかんするものだという点に注意しよう。このことから、志向性には本質的に内包性が備わっていると誤って考えた哲学者もいる。だがそれは誤解である。t字のインテンショナリティの状態（志向状態）についての文が、しばしばs字のインテンショナリティ（内包性）であるわけはこうだ。すでに説明したように、志向状態自体はその充足条件の表象である。しかし、そうした志向状態にかんする文はその充足条件の表象ではない。むしろ言うなれば、その文はその志向状態の充足条件の表象についての表象である。そうした文の真偽はなにに依存しているのか。現実世界での物事のありよう、つまりオリジナルな志向状態によって表象されたものとしてある、というそのありように依存するのではない。そうではなく、表象の世界での物事のありよう、つまり志向状態を表象している当の行為者の心のなかに存在するものとしてある、というそのありように依存しているのだ。したがって「カエサルがルビコン川を渡った」と言うとき、私は率直にカエサルとルビコン川について語っている。だが「ブルータスはカエサルがルビコン川を渡ったと信じていた」と言う場合には、私はブルータスと彼の頭の中で生じていることについて語っている。このとき私がブルータスの信念について述べることの正しさは、カエサルとルビコン川という現実世界に左右されるのではなく、カエサルとルビコン川を表象しているブルータスの脳裡にあることに左右される。したがって、ブルータスがそれを妥当だと判断したであろうという趣旨に加えて私がさらに別の仮定をしないかぎり、私は文の真理値を変えることなく二つの文を置き換えられないのである。同様の注意が存在推論のテストにも適用される。ジョンが実際に住んでいる場所について私が語るとき、私は現実の人物と現実の場所について語っている。だが、ジョンが探し求めているものについて私が語る場合、彼がなにかを探そうとする志向状態——つまり、彼が実現しようと試みているその充足条件——について私は語っている。しかし、彼が探し求めているものが現実に存在していないとしても、彼はなにかを探し求めるという志向状態にあるだろう。ここでも、s字のインテンショナリティ（内包性）は、その内包性を説明する表象についての表象なのである。

t字のインテンショナリティ（志向性）とs字のインテンショナリティ（内包性）の区別について銘記すべき重要なことは、志向性には本来、内包的なものが存在しないという点だ。「ブルータスはカエサルがルビコン川を渡ったと信じている」という趣旨の言明は、まさにs字のインテンショナリティ（内包性）の言明である。しかし、その信念自体——ブルータスが現に抱く信念——は、それによってs字のインテンショナリティ（内包性）になるわけではない。その信念自体は、その信念が現実化しうるのと同じくらい外延的だ。

カエサルとルビコン川がともに存在し（存在推論）、カエサルと同一のなにものかがルビコン川と同一のなにかを渡った（置換可能性）場合にかぎり、それは真である。

以上の説明で、s字のインテンショナリティ（内包性）について理解すべきことはすべて理解したという印象を与えるのは本意ではない。言うべきことはまだまだある。より詳しくは拙著『志向性――心の哲学』*2を参照していただきたい。ともかくいまここで大切なのは、現代哲学によく見られる誤りをおかさずに、s字のインテンショナリティとt字のインテンショナリティをめぐる議論を理解できるような道具を手にすることだ。

Ⅳ　志向内容の決定論――外在主義をめぐる二つの議論

こうした問題について論じるほとんどの哲学者は、「志向状態の内容はどのように決定されるのか？」という非常に一般的な問いにたいして、同様に一般的な回答があると考えているようだ。この問いは「人はどのようにまさにその特定の志向内容をもつようになるのか、という点をどう説明するのか？」と問うものではないと解釈されている。そうではなくむしろ、「その志向内容はどのように構成されるのか？」と解釈することになっている。「いま・ここに存在する志向状態にかかわるどんな事実が、その志向状態を他のものへの欲求ではなく水への欲求にするのか？」というわけだ。妙な話だが、じつにはっきりとした問いがあるにもかかわらず、目下もっとも影響力のある見解ではこんなふうに論じられている。第一の「人が特定の志向状態をもつことを因果的にはどう説明するのか？」という問いにたいする回答を、第二の「そうした志向状態が現に備えている内容を構成するものはなにか？」という問いにたいして回答をもたらすものとして扱うのだ。この見解は「外在主義」と呼ばれる。外在主義では、志向内容は大部分において、行為者が外在的な世界にたいしてもつ（外在的な）因果関係によって構成されるのであって、心／脳の（内在的な）性質によるものではないと主張する。

本書が暗に前提としてきたのは、一種の内在主義の立場だ。内在主義によれば、私たちの志向内容はもっぱら私たちの頭の中に存在するものだ、と解釈される。もちろん、志向内容は世界の中の対象と事態を指し示している。世界のさまざまな性質を表象することによって人を世界へとかかわらせること、これが志向性の役割である。ある志向状態がほかならぬ特定の対象を指し示せるようにするその内容は、もっぱら指し示している主体である人の両耳のあいだ、頭の中にある。ここ数十年、内在主義に向けて次のような異論が唱えられてきた。いわく、心的内容自体は頭の中にはない、あるいは、少なくとも完全に頭の中にあるのではなく、大部分は頭の中で起こりつつあることと、それ以外の世界とのあいだの関係の中に存在しているのだ、と。外在主義の理論は、たんに私たちの内在的な心的内容が多くの場合、外在的な出来事によって引き起こされると主張しているのではない。

このことをわきまえるのが重要だ（この点では内在主義と外在主義は一致している）。外在主義が主張するのは、心的内容自体は実際には内在しておらず、せいぜいのところそれは、内部と外部が混ざったものであるということだ。もし以上の議論があいまいに聞こえるとすれば――残念ながら私にはそのように思えるのだが――そもそも外在主義のテーゼがかなりあいまいだからだ。外在主義にまつわるよく知られた二つの議論を素描してみよう。そうすればこの教説のあいまいさを減じる手助けになるだろう。この議論を説明するために、「指標性」[9]という概念を導入する必要がある。指標的な文や表現は、ある対象を指し示す。そのさい表現が発話されてはじめて対象が確定する、という関係を示している。たとえば、私が「私はお腹がすいた」と言い、あなたが「私はお腹がすいた」と言うとする。このとき私たちは同じ意味で同じ文を発話したことになる。しかし、この二つの発話は異なる充足条件をもっている。なぜならこの二つの発話は、文脈に依存する「私」にかんする出来事だからだ。私が発話した「私」は、私を指し示しており、あなたが発話した「私」はあなたを指し示している。言語にはさまざまな形式の指標性がある。「私」「あなた」「ここ」「いま」「これ」「あれ」「昨日」「明日」「向こう」など、動詞の時制と同じようにこれらはいずれも指標詞の例である。

第一の議論――ヒラリー・パトナムと双子の地球*3

「水」とは、湖や小川にあり、または空から降ってくる雨のように、透明で無味無色の液体として定義される、と人は考えるかもしれない。だが、ヒラリー・パトナム(10)によれば、その定義では「水」の意味は与えられない。なぜそう言えるのか。たとえば、私たちの銀河と似た銀河が存在していると想像してみよう。そこには私たちの地球と似た惑星があるとする。これを「双子の地球」と呼ぶことにしよう。双子の地球では、ただ一つの例外を除いて、分子にいたるまであらゆるものがこの地球の場合とまったく同一である。地球で「水」と呼んでいるものは H_2O から成る。他方、双子の地球で「水」と呼ばれるものは H_2O ではなく、非常に長い化学式をもっている。ここではそれを「ＸＹＺ」と略記する。さて、一七五〇年、つまり化学組成が知られる前のこと、双子の地球の人びとが「水」という言葉を使うとき、人びとの頭の中にあったものは、まさに地球人が同じ言葉を使うときに頭の中にあったものと同じだった。だが、頭の中にあった内容は同じだったにもかかわらず、その意味はちがっていた。意味は頭の中にありえない。なぜなら、地球の人びとの頭の中にあったものと同じものが双子の地球の人びとの頭の中にもあったのだが、その意味がちがっていたからだ。地球での「水」はある種の液体を指し示している。双子の地球では、別種の液体を指し示している。パトナムによれば、地球と双子の地球の双方における水の意味は、話者が指標的に提示された実体にたいして守っている因果関係によって決定されている。地球での「水」は、指標的に提示された液体と同じ構造を備えているものならなんであれそれを意味している。双子の地球も同様だ。だが、一方ではH_2Oであり他方ではXYZという具合に液体が異なるのだから、その意味は異なっているのである。そこで意味は「頭の中にはない」とパトナムは結論している。[*4]

意味についてあてはまることは、概して心的内容にもあてはまる。「水」という表現を用いる信念は、双子の地球と地球とではちがったものなのである。だが、もしそうだとすると、信念は結局のところ完全には頭の中にはありえないということになる。ここでは、両者が異なる信念を抱いているにもかかわらず、両者の頭の中にあるものは同一なのである。

第二の議論――タイラー・バージと関節炎[*5]

タイラー・バージ[11]は、心の内容が少なくとも部分的には社会的なものだと示す議論をしている。その議論はこう展開される。ジョーがサンタ・モニカの医師に診てもらいに行くところを想像してみよう。彼は「先生、ももが痛むんです。関節炎だと思うのですが」と言う。医師がこう答えるところを想像できるだろう。「ももが痛むなら、それは関節炎ではありませんね。関節炎というのは、関節の炎症ですからね」。では、ジョーにかんする条件をそのままにして、別の共同体《コミュニティ》に舞台を移したところを想像してみよう。ジョーの頭の中にあることは先の場合とまったく同じだとする。というのも彼は先ほどの場合と同じ時刻における同じ人物だからだと考えておこう。ただしこんどはサンタ・モニカではなく、双子のサンタ・モニカにいることにする。この共同体では「関節炎」という言葉は別の使われ方をしている。ここでは関節炎とは、筋肉の痛みと関節の炎症の名称とされている。さて、第二の場合にジョーの脳内にあるものは、第一の場合とまったく同じだ。しかし、彼の信念は異なっているように見える。サンタ・モニカでは、ジョーは自分が関節炎を患っているという誤った信念をもっている。双子のサンタ・モニカでは、ジョーは正しい信念をもっていることになる。「ジョーは自分が関節炎を患っていると信じているのだ」と述べてみたところで、この信念のちがいを伝達することはできない。なぜなら、「関節炎」は地球では一般的に使われている言葉だからだ。双子のサンタ・モニカでは、少なくともこの単語にかんするかぎりでは〔地球の〕標準的な言葉を話していない。そういうわけで、サンタ・モニカにおいて双子のサンタ・モニカの関節炎を理解するためには、新しく言葉をつくる必要がある。双子のサンタ・モニカでは、ジョーは正しい信念をもっている。つまり、彼は「門節炎」(12)であるという信念をもっているのだ。この思考実験の要点はこうだ。この二つの場合においてジョーの頭の中にあるものはまったく同じであるにもかかわらず(彼は同じ時刻における同じ人物なのだから、頭の中は同じはずだ)、やはり二つの異なる信念がある。なぜ二つの異なる信念がなければならないのかといえば、一方が真であり他方が偽だとして、同一の信念が同時に真でありかつ偽であることはありえないからである。

この結論はパトナムのものに似ている。パトナムが、意味とは部分的に世界への因果関係によって構成されることを示したのと同じように、バージの議論は、心的内容は部分的に人が所属する共同体の社会的関係によって構成されていることを示している。この二つの事例から、志向内容は頭の中に内在していないことを論証したことになるのだろう。

こうした議論からなにをひきだすべきだろうか？　私はこの著者たちの哲学的な洞察力に感心する。しかし、どちらの議論も誤った推論に基づいていると思う。内在主義の基本的な考え方はこうだ。心――ここでは「心」という言葉で、頭の中にあることを意味している――は、ある対象が、ある表現やその他の形式の思考内容によって指し示されるために満たすべき条件を設定する。古典的な例を挙げれば、「明けの明星」という表現は、もしある対象がその条件を満たせば、その表現は文字どおりその対象を指し示すために使うことができる、という条件を設定する。パトナムの説明には、この考え方に反するものはなにもない。性質のチェックリストはそれぞれの言葉に関連している――たとえば「水」という言葉は透明、無色の液体などといった諸性質と関連している――という伝統的な考え方にたいして、パトナムは「水とは私たちがいま見ているものと構造が同じなにものかである」という指標的な定義に置き換える。知覚的な志向性を、因果的自己言及性で説明する立場では、まさにこの視覚経験を引き起こす物質と構造が同じとみなされるようなものならどんなものでも水と呼べる、と言っていることになってしまう。しかし、その定義は、もっぱらその心の内容に表象される条件を設定している。地球の人びとは、自分たちが「水」と呼んでいる実体〔物質〕を見ている。彼らは条件を設定してはいるが、その条件は、自分たちが「水」と名づけた液体と、妥当といえる程度に類似しているものならなんでも満たすことができるような条件である。双子の地球の人びとにとって、まったく同じ筋書きを語ることができる。双子の地球の人びとは「水」と呼んでいる実体〔物質〕を見ている。彼らは条件を設定してはいるが、その条件は自分たちが「水」と名づけた液体と、妥当といえる程度に類似しているものならなんでも満たすことができるような条件である。その条件はもっぱら心の内容に内在している。ある物質がその条件を満たすかどうかは、世界次第であって、心次第ではない。まったく同様に、内在的に設定された他のどんな条件――たとえば、明けの明星であるという条件――についても、ある対象がその条件を満たすかどうかは世界次第であって、心次第ではない。内在主義とは、心がどのようにして条件を設定するかについての理論である。対象は、その条件を満たせば指し示される。ある対象がその条件を満たすかどうかは世界次第だとしても、どのような条件が設定されるかは心次第である。こうした基本的な立場を設定する見解に異を唱える外在主義からの内在主義批判には、見るべきものはない。

バージの例の場合、二つの事例でのジョーの心的状態が唯一ちがうのは、指標的なちがいだ。どちらの共同体でもジョーは次のように信じている。

一　私のももに痛みがある。この痛みは関節炎だと信じている。
だが、彼はバックグラウンドの前提ももっている。それを次のように表現できる。
二　私の言葉の用法は、私が所属する共同体の用法と一致している。一致していない私は自分の用法を共同体の用法にあわせるつもりだ、ということを当然だと考える。
だが、目下の事例に二を適用すると、次の結果がもたらされる。
三　私が所属する共同体では「関節炎」はこの〔私のももの〕痛みを指し示している。もしそうでなければ、私の用法を共同体のそれに一致させるつもりだ、ということを当然だと考える。

このように指標的な要素が、公的な言語の用法に含まれることがある。第一の場合におけるジョーと、第二の場合におけるジョーでは、共同体が違っていた。第一の場合では、ジョーは三について誤っている。ジョーの痛みは「関節炎」と呼ばれない。第二の共同体ではジョーは正しい。その痛みは「関節炎」と呼ばれる〔これを第一の共同体では「関節炎」から区別するために「門節炎」と名づけたのだった〕。この例が、内在主義のもっとも素朴な立場にとってさえ、どんな問題を提起しているのか私にはわからない。この反論にたいする応答のなかで、バージは〔談話において〕私にこう語った。彼はたんに、ジョーは言葉がどのように使われるかについてのメタ言語的な信念をもたない、このことを明記したかったのだ、と。まったくそのとおりである。ジョーがその類いの問題について考えているると想定する必要はまったくない。だが、私たちが共同体の他の人びとと意味を共有しているということは、社会的な言葉の用法のバックグラウンドをなす前提である。このバックグラウンドとなる前提が誤っていることにジョーが気づくとき、彼はいずれにしても、非言語的な事実——依然としてもともという同じ部位に同じ痛みがあるという事実——についての概念を変えず、言語の用法の方を変えるのだ。ジョーが彼の言葉の用法を共同体にあわせるという趣旨について、自分ではなんら明確な考えをもっていなかったということを、私たちは合理的に想定できる。この点についてバージは正しかったと思う。しかし、言語使用の共通性が前提とするのは、一般的なバックグラウンドとなる前提——つまり、明確な信念や思考に先行するなにか——である。私たちの言語使用は、共同体の他の成員にあわせるものだと前提されている。さもなければ、共通の言語を使って他人と意思疎通をはかることはできない。

V 内在的な心的内容——行為者と世界の関係

内在主義にたいするこうした反論が誤っていることをより深く説明しよう。そのために、心的内容の本性と、それがどのように行為者を世界に関係づけているかについて、もうすこし述べる必要がある。先に志向状態が充足条件を設定するということを確認した。たとえば「ソクラテスは水を飲む」という信念を私がもつなら、その信念はソクラテスが水を飲むそのときにかぎり正しく、それゆえ満たされるだろう。ここで問うているのは、「「ソクラテスは水を飲む」という思考の構成要素を構成するのはどのような性質なのか?」また、「それらの構成要素はどのようにして行為者を思考全体や外在的な世界に関係づけるのか?」という問題だ。この事例では、注意を「ソクラテス」と「水」に向けよう(「飲む」ことについての議論は省く。なぜなら、述語は、外在主義と内在主義の問題を超えた特殊な問題を引き起こすからだ)。「ソクラテス」と「水」というそれぞれの要素がその思考の全体的な真理条件に寄与していることには誰もが同意するだろう。「ソクラテス」という言葉はソクラテスという人を選び出し、「水」という言葉は水を指し示している。文全体が「ソクラテスは水を飲む」という真理条件に関連するのと同様に、それらの二つの要素は条件——文全体の真理条件に寄与する条件——に関連している。すると、その思考の構成要素について二組の問題がある。第一に、それぞれの要素はどのようにしてその要素が決定する条件に関係するのか? 第二に、行為者はどのようにしてそうした条件の決定に関係するのか? 「ソクラテス」がソクラテスを指し示し、「水」が水を指し示しているのを認めるとしたら、行為者がそれらの語を思考全体の充足条件を決めるのに使えるためには、彼はどのようにそれらの語にかかわらなければならないのか？　伝統的な回答や常識による回答はこうだ。それぞれの語はその意味によって語が現に設定している条件を設定する。行為者はその語を、その人がそれぞれの語の意味を知ることによって現に使っているように使える。そして、語の意味を知ることによって、人はその語に対応する条件を文全体の真理条件へと導き入れるように、その語を使えるようになるのだ。

いまや内在主義者と外在主義者の論争について、もうすこし正確に述べることができる。両陣営とも、語が文全体の真理条件に寄与している点には同意している。また、発話者がこれらの語を用いて件の真理条件を設定できるようにするために満たすべき条件が存在する、という点についても一致が見られる。論争になるのはもっぱら、発話者によって充足される条件の本性についてだ。問いはこうなる。その条件は、発話者の心／脳で表象される語のようなものと関連しているのか？　あるいは、それは部分的に発話者の心／脳とは独立したなにかなのか？　内在主義者によれば、その条件は発話者の頭の中に表象されているはずだ。外在主義者によると、その頭の中の内容は首尾よく指示するためには不十分である。これが、パトナムが「意味は頭の中にはない」と述べたときに意図していたことである。外在主義が提示する論証は、いずれの場合においても同様である。つまり二人の話者がいるとき、この二人の頭の中にはタイプ同一的な内容があるかもしれないが、それにもかかわらずなにか異なることを意味している。しかし、この主張にたいして内在主義から提示された回答はこうだ。あらゆる事例でそのようになっているのは、頭の中に指標的な構成要素があるからで、この構成要素が二つの事例で異なる充足条件を設定している。また、その指標的な構成要素が件の発話者の頭にかかわる条件を設定するためである。たとえば、たまたま同一に生まれついた一卵性双生児——一般に「分子一つにいたるまで同じ」と言われるような一卵性双生児——が、ともに「私はお腹がすいた」という思いを抱いたと仮定する。この双子の頭の中にあるものはタイプ同一的ではあるものの、それにもかかわらず二人は異なることを意味していると考えられる。なぜなら、「私」という言葉で、双子AはA自身を指し示しているのであり、双子BはB自身を指し示しているからだ。指標性によって、その頭の中のタイプ同一的な思考は、異なる充足条件を決定できるようになる。なぜなら、指標的に決定されるその充足条件は、それを考えている人の頭に固定されているからだ。したがって、先にあげた双子の地球の事例では、地球の人びとと双子の地球の人びとは、いずれも彼ら自身にかんする充足条件を設定しているのだ。つまり、私たちが「水」と呼ぶものは私たちが見ている液体と構造においてタイプ同一的ななにかである。しかし、二つの場合における「私たち」が異なっており、双子の地球の人びとは地球の人びととは異なったなにかを見ているのだから、たとえその頭の中の内容がタイプ同一的であっても、双方の人びとは異なる充足条件をもっているのである。この例において意味が頭の中にないことを示すものはなにもない。

バージの例についても同じことがいえるだろう。ジョーは確かに二つの共同体でまったく同じ考えをもっている。その考えとは、「私はももに痛みを感じている。この痛みを関節炎だと信じている」というものだった。自分が所属する共同体ではこのような痛みは「関節炎」と呼ばれる、というバックグラウンドとなる前提がある。しかし二つの場合において、共同体が異なっているために、そのまさに同じ考えが、二つの共同体にかんして異なる充足条件を決定することになるのだ。一方の場合ではジョーは正しい信念をもっており、他方の場合では彼は間違った信念をもっている。

本来の問題に戻るとしよう。志向内容は外在的な因果の連鎖によって決定されるものだという外在主義の主張を退けるとすれば、なにが志向内容を決めているのだろうか？　因果的に言えば、私たちの志向内容は私たちの人生経験と生来備えている生物学的能力との組み合わせから決定されるものだ、という以外に、この問題にたいする一般的な解答があるとは思われない。私はすでに動物の渇きの感覚がどのようにその神経生物学的な過程によって決定されるかを素描した。私は漠然と喉が渇いているのではなく、一杯のドラフト・アイリッシュ・スタウトが飲みたいとか、一九五三年産のシャトー・ラフィットが飲みたくて喉が渇くとかいうように、例を変えたとしたら、その話はもうすこし込み入ってくる。なぜならその場合、いったいどのように自分の人生経験からそうした特定の嗜好をもつにいたったのか、また、私の人生経験がどのように私にある種の嗜好を抱かせるようになったのかなど、そうしたことを記憶の中から呼び起こす能力や、これから先ふたたびそうした経験をしたいなどと思わせる能力について説明する必要があるだろうからだ。だが、ある特定の欲求を説明するために、もうすこし込み入った筋立てを用意しなければならないとしたら、さらには、いったい人はどのようにして「自分はすばらしいアメリカの小説を書くのだ」とか「共和党員と結婚したい」とか「一章くらいの分量で志向性を説明したい」といった内容の意図を抱くようになるか、ということを説明するはめになり、途方もなく面倒なことになってしまうだろう。

しかし、志向状態の来歴について語っているのではなく、志向状態の構成——たとえば、私にかかわるどのような事実から、私は「カエサルがルビコン川を渡った」という信念を抱くようになるのか——について語るのだとすれば、充足条件という概念に注意を喚起する必要がある。

その問題に直接とりかかる前に、現状を見ておこう。本章を三つの問いからはじめた。

一　そもそも志向性はどうしてありうるのか？

二　志向内容はどのように決定されるのか？

三　志向状態は詳しくはどのように機能しているのか？

第一の問いには、十分に答えるというよりも、どんな回答をも封じてしまう哲学一流の口調でもってその問いに答えるという要請を退けたのだった。第一の問いを次のように変形して現実的な問いに変えた。つまり、「どのようにして動物に渇きや空腹や恐れが生じうるのか?」という問いである。この問いに答えが与えられたなら、第一の問いは、それが意義ある問いであるかぎりにおいて、すでに回答を与えられたことになる。第二の問いは、第三の問いに答えるまで先送りにした。ちなみに、私は第二の問いに対する外在主義の回答を却下しておいた。そして、第三の問いに答えるにさいして、第二の問いにたいして同種の対処を施すためにも、第一の問いに施したと同様、これまでの成果を援用したいと思う。「どのようにして私は、カエサルがルビコン川を渡ったという内容の信念をもつことができるのか?」という問いは、原理的には「どのようにして私は、水への渇きを覚える、言い換えれば、私は水を飲むという内容をもった欲求をもつことが可能なのか?」という問いに答える以上に難しいことではない。いずれの場合も、答えは志向性と充足条件の本質的な関連を知ることによって与えられる。私の欲求を「水を飲みたい」という欲求にするものは、私が水を飲むそのときにかぎって満足されるだろう。これは、なにが私を心地よくさせるかということを予測する心理学的なコメントではない。そうではなく、志向内容に直接かかわる定義なのだ。まったく同様に、私の信念に「カエサルがルビコン川を渡った」という内容をもたせるものは、カエサルがルビコン川を渡ったそのときにかぎってそれが満足させられるという事実である。志向状態の内容とは、現にその志向状態の内容がもっている充足条件をその志向状態の内容にもたせるものなのだ。こうした充足条件は、必ずアスペクトのもとで表象される。たとえば、カエサルがアントニウスの親友と同一人物だとしても、私はある男を「カエサル」と表象し、「アントニウスの親友」とは表象しない。

しかし、第二の問いにたいするこの回答は循環していないだろうか？ 志向状態に現に備わっているその内容をその志向状態にもたせるものはなにか？ 答えはこうだ。志向状態は、現に備わっている充足条件をもっている。では、その充足条件とはなんであるか？ 充足条件は、志向状態の内容によって決定される。これは確かに循環に見える。だがこれはまさに私が探している種類の循環だ。私たちは、問いをその言葉どおりには受け入れない。むしろその問いを却下して、「志向性は実際にはどのように機能するのか」という問いに置き換える。志向性は、志向内容、アスペクト形態と充足条件の非常に緊密な一群の関連によって機能するのだ。この説明全体を現実世界に結びつけておくための次なるステップは、意識の中心的な役割を指摘することだ。ある志向状態を意識的に抱くということ——たとえば「カエサルがルビコン川を渡った」と意識的に考えること——は、その充足条件を意識的に自覚するということである。同じ志向状態を無意識的に抱くということは、原理的には少なくとも意識的になりうるなにかを抱くということである。意識と無意識の関係については第九章で詳しく論じるつもりだ。ここでの目的のために次のことだけを述べておきたい。第三の問いについて、どのような回答も許容しないような意味を却下する。そしてその問いに代えて志向内容が実際にはどのように機能するのかという説明に置き換える。志向内容は実際に機能する。なぜなら、意図的な行為者は意識的な思考を抱くわけだが、まさにその意識的な思考の同一性とは、その思考がほかならぬ特定の充足条件をもつように決定することだからである。そうした充足条件は、ほかならぬ特定のアスペクトのもとで表象される。もし「私の脳状態はどのようにして「カエサルがルビコン川を渡った」という内容をもちうるのか?」と問うなら、それはたいへん難しい問いに思える。しかし、もし「「カエサルがルビコン川を渡った」という私の意識的な思考は、どのようにして「カエサルがルビコン川を渡った」という内容をもちうるのか?」と問うならば、それはもはや答えがたい問いではない。私にはその言葉の意味がわかるし、それらの言葉がどのように世界の中の対象と事態にかかわっているか、あるいは、その思考全体について考えをめぐらせるとき、その思考がまさにこの充足条件――「カエサルがルビコン川を渡った」――を備えているのを私は自覚している。いったん第三の問いの難解きわまる意味を退けたなら、その問いを、「志向性は実際にはどのように機能するのか」という一般的な説明に同化することによって謎は解消する。そして、一般に志向内容の構成について述べるべきことはこれですべてなのである。もちろんそれ以外に――そのほとんどはすでに述べたことだが——ネットワークとバックグラウンドについて、適合方向と因果的な自己言及性について、心理的な様態といった点について、さらに述べる必要があるわけだが。

意識と志向性の関係については第九章で詳細に述べるつもりだ。さしあたっては次のことだけ述べておこう。人間の意識がもつ大きな進化論的優位とは、私たちが膨大な志向性(「情報」)を、時を隔てずして、単一の統合された意識野において調整できることにある。たとえば、朝の通勤で車を運転するさいに、どれほどの志向性が協調しているか(「情報処理」があるか)を考えてみよう。単に知覚と行為の協調を考えるのではない(たとえば、私が右側の車を追い越す。前方に赤信号が見える)。無意識の志向性が絶え間なく生起していることについても考えてみよう(たとえば、午前九時の約束に遅れそうだ。昼食はどこでとれるだろうか? 会合はどうなるだろうか)。こうしたすべてのことが世界についての志向的な表象であり、私たちはこうした表象の仕方によって世界と関係しているのである。

Ⅵ 結論

本書の冒頭で、本当は理解してもいないことを理解しているかのような印象を読者に与えるのは、最もたちの悪いことだと述べた。本章を読んで志向性のことがすっかりわかったという印象を抱いていただきたくはない。ここでは非常に大きなテーマの上っつらをなでたにすぎない。とはいえ、表象としての志向性という概念について概観を得てもらえたと思う。また本章をつうじて、現代哲学に共通の誤りを避けられるようになったと期待したい。とくに、t字のインテンショナリティ（志向性）とs字のインテンショナリティ（内包性）の区別を理解すべきである。目下の正統となっている外在主義者による志向内容の説明がどんな困難を抱えているかを理解し、志向性と意識の関連を考えはじめなければならない。この関連については第九章で詳しく説明する予定だ。もっとも大切なのは、志向性がどのようにして現実世界の現実的な性質として機能するか、という考え方をすこしずつでも理解すべきだということだろう。そしてできれば、その理解をつうじて「本来的あるいはオリジナルな志向性には深い謎があって、どんな自然な説明もよせつけないのだ」などと怖じ気づいたり、思い込んだりしないでもらえたらと思う。

第七章　心的因果

二元論が残した問題の一つは、心的因果の問題だ。心身問題は当初、「どうやって物理的な過程が心的な過程を引き起こせるのか？」というものだった。だが多くの哲学者にとっては、その問いのもう半面こそが差し迫った問題だ。つまり、「どうやって心的過程のようなかたちもなく実質のないなにかが、現実世界で物理的な結果をもたらせるのか？」という問題である。たしかに、物理的世界の外側から内側になに一つ因果的な結果をもたらしえないという意味で、現実の物理的世界は「因果的に閉じている」。

この段階では、私がこうした問いを絶望的に困難だとは考えていないことや、デカルト流のカテゴリーを受け入れるからそれらの問いが難しく見えるということ、こうしたことを読者は理解してくれると思う。とはいえ、心的因果の研究は多くの魅力あふれる問題を提起している。心身関係について私の説を受け入れてくれたとしてもなお、本章をつうじて、心的因果をめぐる興味深いテーマが見出されるものと思う。

I　ヒュームによる因果の説明

やはりヒュームからはじめるべきだろう。一般に、心について語るならデカルトを避けて通れないのと同じように、因果について語るならヒュームを避けては通れない。ヒュームが考えた因果の説明は、彼の業績の中でも突出して独創的かつ力強く、深みのある哲学的な要素だ。そのヒュームの文章は、かつて英語で書かれた哲学的な散文のなかでももっとも印象に残る一篇であると言っても、ほとんどの哲学者が同意してくれると思う。本書からなにを学ぶにせよ、因果にかんするヒュームの懐疑的な説明を見落とさないでいただきたいと思う（言うまでもないが、以下の解説はヒュームの『人間本性論』第一巻第三部の代用品を意図したものではない。とはいえ、いまから述べることは、『人間本性論』という書物そのものに向かう道案内にはなるだろう）。では、はじめよう。[*1]

ヒュームは、原因と結果を合理的に考えるとしたらその構成要素はなんであるかを問うところからはじめる。二一世紀では、この問いをこう言い換えるだろう。「「原因」の定義とはなにか？」と。ヒュームは因果という概念には三つの構成要素があるという。

先行性――この構成要素でヒュームが意図したのは、原因は時間的にその結果よりも先に生じるはずだということである。つまり、原因が結果の後に生じることはありえない。

空間・時間における近接性――この構成要素でヒュームが意図したのは、原因と結果は互いに近接しているはずだということである。もし私がバークレーで頭をかき、パリである建物が倒れたとしたら、私の頭とパリのその建物とが「因果的な連鎖」でつながっていないかぎりは、私が頭をかいたことはその建物が倒れたことの原因ではありえない。

必然的な結合――この構成要素によってヒュームが意図したのは、先行性と近接性に加えて、原因と結果は必然的に結合しているはずだということである。つまり、原因が実際に結果を生み出す、原因が結果を生じさせる、原因が結果をともなう、あるいは、ヒュームが要約してみせたように、原因と結果のあいだには必然的な結合があるはずだという意味である。

だがヒュームによれば、現実の事例を見てみると、必然的な結合はまったく知覚されないことがわかる。たとえば、私が灯りのスイッチを押すと灯りがつき、もう一度押すと消える、という状況を観察しているとする。このとき、A＝スイッチを押すことと、B＝灯りがつくことのあいだには因果的な結合があると私は考える。しかし実質的に、私が観察できることといえば、AにBがつづくということだけだ。ヒュームは、必然的な結合がないことを、あたかも人が克服すべき嘆かわしい欠如であるかのように、また、もっと正確に調査すれば必然的な結合を発見できるかもしれないかのように述べている。だが、必然的な結合とは、ヒュームが説明した事例のようには、けっしてありえないことを彼は心底わきまえていた。仮に私が次のように述べたとしよう。スイッチを押すことと灯りがつくことのあいだの必然的な結合とは、C＝コードを電流が通じることであり、それを観察すると、ある方法、たとえば計測装置を使えばよいことに気づいた、と。だが、そう言ってみてもはじまらない。さしあたりここからわかるのは、スイッチを押すと、電流が通じて、灯りがつく、つまりACBという順序《シークエンス》があるということだろう。しかし依然としてこの三つの出来事のあいだに必然的な結合は見つかっていない。私が必然的な結合を発見するとしても、つまりスイッチA、電流C、灯りBのあいだにはっきりとした必然的な結合があるのを、たとえばD＝回路構成の閉鎖というかたち、もしくは、E＝タングステンのフィラメントにおける分子の活性化というかたちで発見するとしても、それは依然として必然的な結合ではない。そうなると、ADCEBという五つの出来事の順序を私は見出したのであって、これら五つの出来事は互いに必然的な結合を必要とするだろう。ヒュームによる第一の懐疑的な結論は、いわゆる原因といわゆる結果とのあいだには必然的な結合がない、というものである。

ヒュームはまさにここから出発する。そして原因と結果の根本的な原理を考察すべきだと言う。ヒュームは二つの原理を発見している。「因果の原理」と「因果性の原理」である。因果の原理は、あらゆる出来事には原因があると主張する。因果性の原理は、類似した原因は類似した結果をもつと主張する。彼が正確に把握していたように、この二つの原理は同じものではない。個々の原因がもつ結果が一貫しなかったり、個々の結果がもつ原因が一貫しなかったりするのに、あらゆる出来事には原因がある〔つまり、因果性の原理が成立せず、かつ因果の原理が成立する〕、という場合がありうる。また、たとえすべての出来事に原因があるわけではないのに、原因と結果があるときには類似した原因が類似した結果をもつ〔つまり、因果の原理が成り立たず、かつ因果性の原理が成り立つ〕、という場合がありうる。だがヒュームが言うには、因果の原理と因果性の原理という二つの原理を考察してみると、特有の性質があることがわかる。これらの原理を証明できるとは思えないのだ。定義上、それらは正しくない。言い換えれば、この二つの原理は分析的な真理ではない。だから総合的・経験的な真理でなければならない(3)。しかし、これがヒュームの議論におけるまさにとどめの一撃なのだが、この二つの原理を経験に基づいた方法で確証する手立ては存在しない。なぜなら、なにかを経験に基づいた方法で確証しようと思えば必ず、まさにこの二つの原理が前提となるからである。

これがヒュームのもっとも名高い結論である。「帰納法の問題」と呼ばれるもので、次のように記述される。たとえばこのような演繹的な論証を考えるとする。

ソクラテスは人間である
すべての人間は死ぬ

したがって、ソクラテスは死ぬ

この論証は妥当であることがわかる。なぜなら、結論はすでに二つの前提のなかに暗黙裡に含まれているからだ。結論には、二つの前提に含まれていないものはなに一つとして含まれていない。これを、前提から結論へすすむ、前提P→結論C、つまり、P≥Cと図式的にあらわそう。前提はつねに結論より多くの情報を含んでいる（あるいは、命題をそれ自体から導くようなかぎられた事例では、その前提は結論に等しい）。このとき結論の妥当性は保証されている。というのも、結論には前提にすでに含まれていないものはなにもないからだ。だが、科学的な論証や帰納的な論証を考察する場合――たとえば「すべての人は死ぬ」という前提を論証するような場合――、この種の妥当性は存在しないように思える。帰納的な論証では、証拠Eから仮説Hへすすむ。たとえば、特定個人の死にかんする証拠は、すべての人は死ぬという一般的な仮説の証拠を提供あるいは裏づけ、もしくは確証していると言う。証拠から仮説へ、証拠E→仮説Hとすすむ。しかし（これが演繹と異なるところなのだが）帰納の場合、仮説にはつねに証拠よりも多くのことが含まれている。仮説はつねに証拠の要約以上のものなのだ。つまりE＜Hであり、証拠Eは仮説Hより小さい。こう言えば、これまで帰納的な論証を用いてきたのがまったく不面目なことのように思えるかもしれない。だが言うまでもなく、帰納的な論証はなくてはならないものだ。第

一、帰納的な論証がなかったら、いったいどうやって演繹的な論証の前提となる一般的な命題を確証できるというのだろうか？「ある人間が死ぬ」という個々の事例から一般化が許されないとしたら、どうして「すべての人間は死ぬ」と言えるのだろうか？　あるいは、個々の事例にかんする別の種類の証拠から「すべての人間は死ぬ」という一般的な結論をいったいどうやって確証するのか？

証拠から仮説へすすむ場合、つまり証拠がその仮説を支持するとか、その仮説を確証・確認すると主張する場合、人は好き勝手に、あるいは不当なやり方でそうするのではない。それどころか、証拠から仮説へすすむためのある原理なり規則Rをもっている。そうした規則とは、科学的な方法の規則だと考えるかもしれない。だから人は、好き勝手なやり方で証拠E→仮説Hとすすむのではない。そうではなく、規則Rに基づいて証拠E→仮説Hとすすむのだ。ER→H。だが、この問いがヒュームの決定的に重要な点なのだが、規則Rとはなにを根拠にしているのだろうか？　証拠Eは実際の観察から得られると考えられる。仮説Hは観察から一般化されるものだ。しかし、規則Rに基づいて証拠Eから仮説Hへ移行することを正当化するとしたら、当の規則Rはなにによって正当化されるのだろうか？　ヒュームの答えはこうだ。規則Rを正当化する試みはすべて、規則Rを前提としている。規則Rとはいったいなんなのか？（因果と因果性とはここでかかわりあう）。規則Rにはさまざまな示し方がある。たとえば、すべての出来事には原因があり、類似する原因は類似する結果をもたらす、というのがもっともはっきりとした規則Rの示し方だ。ほかにも、「まだ見ぬ事例はこれまでに観察された事例に似ているだろう」「自然は斉一〔一定不変〕である」「未来は過去に似るだろう」と述べるやり方がある。

ヒュームはこれらいずれをも、それぞれの目的にたいしてほぼ同等の資格をもつものとして扱った。もしある種の自然の斉一性、つまり因果性や因果によって保証された自然の斉一性を前提としなければ、帰納的な論証を基礎づけることはできない。しかし、ここが決定的な点なのだが、自然の斉一性という信念には根拠がないのだ。なぜなら、そうした信念はどれも帰納から基礎づけられなければならず、その上で今度はその帰納が自然の斉一性から基礎づけられなければならないからだ。このように、自然の斉一性という信念を基礎づける試みは、循環する。

ここまでのところ、ヒュームの結論はほぼ完全に懐疑的である。自然には必然的な結合のようなものは存在しないし、帰納には合理的な基礎のようなものは存在しない。ヒュームのやり方は独特だ。というのも、彼は懐疑的な結論を得た後で、なぜそうした懐疑的な結論を受け入れられないのかという理由を説明すると同時に、まるで懐疑論が確立されていないものとして事をすすめるべきだと言うからだ。私たちは古い思考の習慣から逃れられないし、ヒュームはまさになぜそうなるかを説明したいと切望しているのだ。

必然的な結合を探していたときには、先行性と近接性のほかに必然的な結合のようなものは見つからなかった。しかし、それとは別のもう一つの関係が見つかった。つまり、類似した諸々の事例のあいだにある恒常的連接[4]である。「原因」と呼ばれる物事には、きまって「結果」と呼ばれる物事がつづくということを私たちは発見した。この世界で生きる私たちにかかわる事実の問題として、諸々の原因にはきまって諸々の結果がつづくということを、私たちは発見した。恒常的にくりかえし経験されること、類似した諸々の事例のあいだにある恒常的連接から、人はある期待を抱くようになる。つまり、「原因」と呼ばれる物事を知覚すると、自動的に「結果」と呼ばれる物事の知覚を期待するのだ。なにが原因の知覚をありありとした結果の期待へと変化させ、さらに原因という観念を結果という観念へ変化させるのか。それは「感じられる心の決定」[5]だ。まさにこの「感じられる心の決定」が、自然の中には先行性、近接性、恒常的連接のほかになにかがあるという錯覚を私たちに植えつけているのだ。感じられる心の決定によって、人は「自然には必然的な結合がある」との確信を抱く。だが、その確信は錯覚にほかならない。実在するのは先行性、近接性、恒常的連接だけである。ヒュームが説明する因果とは、文字どおりある一つの事柄が、別の事柄の後につづくことにすぎない。ある事柄が別の事柄につづく仕方には一つの規則性がある。これが唯一の要点だ。そしてこの規則性が「それ以上のなにかがある」という錯覚を私たちに与える。だが、人は必然的な結合が自然のなかにあると考えるが、それはもっぱら心の中の錯覚にすぎないのである。唯一実在するのは、その規則性だけなのだ。

とはいえ、以前に観察された事例に規則性があったからといって、これから生じる事例が以前の事例に類似すると想定させる根拠があるわけではない。帰納の問題はまったく解決されていない。規則性は、帰納の問題が解決できるという錯覚を与える。なぜなら、人は感じられる心の決定によって必然的な結合を発見してきたと考えられるからだ。だが、必然的な結合はもっぱら心のなかにあるのであって、自然それ自体にはない。結果として、ヒュームは因果性がどのようにして因果に先立つかを示すことで帰納の問題に対処する。規則性(因果性)が実在することから、必然的な結合という錯覚がもたらされ、その必然的な結合の錯覚から、すべての出来事には原因(因果)があるという錯覚がもたらされるのである。

因果にかんするヒュームの遺産には、少なくとも二つの根本的な原理が含まれている。第一は、自然には必然的な結合のようなものは存在しないということ。第二に、因果的な結合にかんして、人が自然のなかに見出すのは普遍的な規則だということ。ヒュームは必然的な結合にたいして懐疑を抱いていた。だが、だからといって彼は因果にかんして検証できる事実をまったく認めなかったわけではない。むしろ、検証できる事実はあるのだが、私たちが期待するようなものではないだけだ。人は、原因と結果のあいだに因果的なつながりがあるはずだと期待する。だが実際に見出すのは、普遍的な法則があることを例示する一連の出来事にすぎない。この二つの特徴は、今日にいたるまで因果をめぐる議論に影響を与えてきた。ほとんどの哲学者は、自然には因果的な結合は存在しないが、個々の因果的な結合それぞれが普遍的な法則を例示しているにちがいない、と考えている。また彼らは、その法則を記述する用語は、もととなる因果関係の出来事を記述する用語と同じである必要はない、ということを指摘しようと躍起になっている。したがって、私が「ジョンのふるまいが、サリーの見た現象を引き起こした」と述べ、水の入った鍋をジョンがコンロに載せて加熱し、鍋でお湯が沸くのをサリーが見たと想定する。このとき、ジョンのふるまいが、サリーの見た現象の原因となった、ということは正しいかもしれない。だが、ジョンとサリーにかかわりをもつ法則はもちろん、載せることや見ることに関係するような法則が存在するとはとても思えない。科学法則とは、たとえば地球の大気中で水が熱せられるときに生じる水圧のような事柄にかかわるものだろう。

帰納にかんするヒュームの懐疑は、因果にかんする規則性の理論にくらべると、現代哲学での影響は小さい。現代の哲学者のほとんどが、ヒュームは論破されていると考えているだろう。標準的な教科書では、帰納的論証は演繹的論証の基準を満たすべきだとヒュームは誤って仮定したのだと記載している。彼は、証拠に基づいた帰納的な方法によって結論を立証する類いの論証では、なにかが見落とされると考えた。なぜならその前提から、演繹的な論証のように結論が必然的に導き出されるわけではないからだ。現代の哲学者の観点からすると、まるで誰かが「私のバイクはドッグショーでよい点をとれないからよいバイクではない」と言うようなものだ。バイクは犬とはちがうのだから、犬を審査する基準でバイクを審査すべきではない。これは、帰納的な論証は演繹の基準によって審査されるべきだ、と仮定するのとまさに同じ種類の過ちである。演繹の基準による妥当な演繹的論証というものがあるのだし、帰納の基準による妥当な帰納的論証というものがある。両者を混同するのは誤っている。

しかし、現代の標準的な見解によれば、これでもまだヒュームに譲歩しすぎている。帰納と演繹という二つの論証スタイルがあるという考え方がすでに混乱のもとだというのだ。あるのは演繹的な論証だけだ。また、科学では仮説演繹法と呼ばれる方法が採られている。まず仮説を立てて、予測を演繹する。そして予測が正しいかどうかを確認するために、その仮説をテストにかけるのである。予測が正しければ、もとの仮説は確証される、あるいは、支持されると言われる。予測が正しくなければ、その仮説は反証された、あるいは棄却されたと言われる。帰納と演繹のあいだには、はっきりとした対比関係はない。むしろ、いわゆる帰納とは、仮説を実験やその他の種類の証拠によってテストする問題である。ある仮説を検証する場合、その仮説の帰結を導き出して、その帰結が一定の実験によるテストに合格できるか否かを確認するのが典型的なやり方だ。たとえば、重力の法則は、物体がある距離からある時間内に落下することを予測する。そのように推論したら、物体が実際にこの距離からその時間内で落下するか否かを実験で確認することによって、その仮説をテストするという次第である。

Ⅱ　因果は経験できないのか

先に私は、ヒュームの必然的な結合の分析と、その因果関係にかんする規則性の理論の業績を大いに賞賛していると述べた。しかし私は、その理論がひどく誤っており、後の哲学にたいへん悪影響を与えてきたと考えていることについても述べないわけにはいかない。本書では、ヒュームの因果にかんする説明と帰納についての説明の全体にわたる批判には着手せず、心の哲学にとって本質的な主要点に的をしぼることにする。必然的な結合についてヒュームが提示した否定的な結論の核心を、一言で言えば次のようにまとめられる。つまり、必然的な結合には印象が存在しない、と。言い換えると、力、効果、能力、因果関係にかんする経験は存在しない――ということだ(6)。これは正しいだろうか？　あなたには妥当に思えるだろうか？　白状しなければならないが、私にはまったく妥当であるようには思えない。私の考えでは、人は目覚めているあいだほとんどずっと、必然的な結合を知覚している。どういうことか説明しよう。

知覚経験をするときや、自発的に行為するとき、志向性の議論で見たように、志向現象の充足条件のなかには因果的な自己言及の条件がある。行為中の意図は、その意図が身体の動きを引き起こすときにのみ満たされ、知覚経験はその経験が知覚される対象によって引き起こされるときにのみ満たされる。だがこの二つの事例は――もちろん普遍的に正しいわけではないとしても――「経験」と「世界の中の対象や事態」とのあいだの因果的な結合が現実に経験される、という点でほとんど共通している。もしこのことについていささかなりとも疑いがあるなら、ちょっと腕をあげてみるだけでよい。あなたが腕をあげるという経験と、誰かがあなたの腕をもちあげることをあなたが経験するのとは明らかにちがう。第五章で触れたように、神経外科医のワイルダー・ペンフィールドは、患者の運動皮質のニューロンに微小電流を流すと、その患者の腕が動くことを発見した。患者は例外なく「私が動かしたんじゃありません。あなたが動かしたんです」と語った。[*2] さて、この経験が、本当に自発的に腕をあげるのと違っているのは明らかだ。ごくあたりまえの状況では、あなたが自分の腕を意図的にあげれば、腕をあげるという身体の運動を生み出している意識された「行為中の意図」が、因果的に作用しているさまをあなたは実際に経験する。また、誰かがあなたにぶつかれば、あなたはなにがしかの知覚を経験するものの、その知覚を自分が引き起こしたこととして経験するわけではない。あなたはそれを、実際には自分にぶつかってきた人の身体が引き起こしたこととして経験する。だから、これらの二つの事例、二つの行為と知覚で、人が世界の中の対象や事態と、自分の意識経験とのあいだに因果的な結合を認めるのは、まったくあたりまえのこと、じつに正常なことのように私には思える。行為の場合、自分の意識された「行為中の意図」が身体の運動を引き起こすのを経験する。知覚の場合、世界の中の対象や事態が知覚的な経験を引き起こすのを経験する。

思うに、ヒュームは探究すべき場所を誤ったのだ。彼は、身のまわりのものを超えた対象や出来事について探究し、それらのあいだに必然的な結合がないことを発見した。しかし、もし自分の実際の経験に備わった特徴について考えるなら、自分でなにかを引き起こす経験（つまり意図的な行為）や、自分になにかを引き起こすなにがしかのことを経験する（つまり知覚）のはまったくあたりまえのことに私には思える。この二つの事例では、因果的な結合を経験することはごくあたりまえのことである。

これについて、エリザベス・アンスコムが(7)（講義の中で）よい例を提示していた。私が机に向かっているとする。外で車が爆音をたて、私は驚いて飛び上がる。このとき、私は自発的ではない自分の動きを、耳にした爆音によって引き起こされたものとして現に経験している。類似した例が連接するのを待つまでもない。この場合、私は、自分の一連の意識経験の一部として現に因果関係を経験しているのだ。

ここまでのところ、こうした経験は自分の経験と現実世界の因果的な関係を教えてくれたにすぎない。だが、私たちは同様の関係を、自分の経験を離れた現実世界にも見出したいと望んでいる。人が自分の経験から得ている因果という概念を、経験からまったく独立して存在し相互作用しあっている世界の中の対象や事態へと拡張することは、私にはわけのないことに思える。たとえば、私が車を押して動きを引き起こすさいに、私が自ら生み出す結果は、あなたが車を押すのを私が眺めるさいに観察できる結果と同じだ。だが、私が車を押そうが、あなたが車を押すところを私が観察しようが、その因果関係は同じである。それだけではない。以上のことを、行為者がまったく存在しない場合にも拡張できる。ある車が別の車を押すのを見る場合、私は第一の車の物理的な力が、第二の車の動きを引き起こしていると理解する。だから、因果にかんする実際の経験に加えて、自分や他人の経験をいっさい含まない世界での一連の出来事についても、因果概念をわけなく拡張できるように思えるのだ。結局のところ、人間を含む因果関係は、宇宙における因果関係のごく一部にすぎない。目下の議論で大切なのは、私たちがなにかをしたり、別のものからなにかをされたりするさいに私たちは因果関係を経験するが、その因果関係に人間が一人もかかわっていない場合でさえ、同じ因果関係が存在していることが知られうるということだ。

因果にかかわる私たちの経験には、自明で保証されたものはなにもない。私たちはどんな場合にも間違える可能性があるだろう。しかし、この間違いと錯覚の可能性は、いやしくも知覚経験であるならどんなものにも組み込まれている。ここで肝要なことは、因果の経験は、他の知覚経験と比して劣るものではないということだ。

Ⅲ　物理的世界の因果的閉鎖性と心的因果

私たちは因果の経験を通常の覚醒した意識の一部としてもっていて、その因果は現実世界における現実的な関係である。以上のような私の議論がここまでのところ正しいとしよう。それでもなお、心的因果については特別な問題があるように思える。その問題とはこうだ。もし意識が物理的なものではないとすると、意識はどうやって身体を動かすといった物理的な結果をもたらすのだろうか？　経験に照らせば、言うまでもなく意識が身体を動かしているように思える。私が意識的に腕をあげようと決めると、私の腕があがる。しかし、同時に、腕があがることについては、もう一つの説明方法がありうるのを私たちは知っている。つまり、腕の動きは、運動皮質におけるニューロンの発火、運動ニューロンの軸索突起の末端でのアセチルコリンの分泌、イオン・チャネルの刺激、筋肉線維の細胞質への作用、そして結果として腕があがる、ということに関係している。だからもし、心のレヴェルで意識がもたらす結果をめぐる物語があるとしたら、それはどのようにして身体のレヴェルにおける化学と生理学をめぐる物語と調和するのだろうか？　さらに厄介なことには、私たち〔のふるまい〕が心的因果になんらかの役割を果たしているとしても、つまり、心が身体の行動を生み出す上で因果的な役割を演じていると仮定するのは、小難を逃れて大難におちいることのように思える。なぜなら、そうすると原因の数ばかり増えるように見えるからだ。どうやら私たちは、哲学者が「因果の重複決定」と呼ぶものを受け入れることになりそうだ。私の腕を動かす二組の原因があるらしいのだ。つまり、一つはニューロンにかんする原因で、もう一つは意識の志向性にかんする原因である。

いまや心的因果にかんする哲学的な問題を、いくらか正確に要約できる。もし心的状態が唯一存在するリアルなものであり、物理的ではないとすると、心的状態がどのようにして物理的な世界になんらかの結果をもたらすのかほとんど理解できない。だが、もし心的状態が物理的な世界に現実の結果をもたらすのなら、私たちは因果の重複決定を受け入れることになるだろう。いずれにしても、心的因果という概念を理解できないように思える。全体として考えると、つじつまの合わない四つの命題がある。

一　心身という区別──心的なものと物理的なものは、別々の領域をかたちづくっている。

二　物理的なものの因果的な閉鎖性──物理的なものの領域は因果的に閉じている。つまり物理的でないものは、そこに入り込んで原因として作用しえない、という意味で閉じている。

三　因果的な排除の原理──物理的な原因が、ある出来事にとって十分なものである場合、その出来事については他の種類の原因はありえない。

四　心的なものの因果的な効力——心的状態は実際、因果的に機能している。*3

この四つは互いにつじつまが合わない。一つの解決手段は、四を断念することだ。しかしこれでは実質的に随伴現象説に等しい。ジェグォン・キムは「もしこれが随伴現象説であるなら、ほとんどのものが随伴現象ではないか」*4と述べている。

くりかえし見てきたように、一般にこうした哲学的難題を抱えてしまう場合、たいていは誤った仮定に基づいていたことが判明するものだ。目下の例はまさにそのケースだと思う。誤りは、命題一の伝統的な心と身体の分離に明白である。一方には現実的で還元できない一連の意識状態を含む脳過程の記述レヴェルがあり、他方には純粋に生物学的である脳過程のもう一つの記述レヴェルがあり、その両者の意識状態が存在論的に神経生物学的な現象へと還元できないとすれば、これら二つのレヴェルは別々の存在であることになる。そう仮定することから誤りは生じている、と第四章で述べた。そして、このような仮定が誤りである次第を示せたと思う。このジレンマを解決するには、第四章の結論を思い出すことだ。つまり、意識が現実のものであり、物理的なものへと還元できないからといって、意識が物理的に現実化する脳のシステム「とは別の」なにか独立した種類の存在者や性質だということは含意されていないのである。脳における意識は、独立した存在者や性質ではない。それは、脳が置かれた状態にすぎない。

伝統的な語彙では、この点について述べることはほぼ不可能だ。もし「心的なものは物理的なものに還元できない」と述べるなら、二元論を受け入れているように見える。だがもし「心的なものとは、物理的なものが高いレヴェルで記述されているにすぎない」と述べるなら、唯物論を受け入れているように見える。なんども繰り返してきた要点をさらに繰り返すと、解決手段は「心的なもの」と「物理的なもの」という伝統的な語彙を放棄すること、そしてただ事実だけを述べるようにつとめることである。意識の脳過程にたいする関係は、ピストンの固体性が合金における分子のふるまいにたいしてもつ関係、あるいは、水の液体性がH_2O分子のふるまいにたいしてもつ関係、あるいは、車のシリンダー内の爆発が個々の炭化水素分子の酸化にたいしてもつ関係に似たものだ。どの場合においても、システム全体のレヴェルでは、より高いレヴェルの原因は、そのシステムを構成するミクロなレヴェルの原因に付け加わるようなものではない。それどころか、システム全体のレヴェルでの原因は、ミクロな要素の因果から完全に説明がつくし、ミクロな要素の因果へとすっかり因果的に還元できるのだ。このことは、車のエンジンや洗濯機のなかで循環する水について正しいのと同様に、脳過程についても正しい。私が「意識的に腕をあげようと決意することが腕をあげる原因となる」と述べるとき、「ニューロンが発火して他のさまざまな神経生物学的な結果を生み出すさい、ニューロンのふるまいの他になんらかの原因が生じた」と言っているのではない。そうではなく、私はたんに、特定のミクロな要素のレヴェルではなく、神経生物学的なシステムをシステム全体のレヴェルで記述しているのだ。状況は、車のエンジンにおけるシリンダー内の爆発とまさに似ている。「シリンダー内の爆発がピストンに動きを引き起こす」と述べることもできれば、「炭化水素分子の酸化によって熱エネルギーが放出され、それによって合金の分子構造に圧力がかかる」と述べることもできる。ここには二組の独立した原因にかんする二つの独立した記述があるのではない。そうではなく、それらは一つの完全なシステムにかんする二つの異なるレヴェルの記述なのである。もちろん、あらゆるアナロジーがそうであるように、このアナロジーの有効性も特定の局面にかぎられる。脳と車をアナロジーで説明できない点があるとすれば、シリンダー内の爆発が存在論的に個々の分子の酸化に還元できるのと同じようには、意識を存在論的に還元できないことだ。しかしながら、先に論じたことの要点を繰り返せば、意識が存在論的に還元できないということは、意識が演じるべき独立した因果的な役割をもっているという事実を根拠としているのではない。そうではなく、神経的な基盤へと因果的に還元できないような意識への因果的な効果など存在しないにもかかわらず、意識は一人称的な存在論を備えており、そのために三人称的な存在論を備えた他のなにかには還元できないという事実を根拠としているのである。

本節の議論を次のように要約できる。心的因果について二つの問題があるのが認められた。第一は、心的なもの、つまり、重さがなくかたちもないものが、どうやって物理的な世界に作用できるのか？　第二に、もし心的なものが因果的に作用するとしたら、それは因果的な重複決定を生み出すのではないか？　これらの問題を解決するには、そもそも問題を引き起こしている仮定を放棄することだ。その基本的な仮定はこうだった。心的なものが物理的なものへ還元できないということは、心的なものが物理的なものとは別のなにかであって、物理的な世界の一部ではないことを含意している。この仮定さえ放棄すれば、二つの謎は次のように解かれる。第一に、心的なものはたんに脳の物理的な構造の（システムのレヴェルにおける）性質にすぎない。第二に、因果的に言えば、意識の作用と無意識的なニューロンの発火という二つの独立した現象があるのではない。脳のシステムだけがあり、ニューロン発火が生じているという記述のレヴェルと、それとは別に、システムのレヴェルがある。つまりそのレヴェルでは、システムが意識をもつのであり、実際、システムは意識的に腕をあげようとする。伝統的なデカルト流の心的なものと物理的なものというカテゴリーを放棄すれば、そして、二つの分離された領域があるという考え方を放棄するなら、心的因果についてことさら特別な問題はじつのところ存在しないのである。もちろん、心的因果が神経生物学的にはどのように機能しているのか、という難問は残る。そして目下のところ、そうした問題の解明の目処はほとんど立っていない。

こうした関係を次頁のような図にあらわしてみることができる。上層のレヴェルは身体

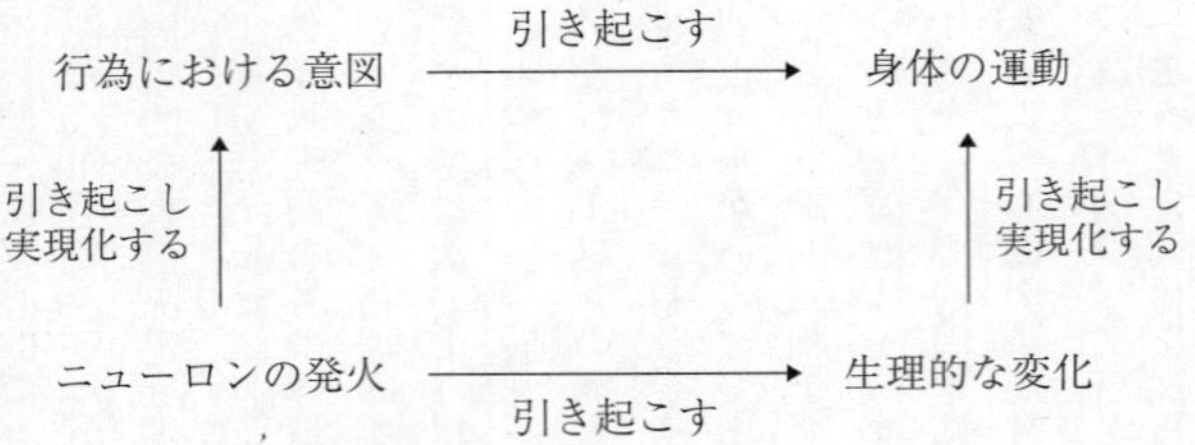

に運動を引き起こす行為中の意図を示し、下層のレヴェルはどのようにそれが神経的・生理的なネットワークにおいて機能しているかを示している。どちらのステップでも、下層レヴェルが上層レヴェルを引き起こし実現化している。

こうした図は教育的には有益なものだ。だが、心的なレヴェルが、ケーキに振りかけられたフロストシュガーのように上層にあると受け取られるとしたら、それは誤解だ。意識的な意図は、図の上層にだけあるのではなくて、システムの隅々に存在するものとして図示されなければならない。次の図では、円形の部分はニューロンを、色のついた部分はニューロンのシステムの隅々に拡がる意識状態をあらわしている。

Ⅳ　心的因果と行動の説明

本書をつうじて、心の哲学における論争には、二つのいくぶん異なる種類の哲学的な問題があるのを見てきた。一方には、「そのような物事がいったいどのようにして可能なのか？」という形

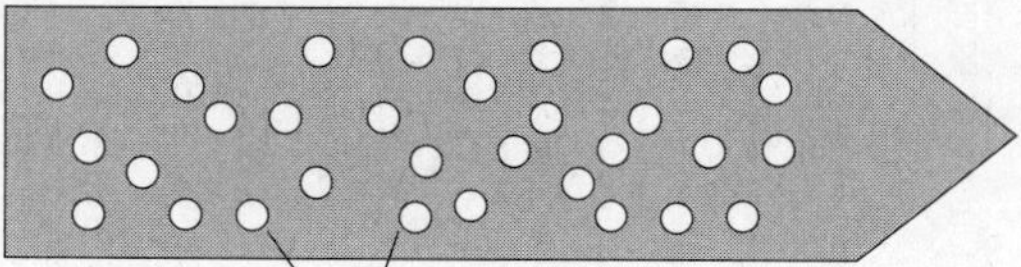

式の伝統的な問題がある。たとえば「脳状態が意識を引き起こすのは、どのようにして可能なのか?」という問題である。しかし他方には、「それは現実の生においてどのように機能しているのか?」、言い換えると、「人間に備わった意識の現実的な構造と機能はどのようなものか?」という形式の問題もある。本章では「いったい心的因果が存在することが、どのようにして可能なのか?」という問いと、「それは現実の生においてどのように機能しているのか?」という問い、この区別をまさに考察してきたのだった。心的因果が現実の生においてどのように機能しているのか、ともかく若干のことを述べて、本章の結論としたい。この問いにたいする答えを理解することは、人間である私たちを理解するうえで無条件に本質的である。なぜなら、自発的に人間的な行為をとるとき、私たちは概して理性に基づいてそのように行動し、そうした理性は私たちの行動を説明するさいに因果的に機能する。しかし、人間の行動を理性の観点から説明する論理的な形式は、因果の標準的な形式とは根本的に異なっている。以下、これらのいくつかのちがいについて説明したい。

通常の、心的ではない因果にかんする典型的な事例では、たとえば「地震が原因で高速道路が崩壊した」というふうに述べる。だがこれを、自分の行為に与える通常の説明と対比してみる（自分を例にとって考えてみるのはいつでもよいものである。そうすれば、志向的な因果が私たちの生においてどのように機能するかがわかるからだ）と、説明の論理的な構造が根本的に異なっているのがわかる。「この前の選挙ではブッシュに投票したよ。教育政策にもっと力を入れてほしいからね」と私が述べたとしよう。

最初の説明、つまり高速道路の崩壊の説明をみてみると、いくつかの興味深い論理的な特徴に気づく。第一に、この文脈では、原因（地震）は結果（高速道路崩壊）の発生にたいする十分条件を示している。つまり、この特定の文脈では、高速道路という構造物があり、地震によって生じた力があるとして、その地震が起きたなら、その高速道路は崩壊するはずである。第二に、そこには目的や目標が含意されていない。地震と崩壊は、〔目的もなく〕ただ生じる出来事にすぎない。第三に、その説明は、あらゆる言語行為《スピーチ・アクト》と同様、志向内容を含んでいるにもかかわらず、その志向内容自体は因果的に機能せず、むしろ、その志向内容である「地震」や「地震が生じた」は、単にある現象を記述しているだけで、なにごとも引き起こさない。さて、これら三つの条件は私の投票行動の説明には見られない。投票行動の場合、説明は十分条件を示していない。確かに私は教育の改善を期待した。なるほど私は教育のことを思えばゴアよりブッシュのほうがよいと考えた。しかし、それにもかかわらず、私の投票行動を私に強いるものはなにもないのだ。すべての条件が同じだとしても、私は別の候補者に投票することもできただろう。第二に、その説明が行為者の目標の観点から述べられていることを知らなかったら、第三者にはきっとその説明が理解できないだろう。目標、ねらい、目的、目的論などといった概念は、この種の説明に本質的に含まれているものだ。さらに言えば、私が提示した実際の説明は不完全だ。「ある行為者がAをしたのは、その人がBを達成したいからだ」という主張は、その行為者が同時に「AをすることでBが起こるだろう」とか「少なくともAをすることでBが起こりやすくなるだろう」と信じていたと仮定しなければ了解できない。そして第三に、志向的因果の観点からなされるこのような説明を理解するためには、次のことが絶対に必要不可欠である。つまり、その説明に見出される志向内容――たとえば「私はよりよい教育政策を期待した」という志向内容――は、実際のところまさにその原因に見出され、その原因の詳細は私たちが説明しようとしている行為を説明しているのだ。

これら三つの特徴すべて――自由であるという前提、行為についての説明には目標その他の動機の詳細があるはずだという必要条件、説明のためのメカニズムの一部である志向的因果の機能――は、地震や森林火災といった自然現象にかんする標準的な説明とは似ても似つかないものだ。この三つは、人間の理性的なふるまいというより大きな一つの現象の一部である。人間の志向性が機能するためには、システム全体を構造的に、しかも本質的に組織する原理として理性が求められる――これを知ることが不可欠だ。私たちが自然科学で手にする自然主義的な説明と、社会科学で手にする志向主義的な説明とのちがいを理解するためにも、この理性という現象の重要性を強調しすぎることはない。次に掲げる二つの説明は、文の外見的な構造ではたいへん似通っているように見える。

一　私が無記名投票用紙に印をつけたのは、ブッシュに投票したかったからだ。

二　私が腹痛に襲われたのは、ブッシュに投票したかったからだ。

この二つの文は、外見的な構造こそ似ているものの、実際の論理的な形式はまったく異なっている。二番目の文は、私の腹痛という出来事が、「ブッシュに投票したい」という私の欲求、つまり志向状態によって引き起こされたことを提示している。だが、一番目の文は、因果的な十分条件を提示しているのではなくて〔ブッシュへの投票行為にかんする因果を提示しているのではなくて〕、この文で前提となっている目的〔ブッシュに投票すれば教育政策が向上するという目的〕があってこそ意味をなすものだ。

こうした説明は、たくさんの哲学的な問題を惹起する。なかでも最も重要なのは、自由意志の問題である。次章では自由意志に目を向けてみよう。

第八章　自由意志

哲学的な問題は相互に関係するものだ。だからある問題を解いたり、解くにはいたらずただ問題にとりくむ場合でも、たいていは、当初の問題にとどまらず一連のさまざまな問題にとりくむはめになる。問題が問題を呼ぶというこの現象には、いろいろなところで出くわすのだが、なかでも自由意志の問題はうってつけの例だろう。実際、自由意志の問題にとりくむには、意識の本性、因果の本性、科学的説明の本性、理性の本性といったあれこれの問題を相手にする必要がある。さらに厄介なことには、こうした論点をすべて検討し、それが自由意志の問題とどう関係しているかを確認してみたからといって、なるほど問題をはっきりさせられるとしても、それではまだ解決にはならないのだ。いや、少なくとも私には解決の目処が立っていない。そこで本章ではせめて、なにが論点であって、どういう解決が考えられるかだけでも説明できればと思う。その件については、おおよその結論は出している。自由意志の問題を考えるには、本当に正しいと確信できる解決策を手にする以前に、脳の働きがもっと詳しく解明される必要があるということだ。

I 自由意志はなぜ問題になるのか

自由意志には特別な問題がある。なぜなら、私たちは二つの完全に相矛盾した確信を抱いていて、各々の確信はまったく正しく、じつに避けがたいように見えるからだ。第一は、世界の中で生じるあらゆる出来事には、それに先立つ十分な原因があるという確信だ。ある出来事の「十分な原因」とは、特定の状況下でその出来事がやがて生じることを決定するに十分な原因ということだ。「その出来事が生じるにはなるほど十分な原因があった」と言う。これは、「その歴史的な状況のもとでこれこれの原因が生じたならば、その出来事は起こるべくして起きた」ということを意味している。ある出来事の説明を求める場合、「その出来事は一連の出来事の一部として生じたのだ」という説明だけでは満足できない。私たちはなにがその出来事を生じさせたのかを知りたいと考える。可能性としては同様に生じえた他の出来事ではなくて、ほかならぬその出来事が生じたのはなぜなのかを知りたい。それはこんなイメージだ。たとえば、いま手にしているペンが落下するか否か、私がそのペンを放すかどうかによって決まるのと同じように、世界の中のあらゆる出来事は決まる。もしいまペンを放せば、この状況なら、ペンはテーブルに落ちるだろう。宇宙の構造のありようを考慮すれば、私がペンを放したらペンはテーブルに落下するはずだ。なぜならペンに作用する力は、ペンの落下を決定するのに原因として十分だからだ。私たちが決定論について抱く確信は、ペンの落下にいえることが、かつて生じたあらゆる出来事や、これから生じるであろうあらゆる出来事にもいえる、という見解に帰結する。

私たちが抱く第二の確信――人には実際に自由意志があるという確信――は、人間の自由というたしかな経験に根ざしている。なにかをしようと決断し、そのことを行う、という経験は誰にでもある。ある決断と行為を引き起こした原因を、その決断と行為の理由というかたちで経験として知るということは、私たちの意識経験の一部にはちがいない。その理由が、現に生じた決断と行為を強いるに十分なものではないにしても、である。たとえば選挙で候補者を選ぶことや、レストランでメニューを見ながら注文することを考えてみよう。そこには決断という際立った経験があることに気づくはずだ。「他のものを選ぶこともできる」という選択の余地が残されていると感じること、これもまたこの経験の一部だ。要するに、理由というかたちをとった決断や行為の原因と、実際に決断を下すことや行為を遂行することとのあいだにはギャップ〔隔たり〕がある。自発的な決断をなし行為することは、そうした決断や行為において知覚することと対照的だ。決断と行為の場合、決断や行為のための理由というかたちをとった現象の諸原因と、決断や行為の現実的な発生とのあいだにはギャップがある。他方で、知覚にはそうしたギャップがない。だから

「知覚の自由」という問題は存在しないのに、「自由意志」の問題が存在するのである。たとえば私が目の前の手を見る場合、手は目の前にあり、光はほどよく、目の調子もよい、といったもろもろの原因があればその視覚経験を生み出すのに十分だ。ここにはギャップはない。これとは反対に、自発的な行為では、少なくとも三つのギャップが存在する。あるいはより正確に言えば、一連のギャップの少なくとも三つの側面がある。第一に、行為の理由にたいする自覚《アウエアネス》と、その行為を遂行する決断とのあいだにギャップがある。たとえば「選挙でスミスとジョーンズという二人の候補者から一人を選ぶ」といった自発的な決断の典型例を見てみよう。スミスとジョーンズのどちらに投票するか、あなたは一連の理由をもっている〔自覚している〕。しかしふつうこうした理由は、あなたが誰に投票するかを強制しない。第二に、決断と行為そのものが実際に開始されることとのあいだギャップがある。たとえば、あなたがいったんは「ジョーンズに投票しよう」と決断したとしても、その決断は「実際、誰に投票するか」という行為そのものを強制しない。決断が行為に結実するには投票所に入ってから、さらにその決断に従って行動する必要がある。第三に、広範にわたる一連の行為について、たとえば私がロシア語を学ぼうとしているとか、心の哲学の本を書こうとしているという場合、行為の開始と行為の持続による完遂とのあいだにはギャップがある。いってみれば、自分を一押ししただけで電車がレールの上を走っていくように動きつづける、というようなことはありえない。そうではなく、その行為が終わるまで一定の努力を払う必要がある。

以上のように述べたうえで、さっそくだがいくつか修正しなければならない。知覚にも場合によってはギャップがある。たとえば、同じ図をアヒルとして見ることからウサギとして見ることへ切り替える場合。だがこれは、実際には先に掲げた「知覚にはギャップがない」という一般的な論点に反するものではないだろう。なぜならこの場合、知覚に自発的な要素があるからだ。図をアヒルとして見るかウサギとして見るかは、見る人次第である。また当然のことながら、すべての人間の行為にギャップの経験が含まれているわけではない。私たちはしばしば自分が抗いがたい衝動や情動にとらえられていると感じることがある。そんなときには、別の可能性があるとは思えない。だがこれこそがまさに、自由で自発的な行為と、強制的・習慣的・強迫的な行為とのちがいなのだ。

ギャップの経験は、自由意志があるという確信の基礎だ。しかしなぜこうした経験を重視すべきなのだろうか？　なにしろ私たちには自分でも錯覚だとわかるさまざまな経験がある。「自由意志の経験は錯覚だ」ということを、たとえばある哲学者が「そもそも色は錯覚である」と主張するのと同じように、簡単に受け入れられないのはなぜだろうか？　自由意志の経験は、ただの錯覚としてあっさり捨て去ることのできるものではない。人が決断するときは必ず、自由を前提にしなければならない。たとえば、私がレストランでメニューを眺めており、ウェイターが注文を待っているとする。このとき「私は決定論者だ。

待ってみてなにが起こるかみてみようではないか」と言うわけにはいかない。なぜならそうした発話でさえ、私の自由意志の行使だと理解するほかにないからだ。私はこの発話を、突然の腹痛のようにたまたま自分に生じたことだとは考えられない。自由意志の経験には奇妙なところがあるのだ。というのも、仮に「「私たちは自由だ」という確信は哲学的に考えると誤りだ」と確信するようになったとしても、自分が自由だという確信を追い払うことはできないからである。自発的に決断したり行為するときには必ず――というより一日中そうなのだが――私たちは自分が自由だという前提に立って決断したり行為しなくてはならない。そうでなければ、決断したり行為することが理解できなくなる。自分の自由意志を度外視して考えることはできないのである。

そういうわけで、一方には「生じる出来事はかならず因果的な十分条件によって説明されなければならない」という深い確信があり、他方には「人間は自由だ」という確信――私たちが原則的に捨て去ることのできない確信であり、しかしながらしばしば理論においては否定しがちな確信――を私たちにもたらす経験があるように思えるのだ。

Ⅱ　両立説

今日の哲学者の多くは「自由意志や決定という概念を正しく理解すれば、自由意志のテーゼはじつのところ決定論のテーゼと両立することがわかる」という見解を受け入れているようだ。決定論と自由意志はともに正しいというわけだ。この見解はまさに「両立説」と呼ばれている。これはもともとウィリアム・ジェイムズ[1]によって「弱い決定論」と名づけられたものだ。ジェイムズはこれを「強い決定論」、つまり「自由意志と決定論は両立しえない。決定論が正しく自由意志は誤っている」という決定論と対比した。両立説によると、ある行為を「それは自由な行為だ」と表現するのと、「その行為には因果的に前提となる十分条件がない」と表現するのは同じことではない。「それは自由な行為だ」と表現するのは、むしろ、「その行為にはある種の因果的な条件がある」と表現するのに等しい。たとえば、いま私が右腕をあげることに決めてそうするとしたら、そうした条件のもとで私は右腕を自らの自由意志であげたのだ。さらに大げさな例を出せば、私がすばらしいアメリカ小説を書こうと決心したり、共和党の候補者に投票しようと決めるとしたら、これもまた私が自らの自由意志で決めて実行にうつした決断である。もちろん、両立説の論者によれば、こうした諸々の事柄には他の物事と同じように原因がある。これらの事柄はすっかり因果的に決定されている。しかしながら要点は、そうした事柄が私の内的な確信、理にかなった推論のプロセス、内省によって決定されるということだ。だから自由な行為は、未決定の行為ではない。その行為は、世界の中で生じる他の出来事と同じように決定されている。しかしむしろその行為が自由であることの本質は、その行為が他ならぬある種の原因によって決定されたものであるという点に根拠があるのだ。たとえば、私が哲学的な例を提示しようと思って右腕をあげるとする。この行為は自由で自発的な行為だ。だが頭に銃口をつきつけられた状態で「右腕をあげろ!」と命令され、それで私が右腕をあげたとしたら、私は自由に行為していない。この場合、私は脅迫、無理強い、強制によって行為している。要約すると、「自由」とは「原因」と対比されるのではなく、「強制」「無理強い」「脅迫」などと対比されるわけだ。

両立説の見解では、一石二鳥が可能になるらしい。両立説に立てばこういえる。そう、すべての行為は決定されている。だが、自由な行為というものもある。なぜなら、そうした行為は合理性や熟考といったかたちをとった特定の内的な心理学的過程によって決定されるからだ、と。

両立説は本当に自由意志の問題に解決をもたらすだろうか? 多くの哲学者はそう考えているようだ。両立説にはたしかによく知られた長い歴史がある。トマス・ホッブズ、デイヴィッド・ヒューム、ジョン・スチュアート・ミル、二〇世紀に入ってからは、A・J・エイヤー、チャールズ・スティーヴンソンによってさまざまな立場から考察を加えられてきた。両立説が自由意志の問題に解決を与えたと考えるかどうかは、問題のとらえ方による。もし「自分自身の意志で」という言葉のふつうの用法が問題だとしたら、そうした用法は実際にあるし、その場合「自分自身の意志で行為した」と言うことは、先行した原因が因果的に十分かどうかという問いを答えのないままに放置する。これは明らかだろう。確かに両立説に矛盾しない言葉の用法もある。だが、それは私たちを悩ませている本来の自由意志の問題ではない。人びとが「いまこそ自由を」と要求するプラカードをかかげて通りを行進する場合、ふつうその人びとは因果の本性について考えているわけではない。彼らはただ「政府は我々のやることに介入しないでくれ」など、せいぜいそんなことを要求しているのだ。それもまた自由という概念の重要な使い方であることには疑う余地がない。だがそれは自由意志の問題の中心的な概念ではない。少なくともいまここで問題にしているものではない。問題はこうだ。「因果的な十分条件——決断と行為が生じるであろうことを決定するのに十分な条件——は、すべての決断と行為に先立つものなのか？」「人間や動物の合理的なふるまいの順序は、ペンがテーブルへ落下するさいペンに作用する重力やその他の力によって運動が決定されるのと同じように決定されるのだろうか？」、この問いに両立説は答えられない。

　両立説は、「自由」と「決定」という概念について論理的な点を強調している。そして正しくも次のように指摘する。これらの概念には一つの用法がある。それによれば、ある行為を自由な行為であると言ったからといって、そのかぎりでは、先行する因果的十分条件があるという意味において、その行為が決定されていたかどうかという問題を引き起こしたりしないのである。だが、いったんその論理的な指摘を受け入れたとしても、依然として事実や経験に根ざす問いが残る。「かつて生じた行為、いま生じつつある行為、これから生じるであろう行為、つまりあらゆる人間の行為について、その行為は先行する十分条件によって引き起こされたということは事実なのだろうか？」「あらゆる行為の原因は、因果的な十分条件なのだろうか？」「仮に私たちの行為には原因があり、また、仮にある行為——たとえば誰かを強制するような行為——が先行する十分条件によって引き起こされるのだとすると、およそ任意の行為について、その行為の原因は他ならぬ当該行為が必ず生じることを決定するのに十分だ、ということは事実なのだろうか？」。両立説はこの自由意志の問題に答えない。あるいは触れることさえできない。この説は「私たちはなにものかによって決定されている」と主張するばかりだ。だがいま述べた問いは、両立説が特定の言語使用について指摘したことを私たちが受け入れたとしても、依然として未解決のままだ。いままで述べてきた自由意志の問題は「自由」「私自身の自由意志で」「自発的に」といった概念を必須のものとして要請しない点に注意されたい。それは因果的な十分条件にすぎないのだ。

多くの哲学者が両立説を受け入れるのにはもう一つの理由があると思う。つまり、私が定義した自由意志の問題について、彼らはあまり関心がないのだ。関心があるのは、「道徳的な責任」の問題だ。仮にヒトラーのような人物の行いについて、それが自由意志によるのではなく決定されたものだと示せたとする。道徳的な責任に関心をもつ哲学者たちは、こうした場合でもその人物が自らの行為にたいする道徳的な責任から逃れられないことを主張しようと心を砕いている。そうした意味で彼らは、道徳的な責任が決定論と両立しうると主張したいのだ。少なくとも「自由」という言葉のある意味においては、道徳的な責任と自由のあいだに関連があるから、決定論と両立しうるような「自由」の意味があるはずだと思えるのだろう。これはこれで興味深い論点だが、本書のかかわるところではない。ここでの問題は、決定論と責任をめぐるあらゆる論争とはまったく別に提示される。くりかえしになるが、問題はこれまで行われてきた行為や、これから行われるであろうすべての人間の行為（決断という行為も含む）について、行為に先行する原因がほかならぬその行為の遂行を決定するのに十分な原因なのかどうか、まさにこのことなのだ。

これまで手つかずだった、事実にかんする問いが一つ残っている。つまり、決定論と決定論の否定（この立場を「自由意志論《リバタリアニズム》」と呼ぼう）のいずれが正しいのか？　この問いには、心理学的な側面と神経生物学的な側面という二つの側面がある。順に考察しよう。

Ⅲ　心理学的決定論

心理学的決定論にかんして次のような問題がある。「私たちの心理状態は、因果的にみて自発的な行為のすべてを決めるのに十分かどうか」という問題だ。信念や願望、希望や恐れといった心理状態は、義務や約束についての自覚と同じように、私たちのあらゆる決断や行為を決定するうえで因果的に十分か？ 私がこの問題を率直に、事実や経験にかかわる問題として扱っている点に注意していただきたい。第一に注意すべきことは、こうした概念にかんする理解は、人がすっかり心理的衝動に従属してしまっている場合とそうでない場合の対比、それを自覚しているかどうかにかかっているということだ。ドラッグ中毒、アルコール中毒、その他の強迫衝動には、心理的な自由はない。そうした心理状況にあるとき、当事者は自分を抑制できない。そこで問題となるのは次のことだ。「すべての心理的な原因はこうしたものなのか？」「共和党候補者に投票しようという私の決断は、ドラッグ中毒患者がヘロインを摂取せずにいられないのと、本当に似たようなことなのだろうか？」

決定論者の主張について、できるだけ頑迷なケースを考えてみよう。自分は心理的に見て自由に行動していると思える状況にありながら、じつはその行動は決定されている――こうした状況を呈するさまざまな実験がある。なかでもとくに印象的なのはおそらく催眠の場合だろう。典型的な催眠実験（これは実際に実施されたものだ）では、催眠状態の被験者にたいして「あなたは催眠が解けた後で「ドイツ」という単語を聞いたら窓を開けるようになります」と言いわたされる。実験では、被験者は「ドイツ」と聞くやいなや、窓を開けるのに非のうちどころのない理由を捻出し、こんなふうに言った。「ここはひどく蒸し暑いですね。新鮮な空気をいれましょう。窓を開けてもいいですか?」。被験者は自分の行動を完全に自由であると思い込んでいる。だが私たちにはその行動が、彼の自覚していない原因によって決定されていると考えるだけの十分な理由がある。この場合、自由と決定論のギャップは錯覚だ。彼は自由な行為に従事していると錯覚していた。しかし実際には彼のふるまいは完全に決定されていたのだった。私たちの問いはいまやこうなる。「あらゆる行為はこれと似たようなものだと考えるのは理にかなっているか?」。そう、これは事実にかんする主張であって、哲学的な内省で解決できるものではない。だが、私たちのあらゆる行為が、ドラッグ中毒や催眠状態をモデルにして遂行されているとはとうてい思えない。私は目下のところ催眠状態にもなければ、かつてそうであったこともない。たとえば私がいまお昼に食べるものを決めたり、午後を過ごす場所を決めたりするとしたら、私に作用している心理的な原因は、中毒者や催眠術の被験者に作用している心理的な原因とはまったく異なるだろう。私は催眠状態と中毒という二つの事例をあたかも同じものと扱ってきた。だが実際には両者は重要な点で異なる。催眠術にかかっている人は自由と決定論のギャップにあるものの、彼は自分の動機のすべてを自覚しているわけではない。彼にはすっかり無意識と化した支配的な動機がある。彼は事実、心理学的に言えば自由に行動していた。だが彼の支配的な動機は無意識的だ。完全な自由には自分の動機についての自覚が不可欠だが、催眠実験の被験者にはそれが欠けていた。中毒患者の場合はまた別だ。というのも中毒患者の場合、中毒の虜になっていることを十分自覚したうえで、それにもかかわらず中毒に促されるまま行動してしまうからだ。

催眠実験に似たいろいろな実験がある。そうした実験では、人は自由と決定論のギャップを経験するかもしれないが、そうした実験の被験者たちが自由でないことを信じるに足る独自の理由が私たちにはある。多くの科学者は、そうした実験は「私たちのあらゆる行為が心理的に決定されている」との仮説に信憑性を与えると考える。[*1] だが私の考えでは、それらの実験は反対の仮説〔自由意志論〕を支持することが往々にしてある。私たちは、催眠、幻想、作話などすべての場合を、自由で自発的な行為が可能な標準的なケースとの対比で理解している。自由と決定論のギャップが錯覚であるような事例は、自発的な行為の標準的な事例とは重要な点において異なっている。だから、そうした実験自体は心理学的な決定論を立証するものではないと思う。しかし、くりかえせば「私たちの行為はすべて心理学的に決定されたものか否か」という問題は、事実にかんする経験的な問いであって哲学的な議論だけで解決されるものではない。私がここで指摘しているのは、私たちには心理学的な自由があるという見解を支持する証拠があるということだ。たとえ催眠術やそれに類する事例のように、心理学的な自由が存在しない場合でも、その事例は心理的な自由が現存する場合との対比をつうじて理解されるのである。

Ⅳ　神経生物学的決定論

本章の目的について言えば、私は心理学的自由にはリアリティがあるという結論を認めるつもりだ。私たちの行為の純粋に心理的な原因は、多くの場合、その行為を決定する上で因果的に十分なものではない。しかしながら、それは依然として深い問いを残している。「心の基盤である神経生物学についてはどうか？」という問いだ。心理的なレヴェルで見れば私たちは、心理状態が行為を確定するに十分ではないという意味で、自由意志をもっているかもしれない。だが、その心理状態をも決定する基盤となる神経生物学自体は、行為を因果的に決定するのに十分であるかもしれない。本書を通して、ある人の意識状態はどの瞬間も当人の神経生物学的状態によってすっかり因果的に決定されている、と仮定してきた。今度は、意識状態とは、決断や行為を決定するには概して十分ではないということを議論しよう。とはいえ、その議論は依然「神経生物学は決断と行為を決定するのに十分か？」という問いを残したままである。これから、自由意志をめぐる問題の中でも最も容易ならざると思われるこの問題にとりくむことにしよう。

私たちは自由意志の問題の核心に近づきつつある。そこで、これまでの歩みを振り返っておくのがよいだろう。本章とそれ以前の章で、以下のような主張を確証してきた、もしくは少なくとも確証に近づくよう論証をすすめてきた。

一　私は、自由意志論を十中八九正しいものとして規定してきた。そのテーゼは次のように主張する。信念、願望、希望、恐れといった心理状態は、あらゆる場合において、それに続いて起こる行為を決定する上で因果的に十分なわけではない。もちろんあらゆる行為が心理学的なレヴェルで自由というわけではないにせよ、こと心理学的なレヴェルがかかわるかぎりにおいては、自由な行為は実際に存在している。確かに、ときに行為者は心理学的な十分条件に束縛されることがある——たとえば、衝動、激怒、抗しがたい願望などにとらわれることがある。だが目下の議論が主張しているのは、どんな場合にも必ずそうだとは限らない、ということだ。以上は、自由と決定論のギャップは心理学的な現実であって、それは錯覚ではない、という主張の言い換えである。

二　先の章で、あらゆる心理状態はどの瞬間も例外なく、その瞬間の脳状態によって完全に決定されている、と主張した。したがってたとえば、こうしている今現在の私のあらゆる心理状態、意識、無意識は、私の脳内で進行中の活動によって決定されている。心理状態のどのような変化も、脳における活動の変化を必要としている。随伴現象説の問題に解決を与えられるのはこの点であった。意識状態は、脳の高レヴェルの性質もしくはシステムの性質である。したがって、心理学的なものと神経生物学的なものという二つの独立した原因の組があるわけではない。神経生物学的なものをより高レヴェルで記述したのが心理学的なものであるにすぎない。

しかし、もし心理学的な自由、つまり自由と決定論のギャップの存在が、物理的な世界に影響をもたらすはずだとすれば、それはいずれにせよ神経生物学にあらわれるはずだ。そんなことがありうるだろうか？　すでに見てきたように、心理状態全体はどの瞬間も例外なく、神経生物学に基づくボトムアップな因果によって十分に決定される[2]。だから、もし心理学のレヴェルにおいて因果的な十分条件が存在せず、時間を過去から未来へとすすむたぐいの心理学的な因果関係に十分条件が存在しないという、心理学のレヴェルでの十分条件の欠如が神経生物学のレヴェルに反映しているとすれば、かえって決定的なちがいが生じるだろう。もし自由が現実的なものだとしたら、自由と決定論のギャップは全面的に神経生物学のレヴェルにまで及んでいるはずである。しかし、いったいそんなことがありうるだろうか？　そもそも脳には自由と決定論のギャップなど存在しないのだから。

V　テストケースを組み立てる

この問題を考察するためにも、自由な行為と決定された行為のあいだに、事実にかんする明白なちがいがあるような事例を組み立てるべきだろう。もし決定論が正しいとしたら、世界は厳密に言ってどのようなものだろうか？　また、自由意志論が正しいとしたら、そのとき姿をあらわす世界のありようは、決定論の世界とどこがどれだけ異なるのだろうか？　そのちがいを明らかにする例を構築したい。たとえば神話上のものだが、よく知られた例を取り上げよう。トロイ王の息子であるパリスは、ゼウスからこう依頼された。「もっとも美しいものに」と刻まれた黄金のリンゴを三女神、すなわちアフロディテ、アテナ、ヘラのうち一柱に贈るように、と。多くの有名な絵画がそろってかんちがいしているのだが、パリスはもっとも美しい女神を選んだわけではない。そうではなく、彼にたいして最高の賄賂《わいろ》を申し出た女神を選んだのだった。アテナはヨーロッパとアジアの統治者の地位を約束した。ヘラはギリシアに対するトロイの軍事的な勝利を約束し、アフロディテはこの世でもっとも美しい女性を約束した。誰もが知っているように、パリスはアフロディテを選び、破滅以外のなにものでもない結果を招いた。

では、テストケースを組み立てよう。時刻 t_1 の時点でパリスに選択肢が与えられたと仮定する。時刻 t_1 における彼の脳の全状態には、その時点で彼が為しえたかもしれない決断の理由に加えて、選択肢にかんする十全な自覚が含まれていたとしよう。時刻 t_2 ——時刻 t_1 の一〇秒後——に、パリスはリンゴをアフロディテに与えることに決めて、アフロディテにリンゴを渡すために腕を動かしはじめた。この時刻 t_1 から時刻 t_2 までの一〇秒のあいだ、パリスの脳には外部からの刺激がまったくなかったと仮定する。彼は目を閉じてなにも聞かず、その決断にかかわる外部の刺激は一切彼の脳へ届かないものとする。こうすれば自由意志にかんする問いをいくらか正確に述べられる。つまりもし、時刻t_1における彼の脳の全状態が、時刻t_2における彼の脳の全状態を決定するうえで因果的に十分なものであるなら、時刻t_2における彼の決断は完全に決定されたものだ。なぜそういえるのか？なぜなら、時刻t_2において彼は決断を下して、アセチルコリンが運動ニューロンの軸索終板をたたくとき、因果的な必然性によって彼の腕はアフロディテのほうへと動きはじめるからである。もし時刻t_1における脳の全状態が、時刻t_2における脳の全状態を確定するのに十分だと仮定すれば、このテストケースと、さらに関連性のある同じようなすべてのケースにおいて、パリスばかりか私たちもみな自由意志をもっていないことになる。いわゆるネットワークがもしこんなふうに作用しているのだとしたら、自由意志とは甚だしい錯覚であろう。他方で、時刻t_1における脳の状態が時刻t_2における脳の状態を確定するのに原因として十分ではないとすると、意識の役割にかんする非常に重要な仮定を考慮にいれるならば、自由意志は実在することになる。

次に、それぞれの可能性を探ってみよう。

仮説1――決定論と機械論的な脳

第一の仮説に基づけば、車のエンジンや蒸気機関、発電機のような、旧来の意味において脳は機械であると仮定しなければならない。脳は完全に決定論的なシステムであり、仮に非決定論的な見かけをとることがあっても、それはすべて私たちの無知に基づく錯覚である。だから、この仮説は私たちが一般に自然や生物学にたいしてとる態度に合致している。脳は、他のさまざまな器官と同じ一個の器官であり、脳もまた心臓や肝臓や左の親指と同様に自由意志をもたない。この発想は、認知科学における現行の見方にも合致する。これは、脳をコンピュータのプログラムを実装したハードウェアと考えることになる。また、ハードウェアに実装されたプログラムが自由意志をあらわしたりしないように、心が自由意志をあらわしたりしない、ということになる。ランダムな要素や、予測できない要素を含むプログラムを設計すれば、心に「自由意志がある」という錯覚が得られるかもしれないが、依然としてこのとき、システム全体は決定論的なままなのである。

仮説2――非決定論と量子論的な脳

仮説1は、安心を与えてくれる考えだ。というのも、脳もまた一種の機械だとされるからだ。だが仮説2に基づくと、そのシステムが非決定論的であるためには、脳がどんなメカニズムを備えていなくてはならないのか、まったく不明だ。しかしいったいなにが正しいのだろうか？　決断や自由な行為を決定するうえで、意識は因果的な役割を演じていると仮定しなければならない。だがそうすると、その因果的な役割は決定論的ではない、と仮定する必要もある。つまり、それは十分条件の問題ではない。ところでどの瞬間においても意識の創出は、十分条件の問題だ。私たちはこんなふうに考えている。つまり、時間軸のうえを過去から未来へとすすむ神経生物学的な過程自体は、因果的に十分ではない、と。言い換えれば、神経生物学的な過程のそれぞれの段階自体は、因果的な十分条件として次の段階を決めるのに十分ではないのだ。システム全体が意識を備えていて、そのシステム全体が自由と決定論のギャップを示す特異な意識、つまり自発的な意識をもっているという事実がある。そしてこの事実によって、神経生物学的な過程におけるそれぞれの段階はそれに先立つ段階から説明される、このように仮定してみよう。それにしても、そのシステムはいったいどんなものだというのか。仮説2では、脳とはそのもっとも基礎的なレヴェルでは非決定論的だと仮定している。つまり、最上位レヴェルでは現実化している自由と決定論のギャップが、いってみれば、ニューロンや準ニューロン的な過程のレヴェルにまではるばる及んでいる。自然には、たんなる可能性だけだとしても、そんな非決定論的システムの存在を示唆するようなものがあるだろうか？　本書を書いている時点で、こんにち事実として知られる非決定論的な要素のある自然の領域といえば、量子力学の領

ランダムな要素があるために、量子レヴェルでの予測は統計的になる。量子力学は物理学のもっとも原理的なレヴェル、物理粒子のもっとも基礎的なレヴェルに位置するからだ。量子のレヴェルでは、時刻 t_1 におけるシステムの状態は、時刻 t_2 におけるシステムの状態にたいして、統計的で非決定論的な仕方で因果的な原因となるだけだ。域くらいなものだ。だが「領域」と言ったらすこし紛らわしいかもしれない。なぜなら、

私はかねてより、量子力学を自由意志の議論に導入するのはまったく見当外れだと思ってきた。というのも、自由意志はランダムであることとはちがうからだ。量子力学はランダム性をもたらしはするものの、だからといって自由をもたらしてくれるわけではない。量子力学の導入にたいするこうした反論は私には説得力があった。しかしいままでは量子力学の導入は合成の誤謬《ごびゅう》に加担しているように思える（合成の誤謬とは、システムの要素が備える性質からシステム全体を論じてしまう誤りのことだ）。仮に、脳による意識の創出が、あるレヴェルでは量子的な現象の過程から生じると考えるとする。加えて、なにかを熟考する過程には、量子レヴェルでの因果的な非決定論が受け継がれていると仮定する。だが、たとえこのように仮定してみたところで、意識が量子レヴェルで存在するランダム性を受け継ぐことにはならない。意識が進化の過程で果たす機能の少なくとも一部には、おそらく次のようなことがあると思う。つまり、意識の合理性がもつ効用が、まさにランダムな決定を避ける点にあるのだとしても、「因果的な十分条件なしに意識的な決定を下せるよ

う脳を組織する」という機能が意識にはあるのではないか。要するに、マクロなレヴェルに意識現象を引き起こすミクロな過程のランダム性は、意識現象がランダムであるのを意味するわけではない。ここを取り違えると、合成の誤謬に加担することになる。

しかしながら「意識を量子力学的に説明できれば、ともかく自由意志が存在する可能性はある」という主張は、「実際に自由意志はどのように機能しているか」とか「自由意志はどのように機能しうるか」といったことさえ語っていない。私たちが知るかぎりでは、量子力学による意識の説明はせいぜいのところ、自然において唯一確証されている非決定論的な要素は量子レヴェルにしかないと主張しているにすぎない。また、もし意識が非決定論的なものだと仮定したり、自由と決定論のギャップは心理学的な実在であるばかりでなく神経生物学的な実在でもあると仮定すべきだとしたら、物理学と神経生物学の現状を考慮するかぎり、意識の説明には量子力学的な構成要素が入っていると仮定せざるをえない。私にはこの帰結は避けがたいものに思える。

とはいえ、「量子レヴェルのランダムな非決定性が、意識の志向的なレヴェルにおいてランダムとは異なる種類の非決定性を導く」という仮説2は、とてもありそうもないし、信じがたい。仮に仮説1と仮説2の選択肢を与えられ、加えて自然について人類が知っているすべてのことが与えられたなら、仮説1のほうがより妥当なのではないか。

ではこの二つの仮説をめぐる賛否両論を調べてみよう。仮説1は、よりいっそう妥当に思えるし、事実、神経生物学の標準的な教科書で説明されている脳の記述ともつじつまが合う。脳は他のさまざまな器官と同様に一つの器官だ。脳もまた細胞から構成される。もちろん脳にはニューロンという特有の細胞があり、脳内にはニューロン相互の独自の関係があるにせよ、細胞が相互に関係しあう過程は、他のさまざまな細胞の場合と同様に決定論的だ。ニューロン同士はシナプスで生じる活動電位と呼ばれる注目すべき過程によってつながっている。仮説1にたいしてなにか反駁することはあるだろうか？　仮説1について私が考える唯一の異論は、仮説1が自由という経験に反する（結局のところ、私たちはあらゆる種類の錯覚を経験している）ということよりもむしろ、人が自由と決定論のギャップを経験するとして、仮定1はその経験を進化論的な僥倖《ぎょうこう》、さして意味のない進化上の表現型《フェノタイプ》(3)のように見せてしまうことにある。自由と決定論のギャップの存在は、おまけのようなとるに足らない表現型の特徴ではない。もし自由という経験に生物学的な価値がないままに、私たちがありあまるほどの自由を経験しているとすれば、それは進化論的な観点からみてばかげた結論となるだろう。自由と決定論のギャップは、人間や高等動物のような有機体にとって、生物学的に大きな投資を要する。意識の合理的な決定を下すために、有機体は相当量の生物学的な元手《エコノミー》を振り向けている。人間の場合、この投資は共時的にはもちろんのこと、通時的にも膨大である。私たちは生涯をつうじて、わるい決定よりもよりよい決定を下せるように自分を鍛えたり、若者の訓練に膨大な時間、努力、お金などを費やしている。しかし、もし私たちが推定している自由な決定や行為の細部のすべてにいたるまでが、宇宙のはじまり《ビッグバン》の時点であらかじめ「歴史の書」に書き込まれ決定されているとしたら、もし私たちのふるまいすべてが、私たちを操る因果的な力によって完全に決定されているとしたら、もし自由な合理的決定を下すという経験のすべてが錯覚なのだとしたら、自由がなぜ私たちの生物学的な生活史《ライフヒストリー》においてこれほどまでに幅をきかせているのだろうか？　また、なぜ自由は私たちが進化について知っているすべての物事とは似ても似つかないのだろうか？　私はこれこそが仮説1にたいして考えられる唯一の実質的な反論だと思っている。仮説1は私たちが進化について理解していることに反するのだ。仮説2に対する反論のほうはもっと展開しやすい。事実、仮説2は表面的にも非常に奇妙に見えるため、にわかには信じがたい雰囲気を醸している。仮説2は、脳が他のさまざまな器官と似たり寄ったりの器官だということを否定し、自由で意識的な決定を下すことにたいして特別な役割を割り振る。行動を決定する場面で、意識が因果的な役割を演じうるという事実について、二元論の出る幕はない次第についてはすでに見てきた。二元論にも随伴現象説にも譲歩するいわれはない。それでも、これら二つの誤りを回避してもなお、意識にかんするまったくおかしな説明が私たちの手許に残るのである。私は本書のはじめに、人間の理解が及んでいる領域と同様に、人間が無知である領域についてもはっきりさせると述べた。いま論じているこの問題はさしずめ人間の無知の最たる例だろう。私たちは、(そもそも自由意志が存在するとして)どのようにして脳に自由意志が存在するのか、なにも知らないのだ。私たちは、なぜ、あるいは、どのようにして、進化が自由意志という確信を私たちに植えつけたのかを知らない。要するに、いったいどのように自由意志が働きうるのかを知らないのだ。しかし、私たちは自分が自由について抱いている確信を退けられないこともまた知っている。私たちは自由という前提のもとでなければ行動できないのである。

Ⅵ 結論

これからも自由意志の問題は私たちにつきまとうだろう。両立説のように、自由意志の問題を回避しようとするさまざまな努力は、この問題に別の姿をあたえるばかりだ。本書でとりくんだもっとも根本的な諸問題、つまり「心の本性とはなにか?」「心は物理的世界とどのように関係しているのか?」「どうして心的因果のようなことがありうるのか?」「私たちの心はどうやって志向性をもちうるのか?」といった諸問題が解けた後でさえ、依然として「私たちに自由はあるのか否か」という問いは残されるにちがいない。

第九章　無意識と行動

本書の主なねらいの一つは、心的現象——意識、志向性、心的因果などの心的活動のあらゆる性質——がそれ以外の万物とどのように調和しているのかを説明することだ。たとえば、宇宙はもっぱら力の場に存在する粒子から成り立っているのだが、そのなかで意識はどのように存在しているのだろうか？　物理的な粒子から成る宇宙において心的状態はどのようにして因果的に機能しうるのだろうか？　これまでは意識的な心的現象を中心に検討してきた。だが本章では、無意識の心的状態を俎上にのせて、その本性と様態をめぐって本格的に探究をはじめることにしよう。(1)

I　無意識の四タイプ

まずは素朴に問うところからはじめたい。無意識という心的状態は本当に存在するのだろうか？　ある状態が文字どおり心的であると同時に完全に無意識的であるということがどのようにしてありうるのだろうか？　そうした状態は質感や主観性を欠いているし、統合された意識野の一部でもないだろう。ではいったい、どのような意味で無意識は――そのようなことがあるとして――心的状態なのだろうか？　また、もし無意識の心的状態がありうるのだとしたら、それは無意識的であるにもかかわらず、どうして心的状態として因果的な機能を果たせるのだろうか？　私たちは無意識なるものについて語り慣れてきた。そのため意識的な心的状態のほかにも無意識的な心的状態があるという考え方に戸惑ったりはしない。しかしあまりに馴染みすぎていて、当の無意識という概念が実際にはどんなにひどく混乱したものかを忘れてしまっている。デカルトにしてみれば、「無意識の心的状態は存在するか？」という問いに対する答えは明白だ。無意識の心的状態という考えは自己矛盾している。デカルトにとって、心とは *res cogitans*〔思惟スルモノ〕、つまり「考えるもの」と定義されるのであり、「考える」とは意識の別名にほかならない。だから、無意識の心的状態という考え方は、無意識の意識という考え方、つまり明白な自己矛盾であろう。心的なものと意識とのあいだには必然的な結合関係があるというデカルトの考え方は、長いあいだ大きな影響力をもっていた。無意識の心的状態という考え方とその重要性が広く受けいれられるようになったのは、ようやく二〇世紀あたりになってからのことだ。ふつうはフロイト[2]が、この受容にもっとも大きく貢献した人物と目されている。しかし、彼の考え方は、まちがいなくニーチェや何人かの作家たち(3)——なかでもおそらくもっとも重要なのはドストエフスキーである(4)——によって先取りされていたものだ。

では、無意識の信念や欲求といったものは、正確なところなんなのだろうか？　多くの人びと——そこにはフロイトのようにたいへん洗練された著述家も含まれる——は、無意識の心的状態について過度に単純なイメージを抱いているように思える。つまり、無意識の心的状態とは、まさに意識的な心的状態から意識を引き去ったようなものである、と。このイメージが問題なのは、そこにはどのような意味もほとんど見出せないということだ。これを理解するために、次のようなことを試してみてほしい。「ジョージ・ワシントンは、アメリカ合衆国の初代大統領だった」と意識して考えてみよう。次に、まったく同じことをただ無意識にやってみよう。そう、意識を引き去ってみるのだ。私には、そんなふうにしてみるのがどういうことなのか見当もつかない。その指示がなにを意図しているのかもわからない。かといって、無意識という概念をなしで済ませるというわけにもいかないように思える。というわけで、なんとか無意識を説明してみたい。

これまでの章と同様に、単純で問題のない事例からはじめるという戦略をとろう。そしてそれらの事例のうえに、さらに難しく込みいった事例をつみあげてゆくことにする。そこで、まずはいくつか問題のない事例、つまり心的状態を人に帰属させる事例からはじめよう。人に帰属させると言うからには、ここで扱う心的状態は本人が直に意識するような類いのものではない。明白な事例をとりあげてみる。たとえば、私は「ジョージ・ワシントンは、アメリカ合衆国の初代大統領だった」と信じているが、このことはぐっすり眠っているときの私についても言えることだ。では、この主張にはどんな事実が対応しているだろうか？　意識のないときでさえも私がこの信念を抱いているということは、私にかかわるどんな事実によって妥当性をもつのだろうか？　加えて、しっかり目覚めていて、たまたまなにかまったく別のことを考えている人についても、その人が「ジョージ・ワシントンは、アメリカ合衆国の初代大統領だった」と信じていると言える点に注意したい。そこでもう一度言えば、こうした主張にはどのような事実が対応しているだろうか？　どちらの事例も無意識を人に帰属させているのだが、注意してほしいのは、ともに困惑させるものではないし、問題のあるやりかたでもないということだ。デカルトなら、これらの主張がいずれも正しいと同意しただろう。二つの事例が主張するのは、その人にはそのような心的状態を意識というかたちでつくり出せる構造が備わっているということだ。たとえば、もしその人が起きているときに、初代大統領は誰だったかと尋ねれば、彼には正しく答えるだけの能力がある。なぜなら彼には初代大統領についての意識的な考えをつくり出す能力があるからだ。この事例では、ある構造を見分けるにあたって、その構造にそなわる内在的な性質によってではなく、その構造がなにを引き起こしうるかによって見分けた。このことに注意してもらいたい。このように物事をなにかに帰属させることは、実生活のあらゆる場面で見られる問題のない事例だ。ボトルの中味がクレンザーか漂白剤か毒物かは、内容物の化学構造その他を見分けるまでもなくわかる。私たちは通常、内容物の化学構造から中身を見分けるのではない。ボトルの中身がなんなのかはむしろ、それがなにを引き起こすかによってわかるのである。私が示唆しているのはこういうことだ。ある人が無意識のうちに「ジョージ・ワシントンは、アメリカ合衆国の初代大統領だった」という信念を抱いている場合、私たちはその人の中に、ある構造を見分けている。この構造は、そこに本来的に備わった神経生物学的な性質からではなく、その構造がなしうること、つまり、その構造が引き起こせる意識状態から見分けられているのである。

こうした事例で明らかにされてきたのは、無意識の心的状態の一つのタイプ、つまり、フロイトが「前意識」(5)と表現したようなタイプのもので、とくに問題はない。

無意識の心的状態の第二のタイプは、もっと問題含みのものだ。ある行為者が、その行動にたいして因果的に機能するような心的状態にあるとする。このとき、当事者自身はその心的状態の働きをまったく自覚していないし、ひょっとしたらそのような心的状態の働きが自分に及んでいるのを否定さえするかもしれない。こういうことがしばしば生じる。こうした事例の一部は、フロイトが「抑圧」(6)と表現した心的状態に該当する。しかしより一般的に言うなら、ふたたびフロイトの語彙を使って「力動的無意識」(7)と特徴づけることができる。無意識な状態であっても、無意識の心的状態が因果的に働くような場合がある。

フロイトの例としては、ドラの症例がある。彼女はK氏に対する無意識の性的欲求から、咳の発作を起こすのだった。[*1] フロイトの例はしばしば問題含みであり、彼の臨床的な仕事の多くは科学的には不適格なものだったと私には思える。科学的な記述の正確さという点ではいくぶん疑わしさがあるとはいえ、いくつかの事例をとりあげてみよう。第八章では催眠状態について考えた。その事例では、被験者は、当人にも自覚がなく、水を向けられてもおそらく否定するだろう動機を、はっきりと行動にあらわした。(8) 催眠状態において、被験者は「「ドイツ」という言葉を耳にしたら窓を開けよ」という命令に従いたいという願望を抱いている。たとえ彼自身は、自分がそのような命令を与えられていると自覚しておらず、また、その命令を果たしたいという願望を自覚していないにもかかわらず、である。この第二のタイプの事例を、フロイトに従って「抑圧された無意識」の心的状態と呼ぶことにしよう。

無意識の心的状態の第三のタイプは、認知科学の論文で広く議論されているものだ。行為者が実際にその心的状態を意識にのぼらせることができないというだけではなく、原理的にもそれを意識にのぼらせることができないという事例があるのだ。というのも、それは意識的に志向状態をかたちづくることができるような類いのものではないからだ。たとえば認知科学では、次のことが広く言われている。子どもは言語を習得するさい、普遍的な統語法についてたくさんの演算規則を「無意識に」適用していく。あるいは、子どもは自分の網膜にやってくる入力にたいして「無意識の」演算操作を遂行することで、視覚的に知覚できるのだと。(9) 言語の習得と知覚の形成という二つの事例において、そこで用いられる演算規則は意識的に考えられる類いのものではない。最終的に演算規則は膨大な0と1のデジタルな連なりに還元されるのだが、子どもがものを考えるさい、いくらなんでも0と1で考えることはできない。実際のところ、そうした0と1というのは、こうした事例を論じるときの作法にすぎない。ここで0と1とは、観察者の心の中にあるものであり、子どもの心のなかで無意識的に生じていることを記述するための作法をかたちづくるものなのだ。現実に無意識的であるのみならず原理的にも意識しようのないような、そうした諸々の規則に従って行為者が行動する事例を、「深い無意識」と呼ぶことにしよう。

これら三つのタイプのほかに、四つめの形式として、意識にのぼらない神経生物学的な現象がある。脳内では実にさまざまなことが生じているが、その多くは私たちの心的活動を制御するうえで決定的な役割を果たしている。だが、それらの神経生物学的現象は、まったく心的現象の事例ではない。たとえば、シナプス間隙《かんげき》でのセロトニンの分泌は、どこをどうしようと心的現象ではない。セロトニンは、いくつかの心的現象にとって重要であり、実際、プロザック(10)のような重要な薬品はとりわけセロトニンに作用するように使われている。だが、セロトニンのふるまいそのものに対応した心的実在といったものは存在しない。こうした事例を「非意識」と呼ぶことにしよう。非意識については、さらに問題を含んだ例がある。たとえば、私が完全な無意識状態にあるあいだにも、延髄《えんずい》が私の呼吸を制御している。そのおかげで、意識を失ったときやぐっすり眠っているときにも私が死ぬことはない。だが、私の呼吸を維持している延髄で生じる出来事に対応する心的実在というものはない。私は「呼吸を維持する」という規則に無意識のうちに従っているわけではない。むしろ延髄は心的ではない仕方で機能しているだけだ。同様に、食べ物を消化するさい、胃は心的ではない仕方で機能している。(11)

要約しよう。私たちは四つのタイプの無意識現象を確認してきた。前意識、抑圧された無意識、深い無意識、非意識の四つだ。一つめの前意識と四つめの非意識は、私には問題がないように思える。では、二つめの抑圧と三つめの深い無意識はどうだろうか？　以下の節では、二つめの抑圧の事例を理解するための方法が一つめの前意識のモデルに関係しており、三つめの深い無意識の事例を理解する方法が四つめの非意識のモデルに関係している次第を論じよう。

II　結合原理

抑圧の事例に話をうつそう。ここでの問いはこうだ。抑圧された心的状態があるとして、その状態が完全に無意識なのだとしたら、それはどのように心的状態として存在し、機能できるのだろうか？　そう、私たちはすでに前意識の事例についてその答えを見た。ある人がある時点で無意識の心的状態にあるとする。このときその人の心的状態を、無意識のその人から生じたとみなすことは、その人にある構造――その詳細は完全に解明されてはいないかもしれないが、そうした状態を意識のかたちで生み出せる構造――がその人に備わっているとみなすのに等しい。寝ている人について、その人は「初代大統領はジョージ・ワシントンだった」と信じている、と言うのにはなんの困難もない。さまざまな信念が意識をもったある人物から生じたとみなすことにはなんの問題もないし、たとえそのときその人に信念のことなど念頭になかったとしても、そうなのである。ところで、こうした理路は、先に挙げた無意識の四分類で言えば、第二の事例、抑圧についてこそよくあてはまるのではないかと思う。たとえばサムは兄弟への抑圧された敵意を行動にあらわしているとか、ヴォルフガングは催眠状態のあいだに与えられた命令を実行したいという無意識の欲求を行動にあらわしている、と私が述べるとする。この二つについて私がなにをしているかと言えば、ある心的状態を、意識というかたちで引き起こすことができる神経生物学的な構造から生じたものとみなしているのだ。

だがそうすると、最大級とも思える難問が残ってしまう。「以上の事例で見たような無意識はどのようにして首尾よく現実に人間の行動を引き起こせるのか？」「その「力動的無意識」を私たちはどう説明するのか？」という難問だ。私たちがそうした無意識の心的状態をある行為者から生じたものとみなすとき、それは意識を引き起こすことができる神経生物学的な性質から生じたものとみなしている。神経生物学的な性質は、意識状態だけでなく、意識的な行動やさらには無意識の行動をも引き起こせるのである。しかし問題は、ある時点での心的状態が無意識の神経生物学的な構造にほかならないのだとしたら、その状態が、どのようにして心的状態として因果的に機能できるのかだ。この問いに答えるために、先と同様、まず単純明白な事例をとりあげるところからはじめよう。

私は一度、手首を骨折したことがある。治るまでのあいだかなり痛んだものだが、とくに腕を動かすときなどは注意を怠ろうものならひどい目にあった。ところで私は眠りについておもしろい発見をした。私はずっとぐっすり眠っていたのだろう、そのあいだなんの痛みも感じなかった。しかも、夜のあいだ中、私の身体はそのケガをかばうように動いたのだろう。こんな事例をどう説明すべきだろうか？　眠っているあいだ、私は意識されない無意識の痛みを感じ、その意識されない痛みが、骨折した手首をかばうような行動を引き起こしたと言うべきだろうか？　あるいは反対にこう言うべきだろうか。ぐっすり眠っているあいだ、私はまったく痛みを感じなかった。いや、神経生物学的な基盤には、意識に痛みをもたらす働きが備わっているのだが、その神経生物学的な基盤が、むしろともかく痛みの刺激をすべて防ぐよう、私にたいして因果的に作用した、そう言うべきだろうか？　私には、どちらの場合にも事実は同じであるように思える。私たちはふだん、意識されない痛みについて語ったりはしない。しかし、もちろんそうしようと思えばわけなく語ることができるし、このような事例は意識されない痛みについて語るきっかけを与えてくれるだろう。この事例では、たとえ、私がぐっすり眠っているあいだ、いかなる痛みも意識に感じないとしても、その神経生物学的な基盤は痛みを意識というかたちで引き起こせるという点に注意しよう。ここで決定的に重要なのは、痛みを意識というかたちで引き起こすことができる神経生物学的な基盤は、私が痛みを感じていないときでさえも、その痛みを避けるのに適切な行動を引き起こせる、ということだ。これは、力動的な抑圧された無意識の事例を説明するのにまさにうってつけではないだろうか。ある行為者の力動的無意識が活性化するさいに、当事者はなんら動機というものを意識しない。にもかかわらず、当人の意識的な思考の一部として生じる動機を引き起こせたり、そうした動機を抱くのに適した行動を引き起こせる、そのような神経生物学的な構造があるのだ。力動的無意識の事例と痛みの事例とで唯一類比的でないのは、前者においては行為の当事者自身にその動機を認めたくないような特別な理由があるかもしれないという点だ。この問題について私が提案したい回答はこうだ。人が無意識のさいに抱く無意識の動機にかんする存在様態や存在論とは、神経生物学的な構造――つまり、動機を意識というかたちで引き起こし、そうした動機を抱くのに適切な行動を引き起こすことができる、そのような神経生物学的構造――の存在様態や存在論なのである。ついでに言うと、だからフロイト主義は無意識というものを意識へ引き上げようと心を砕いていたのだ。無意識の動機が無意識にとどまっているかぎり、私たちはそれを制御できない。動機とは、自由と決定論のギャップにおいて意識された合理的な思考過程の一部であり、動機について人はふつうに熟考したり、評価したり、価値をはかったり、理性に服従させたりできる。だが、無意識の動機については同じようにはいかないのだ。

ここまでのところ、無意識にかんしてまったく問題のない事例、ここで前意識と呼んでいる事例があるのをお示しした。それは、デカルトのような人にも受け入れてもらえる事例だ。しかし、これについてはさらに議論の余地があるかもしれないが、私はまた次のようにも主張してきた。つまり前意識の事例は、抑圧すなわち「力動的無意識」の働きを考える上で適切なモデルを提供する。私が提案しているのは、ある意識状態を引き起こすことができる神経生物学的な過程は、そうした意識状態をもつのに適した行動をも引き起こせる、ということだ。四タイプの無意識のうちのはじめの二タイプは、意識の心的活動について私たちが知っていることだけでなく、脳についてすでに知っていることや脳の作用の仕方といったものになぞらえてきた。こうした類いの事例にかんして言えば、無意識という概念について形而上学的な謎は残されていない。

今度は「深い無意識」という第三の事例に移ろう。ここで私が主張したいテーゼはごく簡単にあらわせる。つまり、そんな事例はないのだ。深い無意識の心的状態などというものはない。実際に存在するのは、志向的であるかのように説明することもできる非意識的な神経生物学的過程、それだけである。神経生物学的過程に可能なのは、さまざまな状態を意識のかたちに仕立てることである。そして、その心的状態が意識状態の内容になりうる類いでないかぎり、それは純粋に心的状態ではない。だが、私たちはこうした事例について、あたかも神経生物学的過程が志向的であるかのように、あるいはそれが心的であるかのように、あるいはそれが規則に従うものであるかのように論じてきた。しかし事実はそうではない。私が提示したいテーゼは次のようなものだ。私たちは無意識の心的状態を、それがそのままただちに意識というわけではないにもかかわらず、意識になりうる状態としてのみ理解している。そうした状態をある行為者から生じるものとみなす場合、私たちは脳のメカニズムを、その神経的・生物学的性質の観点からではなく、意識状態と行動を引き起こす能力の観点から説明する。この見解を、「結合原理」と呼ぼう。なぜならこの見解は、無意識にかんする私たちの概念が、論理的には意識にかんする概念に結び合わされていると主張するからだ。無意識の心的状態とは、意識的な心的状態になりうる類いのものであるはずだ、というわけである。*2

一見とんでもない結論だが、どのように論証されるだろうか？　志向性の説明（第六章）において、あらゆる志向現象にはなんらかのアスペクト形態が備わっていることを確認した。だが、深い無意識にはアスペクト形態は備わっていない。志向状態には、他ならぬある志向内容を決定する形式というものはないのだ。そこで、無意識の第三のタイプ、つまり深い無意識を、第四のタイプ、つまり非意識になぞらえてはどうかということである。なぜなら、深い無意識の事例には、志向的な現象であれば備わっている本質的な性質がないのだ。つまり、心的因果において深い無意識を機能させ、したがって因果的な説明を根拠づける志向状態に備わるアスペクト形態が、深い無意識にはないのだ。深い無意識の心的状態というものは存在しない。むしろ、あたかも志向性を備えているかのようにふるまう神経生物学的な性質が存在するのである。

脳の過程では無意識の志向状態はそもそも無意識の志向状態として生じるのだ、とあっさりこう述べて済ませたら、なにか不都合でもあるだろうか？　なぜ私たちは無意識をめぐってこのように手の込んだ傾向的な分析(12)――そうした分析では、たとえば、無意識の志向状態をなにかに属するものとみなすことは、なにかを毒物や漂白剤だと説明するようなものだと述べるわけだが――を詳しく検討しなければならないのだろうか？　なぜなら神経生物学というものはそれ自体ではアスペクト形態を備えていないから、というのがその答えだ。例を考察してみれば、その次第がわかるだろう。水を飲みたいと欲している男を想像してみよう。彼がH_2Oではなく水を欲しているのは、H_2Oと水が同じものだと知らないからかもしれない。しかし外面的な行動を見るかぎりでは、二つの場合、つまり水を欲する場合とH_2Oを欲する場合とでは、なんらちがいはないだろう。どちらの場合にも、彼は同じ種類の液体を飲みたいと探し求めるだろう。だが、その二つの欲求は異なるものだ。神経生理学のレヴェルで見た場合、このちがいをどうとらえることができるだろうか？　神経生理学は、対象をシナプス強度と活動電位の観点から記述するのであって、そのさいアスペクト形態については一切関知しない。だが、男が水を欲する場合とH_2Oを欲する場合という二つの事例において、これらの欲求がまったく同じ行動となってあらわれるとしても、私たちとしては、無意識に水を欲している場合と無意識にH_2Oを欲している場合とは、アスペクト形態が異なっているのを区別できるようにしたいのだ。そうするために私が提案する答え、そして実際私がなんらかの意味をなすだろうと考える唯一の答えは、私たちは神経生物学的な構造を、意識的な思考や意識的な行動を引き起こすその能力の観点から記述しているのだ、というものである。水がH_2Oであることを知らない人にとって、「私は水が欲しい」という欲求に対応する神経生物学的な基盤は、「私はH_2Oが欲しい」という欲求に対応する神経生物学的な基盤と異なっている。しかしそれにもかかわらず、神経生物学のレヴェルでは、これらの異なるアスペクト形態はアスペクト形態としては存在せず、たとえば神経構造のちがいとして存在する。だから、脳に備わった、意識を引き起こす因果的な能力の観点から記述するという条件のもとでなら、無意識という概念に合理的な意味を与えることができるのだ。

しかし、ここからおもしろい帰結がもたらされる、私たちは意識にまつわる用語の他には無意識という概念をもち合わせていないことになる。意識にのぼりうる類いのことでさえない事柄は、そもそも志向状態ではありえない。なぜなら、そのようなものにはアスペクト形態が備わっていないからだ。こうしたわけで、深い無意識の心的状態は存在しないのだ。意識状態を引き起こしたり、そうした心的状態にかなった行動を引き起こすことができるような神経生物学的な構造があり、この構造が前意識や抑圧された無意識状態をともに担っている。そして、あたかも志向的に動機づけられているかのような行動を引き起こすことができる神経生物学的な構造がある。だが、その場合、ある種の動機は、意識の志向内容とはなりえず、したがって心理学的には実在性がないのだ。

私は、無意識の心的状態について傾向性の分析を提示してきた。無意識のさいに、ある無意識の心的状態は、その状態を意識というかたちで生み出し、そうした状態にかなった行動を生み出す脳の能力に存する。だがこの結果は、先に行った志向性の分析にとって予期せぬ帰結をもたらす。私は、志向状態のネットワークとそうした志向状態を機能させる能力のバックグラウンドとを区別しておいた。しかし、志向状態のネットワークやバックグラウンドが無意識の場合には、そのネットワークの要素はなんなのか？　たとえば、私がぐっすり眠っているあいだにも抱いている「ジョージ・ワシントンは初代大統領であった」という信念の身分はどういったものなのだろうか？　いま示した傾向性の分析に立脚すれば、私の信念は脳の能力から成る。しかしそうだとすると、そのバックグラウンドもまたこれらさまざまな能力から成ることになる。無意識のさいの志向性のネットワークは、バックグラウンド能力の下位分類であることが判明する。それは、あるかたちの意識的な思考や行動を生み出す特別な能力なのである。

Ⅲ　行為の無意識的な理由

無意識とは、直接経験されることがなく、むしろなにか他の目的のために無意識があると前提する必要が認められてきたという点で、本書で論じてきた他のほとんどのトピックとは異なっている。なぜ無意識がそれほどまでに重要なのだろうか？　無意識はその定義からして経験されることさえないというのに、なぜそれについて説明を与えることが問題なのだろうか？

答えはこうだ。人間の行動を説明する場面で、無意識なる概念がよくもちだされるようになってきた。私たちがとにかく無意識というものを前提とするのは、自分の行動を説明したいからだ。私は次のような哲学者の主張を耳にしたことがある。人びとは信念や欲求を抱くと私たちが述べるのは、それによってその人びとの行動を説明できるからである、と。これは率直に言って、「人びとが足を備えていると私たちが述べるのは、それによってその人びとの歩くという行動を説明できるからである」と述べるのと同じくらい愚かしいことではないか。そうではなくて、なぜ人には足があると述べるのかといえば、その人びとが足を備えているからであって、なぜ人びとが信念や欲求を抱いていると述べるのかといえば、その人びとが信念や欲求を抱いているからなのである。しかし、無意識という前提は、じつのところ説明上、必要な要素である。なぜ人びとが無意識の動機を抱いていると述べるのかといえば、その人びとのいくつかの行動のあり方について他に説明する術をもちあわせていないからだ。無意識の心的状態という前提は、足や信念や欲求など人間にとって内在的な「前提」とはちがい、じつのところ外から要請される目的、つまり人間の行動を説明するという目的のためになされる前提なのである。これが、無意識の存在論について私たちが特別な問題を抱える理由であり、無意識を説明するさいに、物理的世界という構想全体や、その物理的世界における心的なものの役割に矛盾しないようにと骨を折る価値があるのもこのためだ。

　しかし、もし人間の行動を説明する必要から無意識の心的状態という概念を要請するのだとすれば、無意識という概念を行動にたいしてどのように適用するかを知るよりも先に、人間の行動とその説明にかんして前もって考えられたア・プリオリな構想が必要である。これについては、予備的にではあるが、志向性という人間の行為の構造について第六章で述べておいた。その章には、人間の行為にかんする説明について含意するところがあったのだが、ここでその詳細を説明しておきたい。

人間の行為を説明する上で鍵となるのは、「理由」という概念である。私たちは、心的因果の議論の中で、ある行為者の行動を説明するさいに、いままさにその行動が説明されようとしている当の行為者の心的内容は、説明の内容と調和するはずである、ということを確認してきた。これこそが歴史や社会科学のような学問分野にとってたいへんに重要な点である。人間の行動を説明する理由は、実際になされるあれこれの説明においては事態があまりにも複雑すぎるために容易に見てとることができない。たとえば、アメリカの金利の上昇がドルの価値の上昇を引き起こしたと言う。表面上は、気温の上昇が気圧の上昇を引き起こしたと述べるのに似て、たいそう単純に見える。だが、実際には、金利にかんする説明はとんでもなく込みいったものだ。そのすべてを理解しつくすためには、投資家たちがアメリカでより高い金利を認識〔知覚〕した場合に、より高い利益を得られるよう彼らがアメリカの有価証券に投資する気になるのはどういうしくみなのかとか、今度はそうした投資にともなってさらに多くのドルを買いたいという気持ちをそそるのはどういうしくみなのか、などといった行為者の知覚や欲求や行動にかんすることを説明しなければならなかっただろう。説明にあらわれる志向内容は、その行為が説明されつつある当の行為者の心の志向内容に調和しているはずだと述べたが、その説明の実際の外見上、単純な一対一対応があるということを意図しているわけではない。

では、ある行為の理由とはなんなのだろうか？　これはとてもシンプルな問いに見えるが、その答えはとんでもなく込みいったものだ。これを詳しく説明していると本書の範囲を超えてしまう。これについてはすでに一冊（『行為と合理性』MIT出版、二〇〇一）を費やしているので、詳しくはそちらを読んでいただきたい。ここでは次のことだけを述べておきたい。もしあなたが自分の行動、たとえば前回の選挙であなたが実際に投票した候補者にあなたが投票したのはなぜか、これをどう説明するのかと自問してみれば、自分の答えが二つのカテゴリーに分類されることがわかるだろう。たとえばあなたは、「税金を下げてほしいと思った」といった類いの動機をもちだすだろうし、もしくは、「共和党なら税金を下げてくれると信じていた」といったように、あなたが信じていたことが共和党に投票するという行為の動機にかかわっているという事実をもちだすだろう。全体として考えると、この両者の複合したものから、私が「総合的な理由」と呼ぶものがかたちづくられている。理由は必ず命題の形式をとり、なにかが理由であるのは、それが総合的な理由の一部であるときにかぎられる。これが無意識を検討するさいの要《かなめ》である。人間の行動のなかには、行為者本人は無意識のままにふるまったにしても、その行為についてしかるべき理由を前提とした場合に限って理解できる、そんな形態の行為がある。

行為の理由については、人間の行動を統御する「規則」という特別な下位カテゴリーがある。また、規則に支配された行動には特別なかたちの志向的因果がある。人間の行為は、少なくとも一部には、規則に従うということを含む。それにしても、ある規則に従うということにはどんな意味があるのだろうか？

Ⅳ　無意識の規則に従うこと

無意識の心的過程という前提に説得力があるとすれば、その説得力の大部分は、そうした心的過程が無意識の規則に従う事例だという仮定に負っている。その考え方はこうだ。私たちの理性的な行動はたくさんの無意識の心的過程によって説明される。その無意識の心的過程とは、私たちが自覚もしなければ自覚しようもない、規則に従うというものである。だが、もし無意識の規則に従うという概念を理解するつもりなら、まずもって規則に従うという概念を理解しなければならない。そのためには、私たちが意識の規則に従うことを理解する必要がある。ある人がある規則に従って行動をとるとき、正確に言ってその人はなにをすることになるのだろうか？　この問いへの答えは、けっして明白ではない。この問題を探究するためには、規則に従うということについていくつかの性質を明らかにしなければならないだろう。まず必要なのは――これは以下につづくすべてのことにとって決定的なのだが――規則に統御された行動と規則によって記述された行動とを区別することである。規則に統御された、言い換えれば規則に支配された行動とは、その規則に従う行為者が行為のさいにその規則から因果的な影響を受けるような行動である。その規則が因果的に機能するのは、その規則に従うということを構成するまさにその行動が生じる場面だ。たとえば、もし私が「右車線走行」という規則に従うなら、その規則の内容は、私の行動が生じる場面で因果的に機能しているはずである。ただし、そのような行為は規則によって完全に決定されている、という意味ではない。誰もその規則に従うために運転に出かけるわけではないからだ。しかしそれでも、規則の内容は因果的に機能しなければならない。そうでなければ、それは人が規則に従っている事例ではない。この点で、規則に従う行動は規則によって記述された行動と異なっている。傾斜した面を転がりおちるボールは、ニュートン力学の規則で記述できる。だが、だからといってボールがあらゆる意味でそうした規則に従っているということにはならない。傾斜した面を転がりおちるボールの動きは規則によって記述されるものではあっても、規則に従うものではない。では、規則に従う行動には、どんな性質があるのだろうか？　一覧にしてみよう。

一　いま述べたように、規則の内容は行動を生み出す場面で因果的に機能しなければならない。

二　性質一によって、規則には論理的な性質がある。つまり、意志の働きによる志向状態と指示的な言語行為《スピーチ・アクト》に共通の論理的な性質を備えている。これがしばしば、規則に従うことと、命令に服従することのあいだにアナロジーが成立する理由だ。より具体的に言えば、規則の充足条件には、世界を規則へ適合させる方向がある。行動は、規則の内容に調和するよう変化しなければならない。また、規則には因果的な自己言及性もある。つまり、先行する意図や行為における意図という先に見たような特徴を備える自己言及性である。規則とは、その規則に従うという状態を構成するような行動を引き起こす場合にかぎって守られるものなのだ。

三　性質一と二から、次のことが導かれる。すべての規則には、アスペクト形態を決定する志向内容がなければならない。いくつかの規則があるとする。それらの規則は、従っている条件においてはまったく異なりながら、外延的には等しいということがあるかもしれない。たとえば、私の左ハンドル車について言えば、「右車線走行」という規則は、「ハンドルが道路のセンターラインに近くなるように、かつ、助手席が縁石に近くなるように運転せよ」という規則と同じ結果をもたらすだろう。アメリカの車の構造を考慮すれば、二つめの規則は一つめの規則とまさに同じ結果をもたらすだろう。だが、この二つの規則は外延が等しいにもかかわらず、同じ規則ではない。なぜなら、この二つの規則はアスペクト形態が異なっているからだ。

四　規則に従うとは、一般的には自発的なことがらだ。規則が行動を支配しうるためには、行為者が自発的に従えるような類いの規則でなければならない。要するに、規則に統御された行動において自由と決定論のギャップが顔を出しているのだ。それゆえ、たとえば私が炭水化物を消化するときに従う「規則」は、規則に従うことの事例ではなく、規則によって記述される行動の事例にあたるのである。なぜなら、消化とは私の意のままにならないことだからだ。要するに、規則が守られるか破られるかは、規則に従うことにかんする性質なのだ。だが、胃の消化のように規則が破られようのない場合、その規則は守られるということもない。

五　規則は、他の志向内容と同様に、つねにさまざまな解釈の対象となる。規則についてつねに別の解釈を提示できる。たとえば、人間の行動にかかわる規則のほとんどは、ときに「すべての条件が同じとして」、あるいは他ノ事情ガ同ジ〔*ceteris paribus*〕規則と呼ばれるものだ。このため規則はつねに解釈の対象になる。たとえば私が「右車線走行」という規則に本当に従うとする。しかしこの規則に従っていて、道路の右車線を障害物がふさいでいるのに遭遇しても、私はただ停止するということはなく、ハンドルを切って左車線を通って行くだろう。私はその規則を、その規則の内容に明記されていない事柄を自分に許すように解釈したのだ。

規則に従うことがもつこの性質、つまり、つねにさまざまな解釈の対象になる(13)という性質は、ある種の形式の懐疑論を先導してきた。ウィトゲンシュタインのよく知られた私的言語(14)の議論にかんするある解釈によれば、ウィトゲンシュタインは、規則を解釈する自由が私たちに認められているかぎりは、どんな行動でも規則に矛盾することなくなされうると論じている。[*3] ある解釈によれば、これに対する彼の答えは次のようなものだ。つまり、私たちが規則に従うことは社会的な実践であり、社会は「規則に従うことを成立させるもの」についての合意形成を可能にしているのである。こうした理由から、ウィトゲンシュタインは、「私的言語」はその規則の解釈について公的なチェックがないため、不可能だろうということを示したのだとされている。

六　人間の意識において規則に従うことは、実時間《リアルタイム》のうちに行われる。私が「右車線走行」という規則に従うとき、その規則は心理的に実時間のなかで因果的に機能し充足条件を決定している。ふつうの意味で規則に従うことにかかわるかぎり、たとえば、私は膨大な演算規則をコンピュータのような仕方で処理しながら間髪を入れず規則に従っている、などということはありえない。規則に従うには一定の時間が必要であり、それは実時間のうちに行われるのである。

以上は、意識的に規則に従うことに備わった典型的な性質である。だが、無意識のうちに規則に従うことを前提にする場合(そうした前提はたいへん一般的なものである)、ここに掲げた性質のうちどれだけのものを維持できるだろうか？　もし規則に従うことについて文字どおりに語るなら、これらは維持されるべき性質だ。もし無意識のうちに規則に従うことについて語るという事態を文字どおりに受けとるなら、そのように規則に従うことには、次のような性質が備わっているはずだ。つまり、その規則は、世界を規則に適合させる方向と、規則から世界へ向かう因果の方向とをともなって因果的に機能する。規則にはアスペクト形態がなければならず、自発的に従われ、さまざまな解釈の対象になるように従われなければならない。そして、その規則は実時間のうちに従われなければならない。言語行為を遂行するさい規則に従っているように、無意識のうちに規則に従うことは、こうした諸条件を満たすのを前提としている。だが、認知科学における視知覚や言語習得のように、無意識のうちに規則に従うと言われる場面では、こうした諸条件を満たさないさまざまな事柄が前提とされている。

V 結論

本章の結論は、いくぶん気の重たいものだ。無意識という観念は、現代の知的活動の中でももっとも混乱し、十分に考え抜かれていないコンセプトの一つである。とはいえ、無意識という概念をなしに済ませることもできないように思う。だとすれば、なすべきことは、首尾一貫した無意識の概念をつくりだすことだ。つまり、脳の働きを含めた現実全体について、私たちが知っていることに調和させられるような無意識の概念をつくる必要があるのだ。結合原理はその帰結である。この領域の研究者のほとんどは、私が唱える「結合原理」に異議を唱える。だが、彼らが首尾一貫した無意識の概念について、どんな代替案を出しているのも見たためしがない。私の主張の要旨はこうだ。私たちは無意識という概念を正当に使いつづけられる。ただしそのさいは、その概念を自分が傾向的な概念として使っていることを理解しておく必要がある。ある行為者について、彼はこれこれの無意識の志向状態にあり、その状態は彼の行動を引き起こす場面で有効に機能している、そのように述べることは、彼がそうした無意識の志向的状態を意識というかたちで引き起こせる脳状態にあると述べるのに等しい。たとえ特定の事例において、脳の損傷や抑圧などのために、無意識の志向的状態を意識というかたちで引き起こせないことがあるとしても、である。まったく不満足な結論ではある。だが、いまのところ私にはこれ以上に優れた代替案を考えることはできない。

第一〇章　知覚

　心の主要な機能の一つは――日々の生活においても、また長い進化的な道のりにおいても――私たちを自分以外の世界に関係づけること、とりわけ知覚と行為という方法によって関係づけることだ。ごく簡単な用語で要点を示せば、知覚によって私たちは世界にかんする情報を得て、この情報を意識的・無意識的に統合し、決断を下したり意図を抱いたりする。それらが行為に結実するのだが、私たちはそうした行為をつうじて世界とうまく折り合っている。本章では、知覚と、知覚からは独立して存在する世界――まぎらわしくも哲学者が好んで「外的世界」と呼ぶ世界――との関係を考察しよう。
　とはいえ、いったいどこに問題があるというのだろうか？　もし私が腕を前に伸ばせば、私はその腕を眼の前に見ることになる。これ以上に簡単な話があるだろうか？　そこには自分、腕、知覚による現実の意識経験という三区分がある。もちろん、腕からの光の屈折がどうやって視覚組織に及び、ついには腕を見るという意識経験にいたる一連の神経的過程を構成するのか、という点については、複雑で神経生物学的な説明がなされるだろう。また、志向性の議論で見たように、視覚経験の充足条件に含まれている因果的な自己指示性の形成について、いくぶん哲学的な細かい話もある。しかし、いまのところそれはさほど難しい問題には思えない。にもかかわらず哲学の歴史を顧みれば、知覚の問題以上に厄介な問題はほとんどないと言わねばならない。

I 感覚与件論《センス・データ》の検討

いましがた概略を示した知覚にかんする見解は、知覚的実在論のかたちをとっており、ときに「直接実在論」とか「素朴実在論」とも呼ばれている。このテーマの歴史に現れる優れた哲学者たちのほとんどは、それは間違った考えだと確信している。人は実在する世界そのものを見ているのではない、と彼らは考える(「彼ら」という言葉で私が念頭に置いているのは、デカルト、ロック、バークリー、ヒューム、カントといった偉大な哲学者たちである)。人間は、世界に実在する対象や事態から独立してものを見ることはできない。人が実際に直接知覚しているもの——つまり、いかなる推論過程も媒介せずに知覚しているもの——は、自分の内在的な経験だけである。二〇世紀の哲学者たちは、この見解についてたいてい次のように指摘してきた。つまり、「人は物質的対象を知覚しているのではない。人はただ、感覚与件《センス・データ》（1）を知覚しているのだ」と。それ以前は、感覚与件の代わりに、「観念〔ideas〕」（ロック）、「印象〔impressions〕」（ヒューム）、「表象〔representations〕」（カント）といった用語が使われていた。しかし、もし「知覚動詞の直接目的語とは、文字通り、厳密に、哲学的にいってなんであるのか？」と問われたなら、長いあいだほとんど慣例的にこう答えられてきた。知覚動詞の直接目的語とは、私たちとは独立に実在する物質的な対象を名指す表現ではなく、私たちの内在的な経験、私たちの感覚与件を名指す表現なのだ、と。

見たところ直観に反したこの見解について、どのような議論があるだろうか？　科学の論法と錯覚の論法という、よく知られた二つのタイプの議論がある。順に検討しよう。

科学の論法

知覚にかんする科学的説明では、末梢神経終末はどのように対象から刺激を受けるのか、神経終末の刺激はどのようにして中枢神経系へと至り、最終的には脳へと信号を送るのか、脳内の神経生物学的な過程全体がどのように知覚経験を引き起こすのか、といったことが示される。しかし、人が現実的な対象として自覚《アウエアネス》するのは、脳における経験だけである。私たちには、外的な世界に直接アクセスする手立てはない。直接アクセスできるものといえば、外的な世界から私たちの神経系へ及ぼされる作用だけだというのである。

この論法は、世界の中の対象がどのようにして神経終末に刺激を引き起こすのかを記述するにあたって、それが現実世界での実際の知覚について語っていることを前提としているように思われる。だが実質的には、この論法はそのような知覚が不可能であるという結論にいたる。かつてバートランド・ラッセル(2)は、この明白なパラドックスについて皮肉めかしてこう述べた。「素朴実在論は物理学を導く。しかし物理学が正しいとすれば素朴実在論が誤っていることがわかる。それゆえ、もし素朴実在論が正しければ、素朴実在論は誤っていることになる。ゆえに、素朴実在論は誤っている」*1

要するに、ラッセルが指摘しているのは、素朴実在論は自滅的に思えるということだ。もし、人は外的な世界と直接知覚によって接触をもっているのだという考えを真面目にうけあい、また、その考えに基づいて科学を推進していくと、逆説的にも、人は外的な世界に直接知覚による接触をもつことができなくなる。科学はこう結論するだろう。

このテーマにまつわる歴史をふりかえれば、ほとんどの人を納得させてきたのはこの科学の論法ではないだろうか。しかし、哲学史上より大きな影響力をもってきたのは、錯覚の論法と呼ばれる議論である。

錯覚の論法*2

素朴実在論を真面目に受け止めてみると、ある種の不一致と自己矛盾がもたらされるように思われる。どういうことか。私がいま手にナイフをもっており、そのナイフを見ていると仮定しよう。ところでマクベスもまた(3)——より劇的な状況だったとはいえ——ナイフ、より具体的には短剣《ダガー》を見るという経験をした。しかしながら、マクベスが見ていたのは幻覚だった。彼が見ていたのは本物の短剣ではなく、幻覚の短剣だった。だから、マクベスの場合については、彼が物質的対象を見ていたとは言えない。しかし、彼ははっきりとなにかを見ていた。人は、彼が「見かけの短剣(4)」あるいは「幻覚上の短剣」を見ていたのだと言うかもしれない。しかし、これは決定的な一歩である。もしマクベスの場合について、「彼はただ見かけの短剣を見ただけだ」と言うとすれば、あらゆる場合について同様にそう言わなければならない。なぜなら、現実の場合における経験の特徴と、幻覚の場合におけるそれとのあいだには質的な差がないからだ。だからマクベスは惑わされたのだ。つまり、見かけの短剣を見る経験と本物の短剣を見る経験のあいだには差がないのである。しかし、仮にどんな場合でも、私たちは見かけを見ているだけであって、対象そのものを見てはいないと言うとすれば、そうした幻にちゃんとした名前があってよいはずだ。というわけで、そのような幻を「感覚与件《センス・データ》」と呼びたい。結論はこうだ。人はけっして物質的対象を見ることはなく、感覚与件だけを見る。すると、ここに問題が生じる。私たちが見る感覚与件と、どうやら私たちには見ることのできない物質的対象との関係はどうなっているのか？

こういう形式の議論は、さまざまな場合において広く適用されてきた。もう一つの議論を挙げてみよう。指を目の前に立てて、部屋の奥の壁に眼の焦点をあわせてみる。すると「複視」と呼ばれる現象が生じ、指が二重に見える。しかし指が二重に見えるとき、人は二本の指を見ているわけではない。指は一本だけだ。しかし、明らかに二つのなにかが見える。このときに見えている二つのものはなにか？　ここで、いま見えている指のようなこのなにかを、「見かけの指」と呼ぶことにしよう。見えているのは二本の見かけの指だということになる。しかし、そうすると――ふたたび言えば、これが決定的な一歩なのだが――本物の指と見かけの指を見ることのあいだには質的な差はない。二つの見かけが一つの見かけに一体化するよう眼の焦点を定めてみれば、二つの見かけのあいだに質的な差がないことを自分で立証してみることができる。そうすると、先に二つの見かけを見ていた場所に、今度は一つの幻を見ることになる。だから、仮に複視の場合について、「自分はただ幻を見ているだけで物質的対象を見てはいない」と言うとしたら、あらゆる場合について同様にそう言わなければならない。そうした見かけに名前を与えることにして、それを「感覚与件」と呼ぶことにしよう。

三つめの議論を挙げよう。水がはいったグラスにまっすぐな棒を差し入れると、光の屈折によって棒が曲がって見えるだろう。しかし、実際に棒が曲がったわけではない。それはただ曲がって見えるだけだ。それでも、棒を見る人には曲がったなにかが見える。これはなにか？　人は見かけの棒を直接に見ている。そしてその棒は実際に曲がった見かけを呈しているのだ。しかし、その棒自体は曲がっていない。見かけが曲がっているのだ。ということは、直接に見えているものが曲がっているとしたら、見えているのは見かけであり、本物の棒ではない。ここから次の一歩がどのように進むのか、もうおわかりだろう。この事例について、「見えているのは本物の棒ではなく見かけの棒なのだ」と言うとしたら、あらゆる場合について同様にそう言わなければならない。なぜなら、曲がった棒を見る経験とその他のものを見る経験には質的な差がないからだ。この見かけについて記述する用語が必要である。それがなにかおわかりだろうか？　そう、それを「感覚与件」と呼ぶことにしよう。結論はこうだ。人はけっして物質的対象を見ることはない。ただ感覚与件を見るのだ。

私はこうした例を一日中でも挙げつづけることができるが、もう二、三だけ、この手の特色ある議論を提示しておこう。私がイスから立ち上がり、テーブルのうえを見ながらテーブルの周りを歩くと仮定しよう。私が歩くにつれて、なにかが変わる。より具体的には、私が直接知覚しているなにかが変わる。テーブルは変わらない。テーブルは私が歩くあいだもまったく変わらぬままでいる。しかし、それではなにが変わるのか？　明らかに、変わるのはテーブルの見かけだ。テーブルは異なる視点から見ると私にたいして異なる見かけを示す。しかし、私が見るものが変わるのであってテーブルは変わらない。また、私が見ているものが見かけだとしたら、私は見かけを見ているだけであって、テーブルそのものを見ているのではない。さらにいえば、この経験と他の経験とのあいだに質的な差はないのだから、私は自分が見かけしか見ていないのだという結論を強いられる。これらの見かけに名前をつけるには専門用語に頼らなければならない。私たちはこれを「感覚与件」と呼ぶことにしよう。

もう一つ、これもまた有名な例がある。ポケットからコインを取り出して、それを手に乗せる。私はそれが円形に見えるよう正面から見ている。しかし、コインを少し角度がつくように傾けたら、コインはもはや円形には見えない。そう、楕円に見えるだろう。しかし、私は確かにそれが一つのものであることを知っている。コイン自体が楕円であるわけではない。角度をつけるように傾けてみたところでコインがかたちを変えるわけではない。しかし、私が楕円形のなにものかを直接知覚していることも私は知っている。いまここで私の視野に楕円形をしたなにかがあるということは問題ではない。私は直接それを見ている。だが、私は自分が見ているものがコインではないようにも思える。なぜならコインは円形をしているものだからだ。私が直接見ているもの、いかなる推論の過程にもよらずに見ているものは、楕円形をしたコインの見かけである。そして、この事例について、自分は見かけを見ているだけだと言うとすれば、私はあらゆる場合について同様にそう言わなければならない。なぜなら、コインを楕円の見かけではなく円形となるように正面に向けても、質的な変化は起こらないからである。結論は明白である。私はあらゆる場合について、自分は見かけを見ているのであって、物質的対象を見ているのではないと言わなければならない。こうした見かけを「感覚与件」と呼ぼう。

過去三五〇年間のほとんどすべての著名な哲学者のみならず、二〇世紀半ばころまでの尊敬すべき哲学者たちは、なんらかの種類の感覚与件論を受け入れた。ヒュームは、素朴実在論が間違っていることはあまりに明らかであるから、それを論破することをためらういわれはないと考えた。あるところで彼は述べている。もし素朴実在論に傾きそうになったら、ただ一方の眼球を押してみるだけでそれを捨てることができる、と。眼球を押すと、すべてが二重に見える。ヒュームによれば、ここで素朴実在論は、宇宙に含まれる物体の数が二倍になったのだと結論しなければならなくなるだろう。しかし、どう見ても二倍になったわけではない。したがって私たちは直接に物質的対象を見てはいないことになる、とヒュームは考えた。[*3]

錯覚の論法は、すべての例に共通した論理的構造を備えている。こんなふうである。

一　典型的な素朴実在論は、人は物質的対象を見ている、つまり、人はそれをあるがままに見ていると仮定する。

二　しかし、人が物質的対象を見ていないとか（たとえば幻覚の場合）、あるがままには見ていないなど（たとえば曲がる棒や楕円形のコインの場合）、素朴実在論者でさえ認めるだろう多くの例がある。

三　これらの場合においてでさえ、人はなにかを見ており、それをあるがままに見ている。物質的対象がまったく存在しない場合、たとえば、マクベスの短剣のような場合においてすら、マクベスはなにかを見ていた。彼の視野には直接現れるなにかがあった。そして物質的対象が存在するにもかかわらず、それをあるがままに見ることができない場合、たとえば楕円形のコインの場合や曲がった棒の場合、人は楕円形のなにかや曲がったなにかを見ている。楕円形の実体や曲がった実体はともに視野に直接現れているのだ。

四　これらの事例で、私たちはもろもろの見かけ（感覚与件）を直接見ているのであって、物質的対象を見ているのではない。

五　これらの事例と、ふつうの事例（錯覚ではない事例）には質的な差がない。したがって、もしこれらの事例について、感覚与件が見えているのであって物質的対象が見えているのではないと述べるなら、あらゆる事例についても同様にそう言わなければならない。

Ⅱ 感覚与件論の帰結

直接実在論とは、少なくとも典型的には、人は世界の対象や事態を直接に知覚しているという見解である。人は決して対象や事態を知覚せず、ただそれについての自分自身の経験、自分自身の感覚与件を知覚するだけだと述べる場合、直接実在論は否定される。しかし、いったん感覚与件論の立場をとってしまうと、非常に深刻な問題を抱えることになる。つまり、「人が知覚している感覚与件と、どうやら知覚できない対象とはどう関係しているのか?」という問題だ。哲学史上、多数の回答が寄せられてきた。しかし私は、諸回答を二つのグループに要約できると考える。一つは、もっとも直接的に人に訴えるものだが、人は対象そのものを知覚できないのであって、対象の表象を知覚するだけだという主張である。人が知覚する感覚与件は対象の一種の像であって、人はその感覚与件の特徴から対象の存在や性質を推測して、その対象について見知ることができる。現実世界における実際の対象は、少なくともある側面では感覚与件に似ている。ある哲学者は——おそらくもっとも重要なのはロックだが——現実世界に対応・類似する要素をもつ感覚与件の性質と、それをもたない感覚与件の性質とを区別した。実際に感覚与件に類似した現実世界の性質は「一次性質」と呼ばれた。一次性質は、かたち、大きさ、数、運動、固体性から成る

(ロックによるリストは「固体性、延長、形状、運動もしくは静止、数」である)。[*4] しかし、これとは別の感覚与件がある。それは実在の対象に対応・類似する性質をもたない。ロックはそれを「二次性質」と呼んだ。これは混乱をもたらす考えだ。というのも、厳密に言って、それらの対象には実在の対象に対応・類似するような性質はないからである。むしろ、ロックが指摘したように、二次性質とは、一次性質が人に特定の経験を引き起こす力、具体的には色、匂い、味、音のことである。一次性質、二次性質ともに私たちの経験は、対象の実在的な性質によって引き起こされるものだ。しかし、対象そのものは私たちの二次性質の経験に対応する性質を備えてはいない。

この教説は、知覚の表象理論と呼ばれている。これはとくにロックによって詳しく案出された。知覚の表象理論によれば、人は自分の意識生活を、あたかも映画館の中にいるかのように過ごしている。そこでは、映画館のスクリーンに現実世界の像を見ることができる。しかし、人は映画館から外に出て現実世界そのものを見ることはけっしてできない。なぜなら、その映画館は、完全に心の中にあるものだからだ。人は像のみを、表象のみを見ているのである。表象理論はバークリーとヒュームから批判を受けたが、それはたいへん効果的な批判であると思う。さまざまな形式の批判があるものの、反論の骨子——およそ答えがありうるようには思えない反論なのだが——はこういうものだ。仮に、自分の感覚与件は対象に類似しており、映画の場面が現実の場面を表象しているのと同様に、その感覚与件は対象を表象していると言うとしよう。ここで問題は、「類似」という概念になんら明確な意味づけもできずにいるという点にあり、結果として「表象」という概念の意味も不明確であるということだ。知覚の表象理論の仮説に従って、もし対象がまったく不可視なのだとしたら、見えている感覚与件がけっして見ることのできない対象に類似している、などとどうして言えるのだろうか？　それはあたかも、「ぼくのガレージにはよく似た車が二台あるんだけど、片方はまったく目に見えないんだ」と言うようなものだ。知覚的な特徴があるなにものかと知覚的な特徴がないなにものかのあいだに知覚的な類似関係がある、と言ってみたところで、まるで意味がないだろう。

この点を見てとったバークリーは、ある種の人びとが望んだかもしれないような素朴実在論には立ち戻らなかった。また、知覚の素朴実在論から感覚与件論へ移行するさいにまちがいが生じるにちがいないとも主張しなかった。そうではなく、バークリーは、実在するのは心と観念だけだと主張した。現実世界はもっぱら感覚与件から成り立っている。私たちの現実的・可能的な経験のほかに物質的対象のようなものは存在しない、と。ヒュームは、もっとこみいったやり方ではあるが、これと似たような結論を採った。この見解にはいろいろな呼び方があるのだが、おそらくもっとも一般的には現象主義(5)と呼ばれている。物質的対象は感覚与件の集合のなかに立ち現れる。つまり、心的な現象を超越するような物質的対象、あるいは心的な現象以外の物質的対象は存在しないのである。

現象主義は、論理的なテーゼとして構想された。そのため現象主義をもっとも明確に述べようと思ったら、言語にかんする論理的なテーゼとして述べればよい。対象が感覚与件から成ると言えば、あたかも対象が分子から成るという見解に異議を唱えているかのように見える。しかし、むしろ私たちが本当に言うべきことは、対象についての言明、それどころか一般的に経験に基づく言明は、意味を損なうことなく感覚与件についての言明へと翻訳できるということである。心の哲学においては人を行動主義へと導いたのと同様の検証を重んじようとする衝動が、知覚の哲学においては現象主義を導いた。私たちが他者の心についてもつ唯一の証拠が行動であるように、物質的対象についてもつ唯一の証拠は感覚与件のみである。したがって、心についての真に科学的な概念は行動主義的なものであるはずだし、同様に、物質的な世界についての真に科学的な概念は現象主義的なものになるはずだ、ということなのだろう。

Ⅲ　感覚与件論への反駁

思うに、ここに掲げてきた知覚にかんする考え方はどれもひどい思いちがいをしている。前にも述べたように、こうした理論は、過去四世紀以上の哲学史の中でももっともひどいものだと思う。どうしてそう思うのか？　なぜなら、その理論は人間や他の動物がどのように現実世界に関係しているか、ということを正しく説明できないからだ。この理論はほとんど必然のようにデカルトとロックからバークリーとヒュームへ、そこからさらにカントへと至る。そして、そうした伝統からさらにヘーゲルと絶対観念論へとつながる。このようにたいへんまずい方へ進んでいってしまう。かつて私はこの理論にたいする批判を総括的に考えたことがあるのだが、たいへん憂鬱な仕事だった。だが、その理論の一つひとつにたいして反論を試みなかったら、私は本書で約束した仕事を果たせないだろう。だから説明しよう。

感覚与件についての議論は、例外なく誤った推論に基づいている。順に考察しよう。

科学の論法

科学は素朴実在論を反駁しない。人が現実世界を見るという事態がどのように成り立っているのか。それを因果的に説明できるという理由から、人は現実世界を見てはいないという結論にいたる。以上のように述べるのは、よく知られた誤りに加担することにほかならない。それは発生論の誤謬と呼ばれる。つまりこういうことだ。ある信念の発生を説明する因果的な記述があるとしよう。その記述はその信念がどうやって獲得されたのかを説明する。その記述は信念の発生を説明するものにすぎないのに、その記述によってその信念が間違っていることが示されているのだと決め込んでしまう。これが発生論の誤謬である。

発生論の誤謬はたいていの場合、信念にかんするものだ。しかし、その形式は一般化できる。その考え方はこうだ。ある信念なり志向内容があって、それにかんする原因（因果的な記述）があるとする。もしこの原因が、その信念や志向内容の正しさを証明するのに不十分だということを示せたら、とにもかくにもその信念や志向状態を論駁したことになる、という次第だ。

私が知的に未熟だったころ、発生論の誤謬のもっとも一般的なかたちは、フロイト主義とマルクス主義に見られた。「お前はマルクス主義の正しさを疑うのか？ そんなことをしても、お前がブルジョワ階級の出自によってまちがった方へ導かれたことがわかるだけだ」「なんだって？ フロイトの教えの正しさを疑うだって？ そんなことをしても、お前さん自身が抑圧の犠牲になっていることがわかるだけさ」云々。今日では、ポストモダニストによるものを除けば、発生論の誤謬を耳にしなくなった。私はなぜポストモダニストのあいだでそんなにも発生論の誤謬が一般的なのかといぶかしんだものだが、実際のところポストモダニストが使える議論の形式が、発生論の誤謬以外にないという理由を解き明かした解釈を読むにいたって納得した。[*5]

いずれにしても、知覚の理論における発生論の誤謬の形式は次のとおりだ。たとえばあなたが目の前にかざした手を見ているとき、実際に生じているのはこういうことだ。その手から反射した光があなたに視覚経験をもたらし、それによってあなたは自分の手を視覚的に経験する。以上のようにその次第を示せる。私たちは、あなたが自分は手を見ているのだと思えるその理由を説明できる。こんなふうに実際にはあなたは目の前の手を見ているのではなく、視覚経験を得ているだけであること、また、それは神経生物学的過程の作用だということを示せるのだ。

これだけ言えば、その誤謬は明らかになったものと信じる。私がどうやって目の前にかざした手を見るようになるのかということにかんする因果的な記述は、私が実際には目の前の手を見ていないということを示してはいないのである。

錯覚の論法

錯覚の論法に対する回答はもうすこし手が込んでいる。私はこの議論を論駁するために、私の哲学の師であるJ・L・オースティンの考え方と手法を借りることにしよう。[*6] 私が提示した議論はどの一つをとっても、知覚動詞の直接目的語になるような名詞、しかも物質的対象を名指すことはないような名詞を言語論的に得ようともくろんでいるのだという点に注目してほしい。たとえばマクベスの短剣の場合、本物の短剣ではなく、幻覚の短剣を見たにすぎないと誤って言われたのだった。しかし、ここには次のような困難がある。つまり、「見る」という意味では、私は実際に手にもっているナイフを見る。だが幻覚の場合には、私はなにも見ない。「幻覚の短剣」という表現は、短剣の種類を名指すものではありえない。一言で言えば、マクベスが幻覚を見ていたとき、彼はなにも見ていなかったのだ。少なくとも、その短剣を裏づけるものはなにもない。彼が自分の手を見ていたのは疑いのないところだ。だから、マクベスが現象主義の観点からは現実の経験と区別できない幻覚を見ていたという事実から、彼が本当の経験と錯覚の経験の両者に共通する特殊な対象や実体を見たのだと結論することはできない。

複視についても同様に反論できる。人はその問いをけっして無批判に受け入れるべきではない。それは「自分の指が二重に見えるとき、私は二つのなにを見ているのか?」という問いだ。それに対する答えはこうだ。指を二重に見るとき、二つのなにかを見ているわけではない。一本の指を見ているのであり、それを二重に見ているのだ。

二重の指と曲がる棒の二つの例で、見かけという概念が知覚動詞の直接目的語を与えるために導入された。つまり、対象そのものを見ているのではなく、その見かけを見ているという考え方だ。しかし考えてみれば、自分は対象ではなくその対象の見かけを見ているのかもしれない、という考えにはどこか自己矛盾的なところがある。ある対象の見かけを見るのは、それがどのように立ち現れているのかを見るだけである。そして、そうしたなにものか(立ち現れるもの)を見ることなくなにかを見る方法はない。例をいくつか考察してみれば、このことは完全に明らかになる。私があなたに「きみはサリーがパーティで見えていたそのとおりに見たかい？」と尋ねたとしよう。これにたいしてあなたが「ああ、彼女が見えていたそのとおりに見たよ。でも、運悪く彼女そのものは見えなかった。彼女の見かけだけしか見えなかったんだ」と答えてみてもはじまらない。

テーブルの例にこの考察を適用してみよう。私は立ち上がってテーブルのまわりを歩く。テーブルの見た目は変わる。なぜなら私はテーブルを異なる視点から見るからで、テーブルが変化するからではない。したがって、私はテーブルの見かけを見ているのであって、テーブルそのものを見ているのではないように思える。私はこれが誤謬だということが誰の目にも明白であると期待したい。もちろん、テーブルは異なる視点からは異なって見える。しかし、私の視覚経験に起きた変化――私が自分の位置を変えることで視点を変えているという事実によりもたらされる変化――は、私がテーブルを見ているのではなく私とテーブルの間にはいりこんだなにものか（テーブルの見かけ）を見ているのだということを示すものではない。反対に、この議論全体は、私が実際にテーブルをすみずみまで見ていることを前提としている。なぜなら、もし私が実際にそのテーブルを見ていないとしたら、テーブルが異なった視点からの異なった見かけを私にたいして示しつづける方法はないからだ。

先に議論の構造を五つのステップに要約した中で、決定的な誤りはステップ三にあった。すべての事例において、人はなにかを知覚し、それを現実にあるとおりのものとして知覚している。そうではない。幻覚の事例ではなにも知覚していないのだし、他の事例では——曲がった棒や楕円のコイン等々——多少とも誤解を招きかねない条件のもとではあるが、その対象を実際に知覚したのである。棒がいくらか曲がって見えたとしても、実体として曲がったもの、そういう姿をしたものを本当に見たということにはならない。そうではない。そのとき本当に見えたのは曲がって見える条件下にある棒、独立して存在する物質的対象なのだ。

哲学の歴史の中で、こうした錯覚の論法がそれなりの影響力をふるってきたということは、驚くべき事実である。だが錯覚の論法は、厳密に検証すればすぐにぼろが出るものだと思う。では、ここまでのレッスンをどう適用したら楕円のコインの議論に含まれる誤謬を示せるだろうか。これは読者のみなさんに自習問題として残しておくことにしよう。

Ⅳ　直接実在論のための超越論的な議論

しかし、次のように言う人があるかもしれない。素朴実在論に対する異論を論破しても、素朴実在論の正しさを示すには不十分である、と。この申し立ては正しい。私たちは少なくともある場面においては、世界の中の物質的対象や事態を実際に知覚している。私たちに必要なのは、そのことを示すなんらかの議論である。そんな議論がありうるとして、それはそもそもどのようなものなのだろうか?

ここで直面するのは、伝統的な懐疑主義の一種である。懐疑主義の議論はいつも同じだ。人はもちうるかぎりのすべての証拠をもてる。それどころか、ありうるすべての証拠をもてるとしよう。しかし、それにもかかわらず間違うのだ。それが証拠に、たとえば自分が本当に目の前のテーブルを見ており、幻覚や夢、邪悪な悪魔によって欺かれているのではないことを証してみよう。立ち現れるテーブルの視覚経験について、懐疑主義にたいして直接答えられる術はない。懐疑主義の主眼はもっぱら、人がまさにこの経験をもちうるにもかかわらず間違っている、というところにある。もしこの事例において間違いうるのだとすれば、他のあらゆる場合についてもそうなのではないか?

この反論に直接答えようとするのは、哲学的に見て賢明なことではないだろう。私は懐疑主義にたいして、自分がいま幻覚を抱いたり夢を見たりしているのではなく、本当にテーブルを見ているのを証明できるとは思えない。その代わりにできるのは、ある論述《ディスコース》の仕方――懐疑主義が携わっている議論――が、直接実在論のある立場の正しさを前提としているのを示すことだ(私は自分の立場を「素朴」と考えたいのだが、それが素朴であるか洗練されているかは問題ではない)。懸案の実在論は、少なくともある場合には、人は公的に観察できる現象にたいして知覚的にアクセスできる、という見解を含意していなくてはならない。それはふつう、「物質的対象」として考えられているものだが、ふたたび言えばその命名は決定的なものではない。なにが決定的かと言えば、さまざまな人びとが少なくともある場合においては公的に観察できる同一の現象——イス、テーブル、木、山、雲、等々——を知覚できるということだ。私がいま提示しようとしている議論は、「超越論的」な議論なのだが、これはカントがこの用語に与えている多くの意味の一つである。(6)この意味における超越論的な議論では、ある命題pが真であると仮定するならば、pが真でありうるための条件は、別の命題qもまた真であるべきであるような条件である。この事例では、さまざまな話し手／聴き手たちによって公的に共有されるような、知性によって理解できる論述がある、と仮定する。人びとは実際に世界の中の公的な対象や事態について公的な言語で意思疎通《コミュニケート》していると仮定する。こうして、そのような意思疎通が可能であるような条件は、直接実在論のかたちをとることが示される。議論の鍵は、感覚与件仮説が公的に利用できる物質的対象の世界を個人的な感覚与件の世界へとこっそりと還元しているのを見て取ることである。私の感覚与件を経験できるのは私だけだ。あなたの感覚与件を経験できるのはあなただけだ。しかし、では、どうやって私たちは公的な言語で同じ対象について語れるのだろうか？　要するに、いったいどうやって私たちは公的な対象について互いにうまく意思疎通できるのだろうか？　もし物質的対象が感覚与件に還元でき、私がアクセスできる感覚与件が自分の感覚与件だけだとしたら、公的な物質的対象についてあなたと私はけっして意思疎通できないだろう。

議論のステップはこうだ。

一　私たちは少なくともある場合には他の人と首尾よく意思疎通していると仮定する。

二　その意思疎通の形式は、ある公的な言語において公的に利用できる意味という形式をとる。具体的に言えば、私が「このテーブルは木製だ」と言う場合、私はあなたがその言葉を私と同じように理解するだろうと想定している。さもなければ、私たちはうまく意思疎通できない。

三　しかし、公的な言語を用いてうまく意思疎通するためには、私たちは共通で、公的に利用できる指示対象を想定しなくてはならない。たとえば、私が「このテーブル」という表現を使う場合、私はあなたがその表現を私が意図したように理解すると想定しなくてはならない。つまり、私たちはともに同じテーブルを指し示しており、あなたが「このテーブル」という私の発話を理解する場合、あなたは私によるその発話を、同じこの状況であなた自身が「このテーブル」と発話するさいに指し示すのと同じ対象（このテーブル）を指し示しているものとして受け取るということを仮定しなければならない。

四　このことは、あなたと私がまったく同じ対象に対する知覚的なアクセスを共有しているということを含意している。別の言い方をすれば、あなたと私がともに同一の公的な対象を見る、あるいは知覚していると想定しなければならないということである。公的しかし、その公的な世界を公的に使用できるようにしているものとはまさに、私がここで擁護しようとしている直接実在論である。感覚与件仮説──より一般には現象主義──の問題は、この仮説が感覚与件の私秘性《プライヴァシー》を無視することだ。人は公的に利用できる対象を見ているのではなく、感覚与件を見ているのだと主張するなら、それは独我論と同じくただちに以下のようになるだろう。私がなにかを語ろうとするさい、原則として自分が認識的に利用できる対象についてのみ意味のあることを語れるとすれば、そして、認識的に利用できる対象が私秘的な感覚与件だけだとしたら、私には公的な言語でうまく意思疎通する手立てはないことになる。なぜなら、同一の指示対象について他の話し手と共有できる方法がないのだから。先に、公的な言語は公的な世界を前提としていると述べたが、その意味は以上のとおりだ。しかし、そうした公的な世界という前提こそは、まさに私が擁護してきた素朴実在論である。素朴実在論の正しさを証明することはできない。むしろ、公的な言語において素朴実在論を否定することは理解不可能な営みであるということが証明されたのである。

第一一章　自己

デカルトの名高いスローガン、「われ思う、ゆえにわれ在り」の中の「われ」は、なにを指しているのだろうか？　デカルトにとって、「われ」とは決して私の身体のことではない。それは私の心、つまり私を本質的にかたちづくる心的実体を指している。だとすれば、デカルト的二元論による心の本性にかんする説明が、哲学的に受け入れられるようなものではないことがわかる。しかし、二元論を拒否するとしても、なお重大な問題が残されている。「正確に言って自己とはなにか？」「私を私たらしめるような、私にかんする事実とはなにか？」。現代の哲学者の多くは――つい最近までの私もここに含まれる――、この問題については事実上ヒュームによって決着がついたと考えていた。経験の継起と、そうした経験が生じる場所である身体に加えて、さらに自己なるものが存在するわけではない。ヒュームは言う。もし私が自分の内面に目を転じて、そこに私を本質的にかたちづくるようななんらかの存在者を発見しようとしたとしても、私が見出すのは特定の経験群だけである。経験のほかに自己のようななにかが存在するわけではない。

自己については、ある程度区別して考えられるいくつかの問題がある。ここでは本章の目的に沿って、問題を三つの系列に区分しよう。

Ⅰ　自己にかんする三つの問題

1　人格の同一性の基準

哲学で古くからずっと議論されている問題はこういうものである。「ある人が生涯をつうじてさまざまな変化を経るにもかかわらず、なお同じその人でありつづけるのは、どのような事実によるのか？」。たとえば私の場合で言うと、私は過去数十年間をつうじて数多くの変化をくぐり抜けてきた。私の身体は以前とは違うし、新しく物事を学び、古いことを忘れた。私の能力や嗜好《しこう》はさまざまなかたちで変化したが、こうした変化をつうじて私が同一人物でありつづけていることには疑問の余地がない。私には名前があり、何十年か前から私の家に住んでいる者と同一人物である。だが、これまで述べてきたような出来事の継起や変化が、すべてほかならぬ同一人物の人生に起こる出来事であるのは、どのような事実によるのだろうか？

2　心理学的性質が帰属する主体

知覚、行為、反省などをかたちづくる心理的出来事の継起と、それらの心理的出来事が生じる場所である身体のほかに、なにかを仮定する必要があるだろうか？

まだこの問題をきちんと論じてこなかったので、追ってより正確に述べることにしたい。ここでの要点は、次のように一般的な疑問を提起しておくことだ。「私の実際の思考や感覚、そしてそれらが生じる身体のほかに、さらにこれらの出来事の主体となるようななにごとか、つまり「私」という存在者を仮定する必要があるのだろうか？」。本書で一貫して主張してきたように、少なくとも私の一部は物理的な身体から構成されており、その身体は心的現象の継起――意識状態と、意識状態をつくりだす無意識的な脳の過程――を含んでいる。このことには誰もが同意するとしよう。問題は次のことだ。「それ以外になにか仮定しなければならないものはあるだろうか？」「もしあるとしたら、それはなにか？」。私が知るかぎり、現代の哲学者のほとんどは、「それ以外にはなにも仮定する必要がない」と考えるヒュームに同意している。しかしこれまでのところ本書で、私は「仮定する必要がある」という結論に義理立てしてきた。なぜそうしてきたのかを本章で説明しようと思う。

3　私を私にするもの

この問いは、現代ではしばしば、私の特定の人格《パーソナリティ》をかたちづくり、現にある私という人間をつくりあげる社会的・心理的・文化的・生物学的な力にかかわる問題だと考えられている。いわゆる「同一性《アイデンティティ》」という概念は「アイデンティティの政治」「文化的アイデンティティ」といった表現で、広く会話でも用いられているが、この同一性概念が人格をかたちづくる文化的・生物学的な源泉にかかわっている。これは本章第一節と同じく第二節で扱った人格の同一性の概念とは違う意味をもっているように思える。つまりこの場合の同一性とは、時間をつうじた存在や自己の同一性をめぐる形而上学的な問題というよりも、むしろ性格や人格といったものと関係がある。

本章では、右の第一節と第二節で挙げた問題群に取り組む。人格の問題を差し置いたとしても、それらの問題が十分に難しい次第を見ることになるだろう。

Ⅱ　人格の同一性に固有の問題

同一性をめぐる問題は哲学の歴史と同じくらい古い。だが人格の同一性については格別の問題があるようだ。おそらくこの問題の歴史においてもっとも名高い難問は、「テセウ

ス の船」の例だろう。(1) 一隻の木造船がある。その木造船は時とともに全体的に徐々につくりかえられる。その間も船はずっと航行するし、船を操舵して地中海周辺を運航する乗組員たちもいる。しかし、船を構成する板は徐々に張り替えられ、しまいにはもともと使われていた板が一枚もなくなってしまう。それでもこれは同一の船なのだろうか？ ほとんどの人はそれが同一の船だと感じるのではないかと思う。船としての機能が時間的空間的に継続していること、それが同一の船であることを保証するのに十分な理由だと感じるのではないだろうか。というのも船という概念は、結局のところ機能にかかわる概念だからだ。ではここでこう考えたらどうか。誰かがその木造船の板の張り替えで捨てられた板を全部集めて、もともとその船が造られていた材料だけを使って船を建造したとする。この結果できあがる第二の船に使われている板はすべてかつてオリジナルの船に使われていたものと同一である。このとき、もともと最初にあったのはどちらの船だろうか？ 船としての機能を〔オリジナルの船以来〕維持している船のほうだろうか。それとも材料を〔オリジナルの船から〕引き継いだ船のほうだろうか？ 哲学ではよくみられることだが、こうした議論では、いま私が伝えた事実のほかに、同一性に関係する事実がさらにあるにちがいないと想定するために誤りに陥ることになる。この問題には語りそこね伝えもらした事実など存在しないと私には思える。どちらの船をオリジナルと呼ぶかは、私たち次第だ。たとえば、「誰がこの船を所有しているのか？」「税金は誰が払うのか？」「どちらの船に入渠《にゅうきょ》の権利があるのか?」など、こうしたことが非常に重要な問題になる場面もあるかもしれない。とはいえ、どちらの船がオリジナルと同一なのか、という問題をめぐって、いま私が述べた事実以外のことで疑問が生じる余地はない。

人格の同一性をめぐる問題には、テセウスの船の例に似たものがいくつかある。だが人格の同一性の場合には、これらの古い例にはない特別な問題があるように感じられる。私たちにとって、「自分が自分であること」はなにか特別なかたちであらわれるし、そのような一人称的な経験こそが自分の同一性にとって本質的なものであり、三人称的な現象は多かれ少なかれ二次的なものだと感じる傾向がある。たとえば、ある朝目覚めたときに自分がまったく違う身体にいるということがどのようなことか、それを誰もが理解できるように感じる。フランツ・カフカの小説(2)『変身』のグレーゴル・ザムザのように身体の外見がまったく変わってしまったとして、たとえ他人を説得できなくても、自分がかつては違った身体をもっていたあの人物と同一であることが自分にはわかるのではないかと感じる。この例をより具体的に示すために、脳の移植が可能となり、私の脳がジョーンズの身体に移植され、ジョーンズの脳が私の身体に移植されると仮定してみよう。私の観点からすれば、私の脳(したがって私)はいまや違う身体に座を占めてはいるが、やはり自分がかつてとまったく同じ人物であると思うだろう。このことに疑問の余地はないはずだ。確かに、他人を説得するのは難しいかもしれない。だが少なくとも一人称的な観点からは、私が自分自身を、かつては違う身体を占め、いまはジョーンズの身体を占めている同一人物だと考えるだろうことに疑問の余地はない。

次のような事例を考えるとさらに困惑する。私の心的能力がすべて、脳の両半球で同様に実現されているものと想像してみよう。ここで、脳の二つの半球をそれぞれ違う身体に移植するとする。もともとの身体は破棄され、いまや二つの身体にそれぞれの脳半球が収まることになる。結果として生じた二つの人格――そういう表現ができるとしてだが――のうち、どちらが私だろうか。この事例は、たったいま述べたことがそのまま事の真相であるという点で、テセウスの事例と似ているように思える。つまり、ナンバー1とナンバー2がいずれも私であるということには、同等の理由がある。あるいは、以前はただ一人だった人物がいまや二人になった、と言いたくなるかもしれない。これは、一つのアメーバが二つに分裂する事例に似ているからだ。だがこの事例でさえ、一人称の視点にこそ事の真相があるにちがいないと感じる。仮に私がこの分裂の結果生じた二人のうちの一人だとしたら、「私はいまでも、かつてと同様、同じかけがえのない私だ。他人がなんと言おうが気にしないさ」と感じるだろう。問題は、もう一方の私もまったく同じように正当化し同じ確信をもつだろうということだ。そして両方とも正しいということはありえない。

概念を現実世界へ適用するさいに、しばしばある種の規則性が前提されているということがある。「船」「家」「木」「自動車」「犬」といった概念もそうだし「人格の同一性」という気まぐれな概念も同様だ。「人格の同一性」という概念を現実に適用することに通常問題は生じない。なぜなら、一人称の基準と三人称の基準は合致する傾向にあるからだ。この二つの基準がするどく分裂することはない。だがそれらがするどく分裂するSF的世界をたやすく想像してみることができる。融合と分裂が当たり前であるような世界を考えてみよう。つまり、通りを歩いている人びとが突然一つの身体に融合する、といったことが日常的に生じるような世界を想像してみてほしい。あるいは分裂でいえば、一人の人物をオリジナルの身体として、そこから五人の同一人物が分裂するさまを想像してみよう。こんな事例が当たり前であるような世界では、人格の同一性という概念に重大な問題が生じるだろう。そこではもはや人格の同一性という概念は現実に適用できないように思われる。

Ⅲ　人格の同一性の基準

今日出会う人物が過去に出会ったどの人物と同一なのかを判断する。たとえばこうした場合に人びとが日常的に採用している基準を実際に見てみると、人格の同一性という概念を構成する基準が少なくとも四つあるのがわかる。そのうち二つは三人称からの視点で、一つは一人称からの視点、そして残る一つは一人称と三人称の混ぜ合わさった視点である。

検討してみよう。

1　身体の時間的空間的な連続性

私の身体は、七〇年前に生まれた幼児と時間的空間的に連続している。人びとが私を同一人物だと認める場面でなによりも頼りにするのは、この時間的空間的な連続性である。とはいえ、私の身体が時間的空間的に連続しているからといって、私の身体を構成しているミクロな要素もまた時間的空間的に連続しているわけではない点に注意していただきたい。分子レヴェルで見ると、私の身体の要素は絶えず入れ替わっている。私の身体を構成する分子は、私が生まれたときとはまったく異なっている。だが、それにもかかわらず私の身体は生まれたときの身体と時間的空間的に連続しているので、マクロに見ればいまもなお同じ身体なのである。

2　身体構造の相対的な時間的連続性

私の身体構造は過去数十年間にわたって変化している――私は成長し、歳をとっている――にもかかわらず、私が同じ人間だということは容易に認識される。仮にグレーゴル・ザムザのように、朝起きてみたら私が大きな虫に変身していたとする。あるいは、突然ゾウやキリンに変身した、というのでもよい。こんなとき、変身後の私を依然として JRS

(John R. Searle)と呼んでくれる人がいるかどうか、まったく覚束ない。そう考えると、空間と時間(の変化)を通して維持される連続体のまことに厳然たる連続性に加えて、この時間的空間的な対象が経験する時間的空間的な変化には、ある種の構造的な規則性があるのを認める必要があるように思える。

なぜ人格の同一性について特別な問題が生じるのかといえば、以上の二つの条件が、私の一人称的な視点にとっては不十分であるように見えるためだ。たとえ第三者が姿の変わった私を見て、それを私だと認めようとしないとしても、それでもやはり私は内面の一人称的な視点から、自分が自分だとわかるという自信がある。たとえ私の身体がゾウやキリンになったり、親指サイズに縮んでしまったとしても、それにもかかわらず、私は私であるのを第三者に証すことができるだろうという確信を抱いている。だが、これらはいったいどんな基準なのだろうか?

次に一人称という基準を検討しよう。

3 記憶

私の内面的な視点から見ると、意識状態の継続するシーケンスがあり、このシーケンスは、過去に生じた意識経験をいつでも思い出せるという能力によって繋ぎ合わされているように思える。多くの哲学者は――中でももっとも有名なのはロックだが――意識状態の継続するシークェンスこそが人格の同一性にとって本質的な要素だと考えた。なぜ身体の同一性だけでは足りないのか。たとえば「目覚めたら自分が以前とは似ても似つかぬ姿に変身していた」という場合でも、私にしてみれば変身した後の身体も依然として自分だということには疑問の余地がない。意識状態の継起するシークェンスを要請することで、こうした場合を想像しやすくなると思われるからだ。〔変身しようとも〕依然として意識状態のシークェンスの一部としての経験が私にはある。そこには過去の意識状態にまつわる記憶の経験が含まれている。ロックはこれこそが人格の同一性にとって本質的な特徴であると主張した。[3]ロックはそれを「意識」と呼んだが、彼はそれによって「記憶」を意味していたと一般には解釈されている。トマス・リードとヒュームは[4]「記憶どうしの関係は推移的ではない」と指摘すれば、ロックの主張を論駁できると考えた。たとえば、年老いた将軍がいるとする。老将軍はかつて副官だったころの出来事を覚えているかもしれないし、また、その若き副官時代の彼は幼少時代の出来事を覚えていたかもしれない。だが、年老いた将軍は、幼少時代のことをもはや覚えていないかもしれない、というわけだ。確かにリードとヒュームの言い分は正しかった。とはいえ一人称の視点から見ると、「記憶によって結びつけられた私の意識状態のシークェンスは、自分が特定の個人として存在しているという私の感覚にとって本質的なものだ」という件の主張にたいして、「人がものを忘れる」という事実をもちだしても、それを反駁できるだけの効力があるようには見えない。

4　人格の連続性

これはおそらく他の三つほどは重要ではない。しかし、それでもなお私の人格と傾向にはある種の相対的な連続性がある。もし私が明日の朝起きたときに、死の直前のダイアナ妃とまったく同じように感じたりふるまったりするとしたら、私が「本当に同一人物」かどうかが疑わしくなるだろう。実例にあたってみよう。フィニアス・ゲージの有名な臨床例がある。彼が鉄道工事の現場で作業をしていたときのことだ。事故で鉄の棒がゲージの脳を貫通し、彼は脳に損傷を受けた。ゲージは奇跡的に一命をとりとめたものの、彼の人格はがらりと変わってしまった。かつては陽気で楽しい人だったのだが、事故の後では意地悪で疑い深く、邪悪で陰険な人になってしまった。ある意味でゲージは「別人」になってしまったと思うかもしれない。だがこの事例を記述するときに、同じ固有名詞を一貫して使っている点に注意してほしい。実際には、ここでフィニアス・ゲージについて議論していることに疑問はない。「彼は別人だ」といっても、「彼の所得税の支払い義務を誰が負うか」「誰が彼の家を所有しているのか」といった問題を解決する実際的な場面で問題になるような意味ではない。それでもやはり、彼の友人や家族は、「彼はもう「同じ人物ではない」」と感じるかもしれない。

先に述べたように、えてして私たちが概念を使うときには、ある概念が機能しうるようなさまざまな基準をそのつど採用していて、その暗黙の背景《バックグラウンド》的な前提が概念と両立するのが通例である。日常生活からなじみある事例をとりあげてみても、確かに概念と基準の両立が見てとれる。とはいえいくつかの難問がもちあがる。

Ⅳ　人格の同一性と記憶

人格の同一性という一人称的な概念では、記憶が本質的な役割を担っていると述べた。その次第をここに示そう。私はいま、過去の人生における意識経験について、意識的な記憶をもっている。また、私には過去の人生における意識経験について、膨大な量の意識的な記憶を呼び起こす能力がある。一人称的な視点から見ると、「私は時間をつうじてまさに同一の人物だ」という私の感覚は、その大部分が、過去の人生で意識に生じた出来事について、意識的な記憶をつくりだす私の能力によっている。

私の考えではこれは、ロックが「人格の同一性という概念では意識が本質的な機能を担っている」と主張したさいに意味していたことだ。しかし、ロックが本当にそのような意味で主張していたかどうかはともかく、記憶の連続性は少なくとも人格の同一性という概念の重要な要素である。ライプニッツも同様の指摘をしている。あなたは中国の皇帝になる代わりに、過去のすべての記憶の痕跡を失うと想像してみよう。ライプニッツは言う。

このように想像してみることと、あなたが存在しなくなって新しい中国の皇帝が生まれるのだと想像することのあいだにはなんのちがいもない、と。(5)

ロックの説明についてはたくさんの反論がある。多くの人が決定的だと考えているものをこれから説明し、応答してみたい。つまりこういうことだ。ロックの説明は循環的である。私たちがある行為者について、「その人が過去の人生で起きた出来事を思い出すことができる」と正しく言えるのは、現在のその人と過去の出来事が起きたときの当人とが同一であるという前提に立ったときだけである。しかし、だからといって人格の同一性を記憶という視点によっては説明できない。なぜなら、ここで問題になっている記憶は私たちが説明しようとしているまさにその同一性を前提としているからだ。より形式的には以下のように述べることができる。

時刻T_2における人物P_2が、それ以前の時刻T_1における人物P_1に起こった出来事を覚えているとき、そしてそのときにかぎり、時刻T_2における人物P_2は時刻T_1における人物P_1と同一である。ここで問題になっている出来事とは意識経験であり、覚えている〔記憶〕という経験はそれ自体意識経験である。

これが循環しているという主張は次のように正当化される。時刻T_2におけるP_2が時刻T_1におけるP_1に起こった出来事を本当に覚えているためには、単にその人がそれを覚えていると考えるのではなく、P_2はP_1と同一でなければならない。しかしもしそれが本当なら、私たちは同一性の主張や同一性の基準を正当化するために記憶を使うことはできない。なぜなら、私たちは記憶が妥当であるための必要条件として〔いましがたP_1とP_2についてそうしたように〕同一性を要請しているからだ。

この議論の要点を次のように例証できる。私がいま、嘘偽りなく「『純粋理性批判』を書いたのを覚えている」と言ったとしよう。これはどうやっても、私がイマヌエル・カントと同一人物だという見解を確証するはずがないし、支持するとも思えない。なぜなら私はイマヌエル・カントと同一人物ではなく、しかも『純粋理性批判』を書いたのはカントだから、私が『純粋理性批判』を書きえたはずがない、ということを人は知っているからだ。だがまったく同じように、「私はいま『言語行為』を書いたのを覚えている」と私が言ったとしても、それ自体としては私が『言語行為』の著者ジョン・サールと同一人物だということをどのようにも確証しない。なぜなら、私が『言語行為』を書いたのを正しく覚えている、ということがわかる前に、私がジョン・サールであると知っていなければならないからだ。二つの事例は厳密に並行している。この議論は、記憶が人格の同一性の本質的な部分であるという理論への反論として決定的なものだろうか？ 答えは、この理論がどのような問いに答えようとしているものと考えるかによると思う。もしこの理論が、「それらの基準が満たされれば「時刻T_2におけるP_2がそれより以前の時刻T_1におけるP_1と同一である」と認めることができる、そのような人格の同一性の基準とはなにか？」という問いに答えようとしているものだと考えるなら、その基準は挫折する。カントのものと推定される記憶をいくら私がたくさんもっていたとしても、私は依然としてカントではない。しかし、私にはこの理論が答えとなっているように思われる別の問いもある。それは一人称的な問いである。つまり、「私の身体の連続性に加えて、時間をつうじて連続的な存在者として「私が私であること」を感じさせるような、私についての、また私の個人的経験についての要素とはなにか？」という問いである。この問いについて言えば、私の記憶経験の連続性は、連続的な自己としての私自身という感覚にとって本質的な要素であるように思える。私と別の誰かがいるとする。私には私は私自身だという感覚があり、その人にはその人自身だという感覚がある。このとき、私は私自身だという私の感覚と、自分は自分自身だというその人の感覚がタイプ同一的であるような、そんな感覚をその人にもたらすタイプ同一的な個人的感覚というものがあるかもしれない。にもかかわらず私たちは同一人物ではない。しかし、私たちはそれぞれが連続的な自己としての自分自身という感覚をもっている。

V　非ヒューム的な自己

以上の議論はいずれも、「特定の心理的状態や心理的傾向のほかに、「自己」という概念は必要か」という問いを未解決のままにしている。「実際の経験の継起に加えてそれ以外の「自己」とか「人格の同一性」なるものが存在するわけではない」とロックやデカルトを批判したヒュームにたいし、現在ほとんどの哲学者が同意していると思う。自己をめぐるヒュームの懐疑論は、必然的結合と因果をめぐる彼の懐疑論に似ている。ヒュームは、人が経験するさまざまな知覚のすべてを統合するような、なんらかの諸印象の統合が見つかるかどうかを調べる。しかし、なんの不思議もないことだが、どんな諸印象の統合も見出すことができない。そこで彼はこう言うのだ。私が注意を内面に向けた場合、私が見出すのは特定の経験群だ。すなわち、「水を飲みたい」という欲求とか、かすかな頭痛とか、足裏を押す靴の感覚などである。だが、これら特定の経験群を措いてほかに自己の経験などはおよそ見つからない。結果として、私が自身に帰属させるどのような同一性も、特定の経験群の継起の結果であるにちがいない。私の自己を構成する特定の経験群を超えたなにかを想定するのは錯覚である、そう彼は言うのだ。ヒュームは、必然的結合にたいしてそうしたように、私たちが自己という経験を見出せないことが、あたかも私たちの側の悲しむべき失敗であるかのように語る。ちょうど必然的な結合の経験を見出せないのと同じ、というわけだ。しかし、前の事例で見たように、ヒュームはある種の経験の不在について、心理学的な主張ではなくて論理的な主張を行っているのだ。要点はこうだ。自己の経験と見なせるものなどなにもない。なぜなら私たちの経験はどれも、一生全体においてつづく経験でさえ、〈統合された自己という経験ではなく〉単に〈同じような〉もう一つの経験にすぎないからだ。私の意識活動の全般にわたって私の視野にはつねに黄色い斑点があったと想像してみよう。それは一つの自己であろうか？　いや、それは単なる黄色い斑点にすぎないだろう。なにかが自己という経験であるための、つまり、あらゆる経験を一つに結びつけるような経験であるための必要条件、それを満たせるものはなに一つ存在しない。ヒュームの議論は、その議論が照準を合わせたレヴェルでは、まったく説得的なものだと思う。また、多くの、いやほとんどの哲学者はヒュームの議論の効力にかんして私と意見が一致すると信じている。

だが不本意ながら、ヒュームはなにかを見落としているという結論に私は達した。そしてこれが二つ目の問題群につながることになる。つまり、「身体と経験の継起のほかに、さらになにかを仮定する必要があるだろうか？」という問題だ。私は「必要がある」という結論に達したのだ。経験の継起のほかに、自己なるものを無条件に仮定しなければならない。これからその仮定について議論しよう。

ここで「私は身体と経験の継起から成り立っている」というもともとの仮定に戻ろう。この経験の継起には、コーヒーの味や赤い色の見え方、窓から見えるサンフランシスコ湾の眺めといった事柄が含まれるだろう。なにか見落とされているものはあるだろうか？　見落としがある、と私は考える。まず最初に気づくのは、私が以前に指摘したものだ。私たちはばらばらの無秩序な経験をするのではない。むしろすべての経験はどんな瞬間においても、一つの統合された意識野の一部として経験される。さらに、時間をつうじて持続するその意識野の連続性は、その意識の所有者自身の意識の連続性として経験される。つまりこういうことだ。私は五分前の意識も、また五年前の意識さえ、いま現在の意識と分離して経験することはない。そうではなく、睡眠による中断を挟みながら、連続的な意識経験をもつ（哲学の議論では不当に評価されているが、人は眠っているあいだにも時間経過の感覚を維持しつづけている。つまり、少なくとも目覚めたときには、眠っているあいだにどれくらいの時間が経ったか――長い時間か短い時間か――という感覚をもつという意味なのだが、これは魅惑的な事実だ。もちろん、昏睡状態や全身麻酔された状態はこのかぎりではない）。

とにかく自己にかんする形式的な概念（「形式的」ということでなにを意味しているのかは後に述べよう）を措定する必要がある、と私に確信させた議論は、合理性、自由選択、意思決定、そして行為の理由づけといった概念と関係している。第七章で、理性的な人間の意思決定と行為にかんする志向的な説明は、標準的な因果的説明の形式とは異なる特有の論理形式をもつことに注意を向けた。たとえば次の二つの発言を対比してみよう。

1　私が無記名投票用紙にマークしたのは、ブッシュに投票したかったからだ。
2　私が腹痛に襲われたのは、ブッシュに投票したかったからだ。

議論のために、二つとも真実であり、適切な説明だと仮定しよう。とはいえこれらの論理形式はまったく異なっている。標準的な解釈では、二つめの発言は因果的な十分条件を述べている。この文脈では、「ブッシュに投票したい」という私の願望は、私に腹痛をもよおさせるのに十分であった。しかし、標準的な解釈によれば、一つめの発言は因果的な十分条件を述べていない。確かに私は「ブッシュに投票したい」という理由から投票用紙にマークした。だが、そのような理由がありながら、私はそうしなかった可能性もある。私は結局ブッシュに投票しないと決めたかもしれないし、投票をせずに投票所を去ったかもしれないし、他のさまざまなことをしたかもしれない。ここには難問があるように思える。私の行動を理由の観点から説明しているというのに、その理由による説明が因果的に十分条件とならないとしたら、この説明はどうしたら適切な説明になりうるのだろうか？十分条件がなければ、他のすべての条件がまったく同じであるような状況で、私が同様になしえたかもしれない他の多くのことをさしおいて、実際に行ったことの理由の説明が成り立たなくなってしまう。もし説明が因果的な十分条件を述べないとしたら、それは説明すべき現象を適切に説明できないだろう。だがこれにたいして、「その説明は私の観点から見て完全に適切なものだ」という決定的な回答がある。私が説明しているのは私のふるまいである。そしてなぜそうしたか、私は理由を挙げて自分のふるまいを説明できるのである。しかも、私の挙げる理由が因果的な十分条件を述べるものだという観点にいっさい立つことなく、可能なのである。それどころかことによっては、そうした理由による説明が因果的な十分条件を述べるものではないということを、私は完全に自覚しているかもしれない。

しかしそうだとすると、一つめの発言のような形式の言明をどのように解釈すればよいだろうか？　さらに言えば、行為に対する理由を挙げることによって、私の自由で自発的なふるまいを説明してくれる言明をどう解釈すればよいだろうか？　私の信じるかぎり答えはこうだ。決断したり行為を遂行したりする存在者には、ヒュームによって述べられた「知覚の束」[6]に加えてある種の形式的な制約が課せられている、と考えなくてはならない。私たちは、自由に行為できて、かつ行為に責任を負うことのできる合理的な自己あるいは行為者を措定しなければならない。経験の継起とそれが生じる身体に加えてなにかを措定しようとする動機を私たちに与えているのは、自由な行為、説明、責任、および理性といった諸概念の複合体である。より正確にいえば、自由で合理的な行為を説明するためには、ある一つの存在者Xを想定しなければならない。そのようなXには意識がある（すべての意識が含意されている）。Xは時間をつうじて存続する。Xは合理性の制約のもとで行為のための理由を形成し反省する。Xは自由という前提条件のもとで決断し、行為を開始し遂行する能力をもっている。そして、（ここまで述べたことにすでに含意されていることだが）

Xはその行為のうちの少なくともいくらかには責任を負う。

ヒュームは、そのような想定にたいして決定的な反駁をしたと考えていた。私はこのような自己、このようなXという経験をもっていない。もし私が内部に注意を向けて、私がいまもっている経験のすべてを検証した場合、そのいずれかを私が「自己」と呼ぶはずはない。私は背中にはシャツを感じ、口にはコーヒーの後味があり、昨夜からかすかに二日酔いの頭痛が残っており、窓の外の木々の風景を眺める。しかしこれらのどれも自己ではないし、自己とは見なされない。そうすると、この自己とはなんなのだろうか？　ヒュームは完全に正しいと思う。自己という存在者の経験はない。しかしそれは、そのようななんらかの存在者や形式的な原理を想定する必要がないということを意味しない。私はさらに進んで、私たちがどのような理由からそうした想定を強いられるのか、ここで問題になっている自己がどのような種類の存在者であるのかを探究しよう。

こうした問題について考えるには、それを工学的な問題として考えるというやり方が一つにはある。意識をもったロボットを設計しているとしよう。しかも、人間の理性的能力の全領域をそっくりそのままもったロボットを目指しているとする。つまり、そのロボットは自分が自由だという前提のもとで行為の理由を反省したり、決断を下したり、行為したりするということだ。では、ロボットになにを備えつけなければならないだろうか？

このロボットには意識がなければならない。まずこれが明らかに必要なことだ。さらに、その意識の形式は認知的なものでなければならない。それは、ロボットが知覚の入力を受け付け、知覚から受けた情報を意識的に処理し、行為に向けてその情報に基づいた理由づけを行わなければならないという意味だ。

このロボットがもつべき第二の特徴は、行為を開始する能力だろう。ときに「行為主体性《エージェンシー》」と呼ばれる能力である。これは意識的な知覚に付加されるべき能力だ。人間や各種の動物はこの固有の能力をもっている。この性質は、ある種の意識には備わっているが、すべての意識に備わっているわけではない。次の第三の特徴が決定的だ。意識を備えた理性的な行為者《エージェント》をつくったというからには、その行為者は「理由に基づいた行為」と言われるなにかを行うことができなければならない。理由に基づく行為という概念は、因果的になにかを引き起こすという概念とは異なる点で重要だ。これは先に行った例証における論点だった。つまり、「私はブッシュに投票したかったので腹痛を感じた」という主張と、「私は自由な行動をとり「ブッシュに投票したい」という願望に基づいて行為した」という二つの主張のちがいを先に例証しておいた。「〜に基づいて行為する」という概念は、先に述べた自由意志にかんする自由と決定論のギャップを前提としている。以上の段階を経れば、ロボットに意識を与えたことになる。ロボットには、意識的な知覚経験やその他の志向状態とともに、自らの志向状態や理性的な行為主体性を省みる能力が与えられたのだ。これが、自分は自由だという前提のもとで行為を遂行するために必要な固有の能力である。しかし、もしそれを首尾よく行うことができたなら、私たちはすでに自己を得ていることになる。私が記述している自己は純粋に形式的な概念である。つまり、それは特異なタイプの理性を必要としないし、特異なタイプの知覚もともなわない。むしろ自己とは形式的な概念であり、理性の制約のもとで志向性を組織する能力をともなっている。つまり、自発的で意図的な行為を遂行するといったやり方で志向性を組織するのだが、行為の理由づけはその行為を確定する上で因果的に十分ではないのである。

自己についてのこのような概念はなぜ「実質的」であるよりはむしろ「形式的」なのだろうか？　この問いに答えるために、自己と、それとは別のもう一つの形式的な概念とのアナロジーを引き合いに出したい。私が自分の視覚を理解するためには、それを「ある視点から生じるもの」として理解しなければならない。だが視点それ自体は私が見ているものでもなければ、なんらかのかたちで知覚しているものでもない。視点とは、私の経験の特徴を理解可能にするための純粋に形式的な要件なのである。視点それ自体はこの一つの形式的な制約、つまり私の経験がそこから生じる点であるはずだ、という制約以外にはなんら実質的な特徴をもっていない。これと同様に、私が想定している自己という概念は純粋に形式的なものであるが、より複雑である。自己とは、一つの存在者が「自分は自由である」という前提に基づいて自発的な行為を行うために、意識、知覚、理性、行為を遂行する能力、知覚と理由を組織する能力を備えているような、そんな存在者であるはずだ。

もしこれらすべてを、たとえばロボットに備えつけたとしたら、それで一個の自己が得られたことになる。

いまや、自己の観念の他にもさまざまな人間の性質についての説明が可能になる。そのうちの二つはとくに人間の自己という概念にとって中心的なものだ。一つは「責任」である。私が行為を遂行するさい責任を負うわけだが、それにともなって、賞罰、非難、報酬、正義、賞賛、糾弾といった諸問題が、他の場合にはないようなある種の意味をもつようになる。第二に、いまや理性的な動物が時間にたいしてもつ特有の関係を説明することができる。私は時間をやりくりできるし、未来のために計画を立てられる。なぜなら、計画を立てることができるまさにその自己は、その計画を実行するために未来においても存在するだろうと考えられるからだ。

VI 結論

この章では、主に二つの問題にかかわってきた。一つめは、人格の同一性の基準である。言い換えれば、時間の経過や変化をつうじてある人を同一人物たらしめている事実とはなにか、ということだ。二つめに、経験の対象となるような自己というものが存在しない、という点でヒュームは正しかったものの、それにもかかわらず、形式的あるいは論理的には自己という概念が必要である、つまり、経験の特徴を理解するためには、経験のほかに自己というものを想定する必要がある、という議論を提示してみた。ここまでの議論に不満はない。だが私は、その議論が十分な射程をもっていない点について、大いに不満である。また私はその議論に決着をつける方法を現に知らない。これにかんして気がかりなことが二つある。一つは、ヒュームにかんする根本的な困難が、彼の原子論的な経験概念にあったということだ。ヒュームは、経験とは必ず、彼が「印象」や「観念」と名づけた個別の単位として生じると考えた。しかし私たちはそれが誤っているのを知っている。私が強調してきたように、私たちは全体的な、統合された意識野をもっている。その意識野では、経験はいついかなる時も、また通時的にもたいへん秩序だった複雑な構造へと組織だてられている。ゲシュタルト心理学は、知覚経験の非原子論的な性質というよりは、全体論的な性質にかんする数多の証拠をもたらしてくれた。二つめの気がかりな点は、私たちの経験の重要な性質が「自己の感覚」と呼べるようなものだという事実を、どのように説明したらよいかわからないということだ。これを説明するには、「私が私である」と感じるようななにかが、確かに存在している」というのが一つの方法だ。また、あなたがあなたであると感じるようななにかが存在するのを、あなたが見てとる一つの方法は、あなたがまったくの他人になったとしたらどんな感じがするはずなのか、と想像してみることだ。アドルフ・ヒトラーやナポレオン、あるいはジョージ・ワシントンになるのはどんな感じか、想像してみよう。この想像のエクササイズで重要なのは、ズルをして「アドルフ・ヒトラーやその他の状況に置かれた自分」を想像しないことだ。あなたは「アドルフ・ヒトラーの役割を演じる自分」ではなく、むしろ「アドルフ・ヒトラーであるとはどのようなことか」を想像しなければならない。このような想像をしてみると、あなたが普段もっている、他の自己ならぬこの自己であるようなあなたの自己、その感覚とはまったく異なる経験を想像することになると思う。しかしもちろん、自己という感覚が存在するからといって、人格の同一性の問題が解決するわけではない。私が私であると感じるなにかが存在するとしても、そのことは同じ経験をもつ誰もが私と同一人物であることを保証するのに十分ではない。なぜなら、「私であるとはどのようなことかという感覚」と私が呼んでいる経験と、タイプ同一的な経験を他の誰もがもつことがありうるからだ。自己という私の感覚は確かに存在している。しかしそれは人格の同一性の問題に解決をもたらさない。また自己とは、自由で合理的な行為が可能であると説明するにさいしても、ヒュームの説明に補足する必要があると述べておいた、純粋に形式的な要件を具体化するのに十分なものではない。したがって、本章は自己というものにかんする議論のはじまりではあるが、ほんのはじまりにすぎず、それ以上のものではない。

おわりに——哲学と科学的世界観

以上で、私は本書の冒頭で自分に課した仕事を終える。私は心的現象を自然世界の一部として位置づけるべく心の説明を提示しようと試みた。意識、志向性、自由意志、心的因果、知覚、意図的行為等々、心にかんするあらゆる側面において、本書の説明は自然主義的なものだ。第一に、この説明は心的現象を自然の一部としてのみ扱う。意識や志向性は、光合成や消化のような自然世界の一部として考えられるべきである。第二に、心的現象を因果的に説明するために用いられる説明装置は、自然を全体として説明するために必要な装置と同一である。心的現象の説明が試みられるレヴェルは、素粒子物理学のレヴェルというよりは生物学のレヴェルである。なぜなら、意識やその他の心的現象は生物学的な現象だからだ。意識やその他の心的現象は、生物学的な過程から生み出される、ある種の生物の器官に固有のものである。もちろん、こう述べたからといって、個々人の心が文化によってかたちづくられるということを否定するわけではない。文化は生物学の対極にあるものではない。むしろ、文化とは生物学的現象が異なる界《コミュニティ》においてとる形式である。

ある文化は、別の文化と異なっているだろう。しかしそのちがいには限度がある。それぞれの文化は、人間という種に共通の生物学的基盤から生まれるさまざまな特徴の表現であるにちがいない。自然と文化とのあいだには長期にわたる衝突はありえない。もし両者のあいだに衝突があるとしたら、自然はつねに勝ち、文化はつねに負けるだろうからだ。

人はときおり「科学的世界観」について、それがあたかも事物がどのようにして他のものとともにあるのかにかんする一つの見解であるかのように、また、あたかもあらゆる種類の世界観がある中で「科学」がその一つを提供しているかのように語る。一方でこれは正しい。しかし他方でこれは誤解を招きもする。実際になんらかの誤りを示唆している。同一の現実《リアリティ》を、さまざまな関心を念頭におきながら眺めることができる。経済的な観点、美学的な観点、政治的な観点といった観点がある。この意味では、科学的研究は数ある観点のなかの一つにすぎない。しかしながら、この考え方をこう解釈する方法もある。つまり、それが示唆するのは、科学は固有の存在論的領域を名指すものだと考えるということだ。それはまるで、あたかも日常的な現実とはちがう科学的な現実が存在していると語るに等しい。これはおおいに誤っていると思う。本書で暗に示してきた見解をいま明らかにしておこうと思うが、科学は存在論的な領域を名指すものではない。科学とはむしろ系統的な探究のためのなにものかを見つけ出すための方法群を名指している。たとえば、「水素原子は一つの電子をもつ」という事実は、「科学的方法」と呼ばれるなにごとかによって発見された。しかし、いったん発見された後には、その事実はもはや科学の所有物ではない。それは完全に公共の財産となる。これは他のさまざまな事実と同様である。だから、もし私たちが現実や真実に関心をもっているとしても、「科学的な現実」とか「科学的な真実」といったものが実際に存在するわけではない。たんに私たちが知ることになる事実があるだけだ。こうした点に気づき損ねたせいで、哲学においてどれほど多くの混乱が生じてきたことか。たとえば、科学が仮定した存在者の実在性について、しばしば議論が戦わされる。そしてそのさい、こうした存在者は存在するかしないかのどちらかだとされる。この問題について私が抱いているのは次のような見解である。つまり、「水素原子は一つの電子をもつ」という事実は、「私には鼻が一つある」という事実と同様の事実だということである。進化上のまったく偶発的な理由により、私が鼻を一つだけもっているのを発見するためにはいかなる専門的な助力も要しない。他方で私たちの身体構造と水素原子の構造を考慮するなら、水素原子にいくつの電子が含まれているのかを発見するためには相当数の専門家による学術調査を要する。ちがうのはその点だけである。

科学的世界のようなものは存在しない。むしろ、ただ世界があるのみである。私たちは、世界がどのように働くのかを記述し、世界における自分たちの状況を記述しようとしているだけだ。私たちが知るかぎりでは、そのもっとも根本的な原則は、原子物理学と進化生物学——私たち人間がおおいにかかわりをもっているのはそのほんの片隅である進化生物学——によって与えられる。私が従事してきた研究は、二つの基礎的な原理に依拠している。第一に、現実においてもっとも基礎的な存在者は原子物理学によって記述されるものであるという考え。第二に、生物学上のさまざまな動物と同様に人間は長期——おそらく五〇億年程度——にわたる進化の産物であるという考えだ。いったんこれらの論点を受け入れたなら、そしてこれが科学にかんする論点であるばかりでなく、世界がどのように働いているかにかんする論点なのだとしたら、人間の心をめぐるいくつかの問題には、いくぶんシンプルな哲学的回答を与える余地が出てくる。たとえそれが神経生物学によるシンプルな回答が与えられることを含意していないとしても。

私たちは複数の世界に生きているわけではない。また、二つの異なった世界——心的な世界と物理的な世界、科学的な世界と日常的な世界——にまたがって生きているわけでもない。そうではなく、ただ一つの世界があるだけだ。そこは私たち全員が住む世界である。私たちには、自分たちが世界の一部としてどのように存在しているのかを説明する必要があるのだ。

原註

はじめに――この本を書いたわけ

＊1　ジョン・R・サール『ディスカバー・マインド！――哲学の挑戦』宮原勇訳、筑摩書房、二〇〇八（J. R. Searle, *The Rediscovery of the Mind*, Cambridge, MA: MIT Press, 1992）

第一章　心の哲学が抱える一二の問題

＊1　私の解釈だけが、唯一理にかなったデカルト解釈だと示唆したいのではない。むしろ、ここに示した解釈はこのテーマの歴史のなかでもっとも大きな影響力をもってきたものであると主張しているのである。

＊2　G・ライル『心の概念』坂本百大ほか訳、みすず書房、一九八七（G. Ryle, *The Concept of Mind*, Hutchinson, 1949）

＊3　バートランド・ラッセルは次のように述べている。「独我論に反対する議論は、第一に、それを信じることは心理的に不可能であり、それを主張しているつもりの人でさえ実際にはそれを拒否しているということである。私はかつて、すぐれた論理学者であるクリスティン・ラッド・フランクリン女史から、自分は独我論者だが、自分のほかに独我論者が一人もいないのに驚いたという手紙をもらった」。B・ラッセル『人間の知識I――その範囲と限界』鎮目恭夫訳、バートランド・

ラッセル著作集九、みすず書房、一九六〇、二八三頁（B. Russell, *Human Knowledge: Its Scope and Limits*, London: Allen and Unwin, 1948, p. 180）

第二章　唯物論への転回

＊1　カール・R・ポパー、ジョン・C・エクルズ『自我と脳』大村裕ほか訳、新思索社、二〇〇五（K. Popper and J. C. Eccles, *The Self and Its Brain*, Berlin: Springer, 1977）

＊2　ジョン・C・エックルス『自己はどのように脳をコントロールするか』大野忠雄ほか訳、シュプリンガー・フェアラーク東京、一九九八、三頁（J. C. Eccles, *How the Self Controls Its Brain*, Berlin: Springer Verlag, 1994, p. 5）

＊3　前掲書、七九頁（p. 69）

＊4　H. Stapp, *The Mindful Universe*（近刊）

＊5　観念論の古典的な主張には、ジョージ・バークリー『人知原理論』宮武昭訳、ちくま学芸文庫、二〇一八（G. Berkeley, *A Treatise Concerning the Principles of Human Knowledge*, 1710）がある。

＊6　H・ファイグル『こころともの』伊藤笏康ほか訳、双書プロブレーマタ、勁草書房、一九八九（H. Feigl, "The 'Mental' and the 'Physical'," in H. Feigl, M. Scriven and G. Maxwell, eds., *Minnesota Studies in the Philosophy of Science*, vol. 2, Minneapolis: University of Minnesota Press, 1958）

＊7　D・チャーマーズ『意識する心——脳と精神の根本理論を求めて』林一訳、白揚社、二〇〇一（D. Chalmers, *The Conscious Mind: In Search of a Fundamental Theory*, Oxford: Oxford University Press, 1996）

＊8　よく知られた論理的行動主義者としては、『心の概念』（一九四九）の著者G・ライル、C.

Hempel, "The Logical Analysis of Psychology," in N. Block, ed., *Readings in Philosophy of Psychology*, vol. I, Cambridge, MA: Harvard University Press, 1980を参照されたい。

＊9 この引用の確かな出典を見つけられなかった。これはオグデンとリチャーズがワトソンを「全般的な知覚麻痺のふり」と戯画化したのをうけた脚色ではないかと思う。C・K・オグデン、I・A・リチャーズ『意味の意味』石橋幸太郎訳、新泉社、一九六七、六六頁（C. K. Ogden and I. A. Richards, *The Meaning of Meaning*, 1926, London: Harcourt Brace and Company, 1949, p. 23）

＊10 同一説については三つの古典的な主張がある。U. T. Place, "Is consciousness a brain process?" *British Journal of Psychology*, vol. 47, no. 1, 1956, pp. 44-50. J. J. C. Smart, "Sensations and Brain Processes," in D. Rosenthal, ed., *The Nature of Mind*, New York: Oxford University Press, 1991, pp. 169-176. H・ファイグル『こころともの』伊藤笏康ほか訳、双書プロブレーマタ、勁草書房、一九八九（H. Feigl, "The 'mental' and the 'physical'," *Minnesota Studies in the Philosophy of Science*）

＊11 この反論やこれを支持するものについては、J. J. C. Smart, "Sensations and Brain Processes," in D. Rosenthal, ed., *The Nature of Mind* で論じられている。

＊12 この反論はとりわけ、J. T. Stevenson, "Sensations and Brain Processes: A reply to J. J. C. Smart," in C. V. Borst, ed., *The Mind/Brain Identity Theory*, New York: St. Martin's Press, 1970, pp. 87-92によって示された。

＊13 G. Maxwell, "Unity of Consciousness and Mind-Brain Identity," in J. C. Eccles, ed., *Mind and Brain: The Many Faceted Problems*, Washington: Paragon House, 1974, pp. 233-237

＊14 この反論は、スマートのオリジナル論文〔本章原註10参照〕と、J. J. C. Smart, "Further Remarks on Sensations and Brain Processes," in Borst, *The Mind/Brain Identity Theory*, pp. 93–94で論じられた。

＊15　ジョン・R・サール『ディスカバー・マインド！——哲学の挑戦』宮原勇訳、筑摩書房、二〇〇八（J. R. Searle, *The Rediscovery of the Mind*, Cambridge, MA: MIT Press, 1992）

＊16　N. Block, "Troubles with Functionalism," in C. Wade Savage, ed., *Minnesota Studies in the Philosophy of Science*, vol. 9, Mineapolis: University of Minnesota Press, 1978, pp. 261–325

＊17　機能主義の初期の擁護者としては、H・パトナム、D・ルイス、D・アームストロングがいる。H. Putnam, "The Nature of Mental States," in Block, *Readings in Philosophy of Psychology*, pp. 220–231, D. Lewis, "Psychophysical and Theoretical Identifications," in Block, *Readings in Philosophy of Psychology*, D. Lewis, "Mad Pain and Martian Pain," in Block, *Readings in Philosophy of Psychology*, pp. 207–222, D・アームストロング『心の唯物論』鈴木登訳、双書プロブレーマタ、勁草書房、一九九六（D. Armstrong, *A Materialist Theory of the Mind*, London: Routledge, 1993）を参照。

＊18　P・N・ジョンソン＝レアード『メンタルモデル——言語・推論・意識の認知科学』海保博之監修、産業図書、一九八八（P. N. Johnson-Laird, *The Computer and the Mind*, Cambridge, MA: Harvard University Press, 1988）と『心のシミュレーション——ジョンソン＝レアードの認知科学入門』海保博之ほか訳、新曜社認知科学選書、一九八九（*Mental Models: Towards a Cognitive Science of Language, Inference, and Consciousness*, Cambridge, MA: Harvard University Press, 1983）を参照。

＊19　消去主義は、はじめR・ローティとP・ファイヤアーベントによって主張された。最近の提唱

者には、ポール・チャーチランドがいる。P. Feyerabend, "Mental Events and the Brain," *Journal of Philosophy*, 1963, pp. 295-296, R. Rorty, "Mind-Body Identity, Privacy, and Categories," in D. Rosenthal, ed., *Materialism and the Mind-Body Problem*, Englewood Cliffs, NJ: Prentice-Hall, 1971, pp. 174-199, ポール・M・チャーチランド「消去的唯物論と命題的態度」関森隆史訳、信原幸弘編『シリーズ心の哲学Ⅲ　翻訳篇』勁草書房、二〇〇四、第四章（P. M. Churchland, "Eliminative Materialism and the Propositional Attitudes," in Rosenthal, *The Nature of Mind*）を参照せよ。

*20　ドナルド・デイヴィドソン「心的出来事」（D. Davidson, "Mental Events"）。同論文は『行為と出来事』服部裕幸ほか訳、勁草書房、一九九〇、二六二―二二七頁（*Essays on Actions and Events*, Oxford: Oxford University Press, 1980, pp. 207-227）に再録されている。

*21　ポール・M・チャーチランド「消去的唯物論と命題的態度」関森隆史訳、信原幸弘編『シリーズ心の哲学Ⅲ　翻訳篇』勁草書房、二〇〇四、第四章（P. M. Churchland, "Eliminative Materialism and the Propositional Attitudes," in Rosenthal, *The Nature of Mind*, p. 603）

第三章　唯物論への反論

*1　T・ネーゲル「コウモリであるとはどのようなことか」、D・R・ホフスタッター、D・C・デネット編『マインズ・アイ――コンピュータ時代の「心」と「私」（下）』坂本百大ほか訳、TBSブリタニカ、一九九二（T. Nagel "What Is It Like to Be a Bat?" *Philosophical Review*, vol. 83, 1974, pp. 435-450）。この論文は、David Chalmers, ed., *The Philosophy of Mind: Classical and Contemporary Readings*, New York: Oxford University Press, 2002 に再録されている。

*2　F. Jackson, "What Mary Didn't Know," *Journal of Philosophy*, vol. 83, 1986, pp. 291-295. この

論文は、T. O'Connor and D. Robb, eds., *Philosophy of mind*, New York: Routledge, 2003 に再録されている。F. Jackson, "Epiphenomenal Qualia," *Philosophical Quarterly*, vol. 32, 1982, pp. 127–136. 同論文は、Chalmers, *Philosophy of Mind* に再録されている。

＊3　N. Block, "Troubles with Functionalism," *Minnesota Studies in the Philosophy of Science*, vol. 9, Minneapolis: Minnesota University Press, 1978, pp. 261–325. 同論文は、N. Block ed., *Readings in Philosophy of Psychology*, Cambridge, MA: Harvard University Press, 1980, pp. 268–305 に再録されている。

＊4　S・A・クリプキ『名指しと必然性――様相の形而上学と心身問題』八木沢敬ほか訳、産業図書、一九八五（S. A. Kripke, *Naming and Necessity*, Cambridge, MA: Harvard University Press, 1980）。関連する部分が Chalmers, *Philosophy of Mind*, pp. 329–332 に再録されている。

＊5　J・R・サール「心・脳・プログラム」（J. R. Searle, "Minds, Brains, and Programs," *Behavioral and Brain Sciences*, 3, 1980, pp. 417–424）を参照。O'Connor and Robb, *Philosophy of Mind*, pp. 332–352 のほか多数の出版物に再録されている（邦訳は、D・R・ホフスタッター、D・C・デネット編『マインズ・アイ――コンピュータ時代の「心」と「私」（下）』坂本百大ほか訳、TBSブリタニカ、一九九二に収録）。

＊6　H・ドレイファス『コンピュータには何ができないか――哲学的人工知能批判』黒崎政男訳、産業図書、一九九二（H. Dreyfus, *What Computers Can't Do*, rev. ed., New York: Harper & Row, 1979）を参照。

＊7　ジョン・R・サール『ディスカバー・マインド！――哲学の挑戦』宮原勇訳、筑摩書房、二〇〇八（J. R. Searle, *The Rediscovery of the Mind*, Cambridge, MA: MIT Press, 1992）

＊8　T. Nagel, "Armstrong on the Mind," in Block, *Readings in Philosophy of Psychology*, 1980, p. 205

＊9　W・V・O・クワインは、『ことばと対象』大出晁ほか訳、双書プロブレーマタ、勁草書房、一九八四（W. V. O. Quine, *Word and Object*, Cambridge, MA: Harvard University Press, 1962）で、識別可能な意味のちがいを識別するのに行動は不適当であることを示した。彼は、その反論が行動主義による意味にかんする説明については議論倒れであるとは考えていなかった。クワインの見解にかんする批評としては、J. R. Searle, "Indeterminacy, Empiricism, and the First Person," *Journal of Philosophy*, vol. 84, no. 3, March, 1987, pp. 123-147を参照。同論文は、J. R. Searle, *Consciousness and Language*, Cambridge: Cambridge University Press, 2002にも再録されている。

＊10　C. McGinn, "Anomalous Monism and Kripke's Cartesian Intuitions," in Block, *Readings in Philosophy of Psychology*, pp. 156-158

＊11　D. Dennett, "Back from the Drawing Board," in B. Dahlbom, *Dennett and His Critics*, Cambridge, MA: Routledge, 1993, p. 211

第四章　意識I——意識と心身問題

＊1　D・チャーマーズ『意識する心——脳と精神の根本理論を求めて』林一訳、白揚社、二〇〇一、一五三—一五六頁（D. Chalmers, *The Conscious Mind: In Search of a Fundamental Theory*, Oxford: Oxford University Press, 1996, pp. 115-121）

＊2　T. Huxley, "On the Hypothesis that Animals Are Automata and Its History," in D. M. Armstrong, *The Mind-Body Problem: An Opinionated Introduction*, Boulder: Westview Press, 1999,

p. 148

＊3　ジェグォン・キム『物理世界のなかの心――心身問題と心的因果』太田雅子訳、双書現代哲学、勁草書房、二〇〇六、六一頁（J. Kim, *Mind in a Physical World*, Cambridge, MA: MIT Press, 1998, p. 44）

＊4　このリストの初期のものについては、H・ファイグル『こころともの』伊藤笏康ほか訳、双書プロブレーマタ、勁草書房、一九八九（H. Feigl, "The 'Mental' and the 'Physical'," *Minnesota Studies in the Philosophy of Science*, vol. 2, eds. H. Fiegl, M. Scriven, and G. Maxwell, Minneapolis: University of Minnesota Press, 1958）を参照。

＊5　J. Kim, *Philosophy of Mind*, Boulder: Westview Press, 1998, p. 59

第五章　意識Ⅱ――意識の構造と神経生物学

＊1　たとえば、C. R. Noback and R. J. Demarest, *The Nervous System: Introduction and Review*, New York: McGraw-Hill, 1977 の痛みと熱にかんする章（第五章）を参照。

＊2　M・S・ガザニガ『社会的脳――心のネットワークの発見』杉下守弘ほか訳、青土社、一九八七（M. S. Gazzaniga, *The Social Brain: Discovering the Networks of the Mind*, New York: Basic Books, 1985）

＊3　ワイルダー・ペンフィールド『脳と心の正体』塚田裕三ほか訳、文化放送開発センター出版部、一九七七、一三三頁（W. Penfield, *The Mystery of the Mind: A Critical Study of Consciousness and the Human Brain*, Princeton: Princeton University Press, 1975, p. 76）

＊4　D・デネット『解明される意識』山口泰司訳、青土社、一九九八（D. Dennet, *Consciousness*

Explained, Boston: Little, Brown and Company, 1991)。もっと具体的に言うと、デネットは、意識とはコネクショニストのアーキテクチャに実装された仮想《ヴァーチュアル》的なフォン・ノイマン・マシンだと述べている（たとえば第七章第七節「意識という名のミーム複合体――ヴァーチャル・マシーンの設置」を参照）。

*5 トマス・ネーゲル『どこでもないところからの眺め』中村昇ほか訳、春秋社、二〇〇九（T. Nagel, *The View from Nowhere*, Oxford: Oxford University Press, 1986）

*6 C. McGinn, "Can We Solve the Mind-Body Problem?" *Mind*, vol. 98, 1989, pp. 349-356

*7 ジェグォン・キム「随伴的かつ付随的な因果」金杉武司訳、信原幸弘編『シリーズ心の哲学Ⅲ　翻訳篇』勁草書房、二〇〇四、第一章（J. Kim, "Epiphenomenal and Supervenient Causation," *Midwest Studies in Philosophy* vol. 9, 1984, pp. 257-270）

*8 D・チャーマーズ『意識する心――脳と精神の根本理論を求めて』林一訳、白揚社、二〇〇一（D. Chalmers, *The Conscious Mind: In Search of a Fundamental Theory*, Oxford: Oxford University Press, 1996）

*9 クリストフ・コッホ『意識の探求――神経科学からのアプローチ』土谷尚嗣ほか訳、岩波書店、二〇〇六（C. Koch, *The Quest for Consciousness: A Neurobiological Approach*, Englewood, CO: Roberts and Co., 2004）

第六章　志向性

*1 D. Dennett, "The Intentional Stance," in *Brainstorms: Philosophical Essays on Mind and Psychology*, Montgomery, VT: Bradford Books, 1978

＊2　J・R・サール『志向性――心の哲学』坂本百大監訳、誠信書房、一九九七（J. R. Searle, *Intentionality: An Essay in the Philosophy of Mind*, Cambridge: Cambridge University Press, 1983）

＊3　H・パトナム「「意味」の意味」、大出晁監修『精神と世界に関する方法』紀伊國屋書店、一九七五（H. Putnum, "The Meaning of 'Meaning'," in K. Gunderson, ed., *Language, Mind, and Knowledge*, Minneapolis: University of Minnesota Press, 1975, pp. 131-193）。抜粋がD. Chalmers, ed., *Philosophy of Mind: Classical and Contemporary Readings*, New York: Oxford University Press, 2002に収録されている。

＊4　D. Chalmers, *Philosophy of Mind*, p. 587

＊5　タイラー・バージ「個体主義と心的なもの」前田高弘訳、信原幸弘編『シリーズ心の哲学Ⅲ 翻訳篇』勁草書房、二〇〇四、第五章（T. Burge, "Individualism and the Mental," *Midwest Studies in Philosophy*, vol. 4, 1979）。抜粋がD. Chalmers, ed., *Philosophy of Mind: Classical and Contemporary Readings*, New York: Oxford University Press, 2002に収録されている。

第七章　心的因果

＊1　D・ヒューム『人間本性論』伊勢俊彦ほか訳、法政大学出版局、二〇一一―一二（D. Hume, *A Treatise of Human Nature*, ed. L. A. Selby-Bigge, Oxford: Clarendon Press, 1951）〔邦訳には『人性論』岩波文庫、『中公バックス 世界の名著 第三二巻 ロック ヒューム』中央公論社、抄訳などもある〕。

＊2　ワイルダー・ペンフィールド『脳と心の正体』塚田裕三ほか訳、文化放送開発センター出版部、一九七七、一三二頁（W. Penfield, *The Mystery of the Mind*, Princeton: Princeton University

Press, 1975, p. 76)

＊3 ジェグォン・キム『物理世界のなかの心——心身問題と心的因果』太田雅子訳、双書現代哲学、勁草書房、二〇〇六（J. Kim, *Mind in a Physical World*, Cambridge, MA: MIT Press, 1998）

＊4 J. Kim, "Causality, Identity, and Supervenience in the Mind-Body Problem," *Midwest Studies in Philosophy*, vol. 4, 1979, P. 47

第八章　自由意志

＊1 D. N. Wegner, *The Illusion of Conscious Will*, Cambridge, MA: MIT Press, 2003

第九章　無意識と行動

＊1 S・フロイト「あるヒステリー患者の分析の断片」、細木照敏ほか訳『フロイト著作集 第五巻』人文書院、一九六九（原論文の発表は一九〇五年）。

＊2 ジョン・R・サール『ディスカバー・マインド！——哲学の挑戦』宮原勇訳、筑摩書房、二〇〇八（J. R. Searle, *The Rediscovery of the Mind*, Cambridge, MA: MIT Perss, 1992）

＊3 L・ウィトゲンシュタイン『哲学探究』藤本隆志訳、ウィトゲンシュタイン全集8、大修館書店、一九七六（*Philosophische Untersuchungen*, 1953）。また、ソール・A・クリプキ『ウィトゲンシュタインのパラドックス——規則・私的言語・他人の心』黒崎宏訳、産業図書、一九八三（S. Kripke, *Wittgenstein on Rules and Private Language*, Cambridge, MA: Harvard University Press, 1982）も参照。

第一〇章　知覚

＊1　バートランド・ラッセル『意味と真偽性——言語哲学的研究』毛利可信訳、文化評論出版、一九七三（B. Russell, *An Inquiry into Meaning and Truth*, London: Allen and Unwin, 1940, p. 15）

＊2　錯覚の論法のさまざまな意見についての解説としては、A・J・エア『経験的知識の基礎』神野慧一郎ほか訳、双書プロブレーマタ、勁草書房、一九九一（A. J. Ayer, *The Foundations of Empirical Knowledge*, London: Macmillan, 1953）を参照のこと。

＊3　D・ヒューム『人間本性論』第一巻、木曾好能訳、法政大学出版局、二〇一一、二四三頁（D. Hume, *A Treatise of Human Nature*, ed., L. A. Selby-Bigge, Oxford: Clarendon Press, 1951, pp. 210–211）

＊4　J・ロック『人間知性論』大槻春彦訳、岩波文庫、一九七二―七七（J. Locke, *An Essay Concerning Human Understanding*, ed. A. S. Pringle-Pattison, Oxford: Clarendon Press, 1924, p. 67）〔第二巻第八章〕

＊5　M. Bauerlein, *Literary Criticism: An Autopsy*, Philadelphia: University of Pennsylvania Press, 1997

＊6　J・L・オースティン『知覚の言語——センスとセンシビリア』丹治信春ほか訳、双書プロブレーマタ、勁草書房、一九八四（J. L. Austin, *Sense and Sensibilia*, Oxford: Oxford University Press, 1962）

訳註

はじめに――この本を書いたわけ

（1）「二元主義」（dualism）、「唯物主義」（materialism）、「汎心主義」（panpsychism）は多くの場合、「二元論」「唯物論」「汎心論」と訳される。ここでは「主義（イズム）」という言葉が名称にはいった理論が話題になっているので、文脈にあわせてすべて「～主義」と訳出した。以下では「二元論」「唯物論」「汎心論」と訳す。ただし、「二重相貌理論」は原文でも dual-aspect theory である。

（2）mental を「心的」、physical を「物理的」と訳す。physical には、「物的」「物質的」あるいは「身体的」という意味もある。なお本訳書で用いる「物質的」は material の訳語。

（3）還元とは、ある事柄（心的なもの）をそれとは別の、より基礎的な事柄（物理的なもの）で記述すること。また、消去という語は、目下存在すると考えられている事柄（心的なもの）がじつは存在しないもの、ないと考えて差し支えないもの（あるのは物理的なものだけ）という意味で用いられている。

第一章　心の哲学が抱える一二の問題

（1）古代ギリシアの哲学者アリストテレスに由来する哲学の分類の一つ。個々の存在者ではなく存在一般の原理を探究する哲学の部門（形而上学）。詳細はアリストテレス『形而上学』出隆訳、岩波文庫、一九五九―六一を参照されたい。アリストテレス以後も、哲学の根本部門はしばしば「第一哲学」と称されるが、なにを根本的とするかによってその内容は異なる。

(2) 人間の知識や認識のあり方やその限界を探究する理論。

(3) 経験的、実証的に心のしくみや働きを研究する心理学。一六世紀から一九世紀に発展した経験心理学や連合心理学、二〇世紀の行動主義心理学などがある。

(4) externalism を「外在主義」と訳す。人が心の状態をもつためにはそれが外部世界となんらかの関係をもっていなければならない、とする考え方。第六章で詳述されている。

(5) mind を「心」、soul を「魂」と訳す。soul は、ギリシア語の psyche やラテン語の anima に対応する英語で、「心」(mind) よりも広い意味をもち、生死観や宗教的な意味で使われることがある。

(6) ルネ・デカルト (René Descartes. 一五九六―一六五〇)。フランスの哲学者。二元論を明確に提示したことで、以後の哲学や科学に大きな影響を与えた。数学（デカルト座標の考案）や自然科学に該当する仕事も多数ある。邦訳に『デカルト著作集』全四巻、白水社、一九九三などがある。

(7) substances を「実体」と訳す。デカルトの「実体」とは、存在するために他のものを必要とせず、それ自体で存在するものを指す。

(8) entities を「存在者」、文脈によって「存在物」と訳す。

(9) アリストテレス (Aristotele. 前三八四―前三二二)。古代ギリシアの哲学者。プラトンに師事し、哲学をはじめとして神学、倫理学、論理学、修辞学、自然学、生物学、政治学など広範にわたる学問を切り拓いたことから、しばしば「万学の祖」と称される。ここで話題になっている用語は

『形而上学』などで論じられている。邦訳に『アリストテレス全集』全一七巻、岩波書店、一九六八―一九七三、あるいは『新版 アリストテレス全集』全二〇巻、岩波書店、二〇一三から刊行中などがある。

(10) 原語はbody。この言葉には日本語でいう「身体」と「物体」がともに含まれる。

(11) 形状や状態がさまざまに変化しうること。

(12) selfを「自己」と訳す。場合によっては「自我」と訳されることもある。たとえば、ポパーとエクルズの『自我と脳』の「自我」など。

(13) ギルバート・ライル (Gilbert Ryle, 一九〇〇—七六)。イングランドの哲学者。著作に『心の概念』坂本百大ほか訳、みすず書房、一九八七 (G. Ryle, *The Concept of Mind*, Hutchinson, 1949)、『ジレンマ——日常言語の哲学』篠澤和久訳、勁草書房、一九九七 (*Dilemmas*, Cambridge University Press, 1954)、『思考について』坂本百大ほか訳、みすず書房、一九九七 (*On Thinking*, Blackwell, 1979) などがある。

(14) 古代ギリシアのイデア (idea) に由来する概念。デカルトは心と物体を区別したが、心の働きである思惟の対象となるものを「観念」と名づけた。

(15) 形而上学《メタフィジクス》はアリストテレスの書物『形而上学《メタフィシカ》』に由来する。後世、アリストテレスの著作集が編まれたさいに存在論の巻が『自然学《フィシカ》』の後に置かれたことから、「タ・メタ・タ・フィシカ」(タはギリシア語の冠詞)＝メタフィシカと称された。日本語訳の「形而上」とは、『易経』からとられたもので、感覚を超えて思考や知性によってとらえられる抽象的な物事を意味する(対になるのが「形而下」で、こちらは感覚される自然現象のこと)。アリストテレスに由来する「形而上学」は、個々の具体的な存在者ではなく、あらゆる存在者の普遍的な原理や特質を探究する存在そのものについての学、つまり存在論を指す。ここで問題となっている「心的なもの」「物理的なもの」とは、いずれも存在者（実体）にかんする存在論的なカテゴリーであるために、「形而上学的領域」と言われている。本章訳註1「第一哲学」の項目も参照。

(16) 感覚によって意識にあらわれる外界の像のこと。

(17) 電子や陽子、中性子、あるいはそれ以下の大きさのミクロな物体（素粒子）の性質を説明する物理学の理論体系。量子物理学が扱う素粒子は、粒子の性質と同時に波の性質を呈するが、これはニュートン力学（古典力学）ではうまく説明できない。

(18) 量子力学で対象とする素粒子においては、粒子の位置と運動量を同時に正確に測定できない。量子力学ではこれを「不確定性」と呼ぶが、この訳語は uncertainty に由来する。不確定という言葉には「確かでない」というニュアンスがある。しかし、粒子の位置と運動量は人間から見て測定できないだけで確定していないわけではない。そのような紛らわしさがあるため、uncertainty ではなく、ここでサールが採用している indeterminacy が用いられることもある。これは直訳すれば「非決定性」となる。本書においても「非決定性」とする。

(19) 具体的にはニュートン力学のこと。

(20) ドイツ語の Intentionalität は、心的現象を物理的現象から区別する基準のなかで最も重要なものとして、心理学者ブレンターノや哲学者フッサールらによって導入された。本訳書では、intend を「意図する」、intention を「意図」、intentionality を「志向性」と訳す。intentionality にも「意図」の意味が含まれているが、本書では「志向性」と訳す。

(21) 心的状態は脳の状態に「随伴」（epi-）する「現象」（phenomenon）とする考え方。

(22) 松果体（pineal body）、上生体（epiphysis）ともいう。脊椎動物の中脳から突き出ている、まつぼっくりに似たかたちをした器官。神経と内分泌腺の性質をあわせもっている。

(23) ジョン・エクルズ(John Carew Eccles, 一九〇三―九七)。オーストラリアの生理学者。神経生理学、とくにシナプスの情報伝達についての研究で有名。一九六三年、ノーベル生理学・医学賞を受賞。科学哲学者カール・ポパーとともに二元論の論陣を張った著書に、『自我と脳』大村裕ほか訳、新思索社、二〇〇五(K. R. Popper, J. C. Eccles, *The Self And Its Brain*, Springer-Verlag, 1977)など。エックルス、エックルズなどと表記されることもある。

(24) 運動機能を補助する役割を果たす運動野の一部。左右の手や足を協調させるなど、体性感覚の処理に関係しているとされる。

(25) ここでサールが言及している「水夫」のたとえは、デカルトの『省察』(*Meditationes de Prima Philosophia*, 1641)の「第六省察」にあらわれる。邦訳書では、『デカルト著作集』第二巻、所雄章訳、白水社、一〇三頁、あるいは、『省察』三木清訳、岩波文庫、一一七頁を参照。

(26) ヒューム(David Hume, 一七一一―七六)。スコットランド出身の哲学者。第七章訳註1を参照。

(27) リヒテンベルク(Georg Christoph Lichtenberg, 一七四二―九九)。ドイツの物理学者。「リヒテンベルク図形」と呼ばれる放電図形の発見など、実験物理学において優れた業績を残した。現代ではむしろ没後に出版されたアフォリズム集によってその名を知られる。邦訳に、池内紀編訳『リヒテンベルク先生の控え帖』平凡社ライブラリー、一九九六がある。

(28) ここで簡略に述べられている立場は、第四章「意識I」第二節「心身問題の解決」において「生物学的自然主義」として詳述されている。

第二章　唯物論への転回

(1) カール・ポパー (Karl Raimund Popper, 一九〇二—一九九四)。ウィーン生まれの哲学者 (後にイングランドに帰化)。『探究の論理』(一九三四／英語増補版『科学的発見の論理』一九五八) で反証主義を提唱し、科学哲学に大きな影響を与えた。エクルズとの共著『自我と脳』では二元論の擁護を展開している。ポパーについては小河原誠『ポパー——批判的合理主義』現代思想の冒険者たち一四、講談社、一九九七などを参照。

(2) エクルズについては、第一章訳註23を参照。

(3) 量子力学によれば、電子や中性子のような素粒子は、粒子としての性質のほかに波としての性質を示す。たとえば人間が電子の位置を観測によって特定しないとき、電子が存在する位置は「ここに見出される確率はいくら、そちらに見出される確率はいくら」というふうに、複数の確率の重ね合わさった状態にある。このような空間の各点における粒子の状態を記述するのが波動関数と呼ばれる関数で、この関数の時間変化を記述したものがシュレーディンガーの波動方程式。ところで、観測前は確率的にしか位置がわからない電子も、観測することで「ここにある」と特定できる。このように観測によって、観測以前は確率的な重ね合わせだった状態が確定することを、波動関数の収縮 (または崩壊) と呼ぶ。意識を成り立たせているしくみに、この量子力学的な現象がかかわっていると考える研究者もいる。

(4) エディントン (Arthur Stanley Eddington, 一八八二—一九四四)。イングランドの天体物理学者。恒星の内部構造にかんする仕事で知られる。

(5) デイヴィッド・チャーマーズ (David J. Chalmers, 一九六六—)。オーストラリア出身の哲学者。『意識する心——脳と精神の根本理論を求めて』(一九九六) でクオリアこそが心脳問題随一の問うべき問題(ハード・プロブレム)であると宣言し、自らもクオリアの解明に取り組んでいる。
(6) 日本語の哲学の文脈ではideaは「観念」と訳されるが、英語のideaは、日常的には「考え」「思いつき」「アイデア」という意味をもつ。このためサールは「言葉の専門的な意味での」と注意を促している。
(7) ジョン・B・ワトソン(John B. Watson, 一八七八—一九五八)。アメリカの心理学者。動物心理学の研究から人間の心理学の研究へ移行。心理学の主題を「意識」だと考える従来の「内観的心理学」を批判し、心理学の主題を観察可能な行動に限定する「行動主義心理学」を提唱した。主著に『行動主義の心理学』安田一郎訳、現代思想選書六、河出書房新社、一九八〇(John B. Watson, *Behaviorism*, Norton & Company, 1924; 1930)がある。
(8) B・F・スキナー(Burrhus Frederick Skinner, 一九〇四—九〇)。アメリカの心理学者。スキナー箱と呼ばれる実験装置の考案をはじめ、心理を実験的な行動分析の観点から考察した。スキナーの立場は、しばしば新行動主義と呼ばれる。邦訳に、『人間と社会の省察——行動分析学の視点から』岩本隆茂ほか訳、勁草書房、一九九六(*Upon Further Reflection*, 1987)、『科学と人間行動』河合伊六ほか訳、二瓶社、二〇〇三(*Science and Human Behavior*, 1953)などがある。
(9) statementを「言明」と訳す。「命題」(「XはYである」というかたちの文)と同じ意味で用いられる場合もあるが、「命題」が文の意味内容だけを指すのにたいして、「言明」は文にくわえて発話者も含むとして、「命題」と区別する立場もある。つまり、「この本はよい本だ」という文があるとして、これを具体的に誰が発話しているかということを含めて指す場合「言明」と呼び、発話者を問わず文の意味内容を指す場合、「命題」と呼ぶ。
(10) dispositionを「傾向性」と訳す。物や人間がそなえる潜在的な性質のこと。場合によっては

「傾性」という訳語も使われることがある。

(11) hypothetical を「仮言的」と訳す。仮言的な言明とは、ある仮定や条件がともなう言明のこと。これにたいして無条件な言明は「定言的（categorical）」と呼ばれる。

(12) ノーム・チョムスキー（Noam Chomsky, 一九二八―）。アメリカの言語学者。生成文法の提唱や体制批判的な政治的発言で知られる。チョムスキーは、一九五八年のアメリカ合衆国言語学会議において、当時アメリカで流行していた行動主義を批判した。

(13) I・A・リチャーズ（Ivor Armstrong Richards, 一八九三―一九七九）。イングランドの文学理論家、批評家。作者の名前も題名もわからないテキストに向かいあい、それを精緻に読み解く「実践批評」を提唱したことで知られる。

(14) グローヴァー・マクスウェル（Grover Maxwell, 一九一八―八一）。アメリカの哲学者、科学哲学者。ミネソタ大学で教鞭をとった。

(15) フランク・ラムジー（Frank Plumpton Ramsey, 一九〇三―三〇）。イングランドの数学者、論理学者、哲学者。数学、論理学、哲学、経済学など多方面で優れた仕事を残したが夭折。邦訳された作品に、D・H・メラー編『ラムジー哲学論文集』伊藤邦武ほか訳、勁草書房、一九九六がある。

(16) ラムジー文（Ramsey sentence）。ある理論に現れる文を、その理論の対象を示す名を使わずに「……という役割を担うなにか」と書き換えた文を「ラムジー文」という。

(17) 存在記号。特称記号とも。述語論理学の量記号の一種で、「ある個物xが存在する」ことを示す（∃）。

(18) コンピュータに対する命令の一単位を「ステップ（step）」と呼ぶ。コンピュータになにかを処理させるさい、プログラム（あらかじめ書かれた一連の命令）をつうじてコンピュータに命令を与える。このときプログラムは一連の命令で表現され、コンピュータは与えられたプログラムを一ステップずつ実行する。

(19) アラン・チューリング（Alan Mathison Turing, 一九一二—五四）。イングランドの論理学者、数学者。コンピュータの基礎をなす考察や実用化に大きく貢献した。また、第二次世界大戦時にはドイツの暗号解読に従事。戦後は、コンピュータ開発のほか、生物の形態などにも関心を寄せる。チューリング・マシンについては、星野力『甦るチューリング——コンピュータ科学に残された夢』NTT出版、二〇〇二の第二章を参照。

(20) アロンゾ・チャーチ（Alonzo Church, 一九〇三—九五）。アメリカの数学者、論理学者。ラムダ計算や、ここでサールが言及している「チャーチのテーゼ」の提唱者として知られる。

(21) ドナルド・デイヴィドソン（Donald Davidson, 一九一七—二〇〇三）。アメリカの哲学者。意味論と行為論を中心に言語哲学を研究。主著に『行為と出来事』勁草書房、一九九〇（*Essays on Actions and Events*, 1980）、『真理と解釈』勁草書房、一九九一（*Inquiries into Truth and Interpretation*, 1984）などがある。デイヴィドソンについては森本浩一『デイヴィドソン——「言語」なんて存在するのだろうか』NHK出版、二〇〇四、サイモン・エヴニン『デイヴィドソン——行為と言語の哲学』勁草書房、一九九六などを参照。

(22) フロギストン理論（theory of phlogiston）とは、燃焼現象を説明するために一八世紀に考案された仮説。ドイツの科学者ベッヒャー（一六三五—八二）が一六六九年に仮定した「油性の土」という元素を受けて、同じくドイツの医師・化学者のシュタール（一六六〇—一七三四）が、一七〇三年にフロギストンという元素を仮定した。フロギストンとは、「燃素」とも訳される仮説上の物質で、物質が燃えるとき、その物質からフロギストンが逃げることで燃焼が起こると考えられた。後にラヴォアジェ（一七四三―九四）によって否定された。

（23）非法則的一元論（anomalous monism）。デイヴィドソンが「心的出来事」（『行為と出来事』所収）で提示した見解。心的な出来事と物理的な出来事のあいだには、法則的な関係はない（タイプ的な同一性はない）が、心的な出来事は物理的な出来事であるとする。

第三章　唯物論への反論

（1）トマス・ネーゲル（Thomas Nagel, 一九三七―）。ユーゴスラヴィアに生まれる。アメリカの哲学者。倫理学、心の哲学、政治哲学を専門とする。邦訳に、『コウモリであるとはどのようなことか』永井均訳、勁草書房、一九八九（*Mortal Questions*, Cambridge University Press, 1979）、『哲学ってどんなこと?――とっても短い哲学入門』岡本裕一朗ほか訳、昭和堂、一九九三（*What Does It All Mean?: A Very Short Introduction to Philosophy*, Oxford University Press, 1987）などがある。

（2）フランク・ジャクソン（Frank Jackson, 一九四三―）。オーストラリアの哲学者。随伴現象説をとる。オーストラリア国立大学教授。

（3）ネッド・ブロック（Ned Block, 一九四二―）。アメリカの哲学者。心の哲学における代表的な論客のひとり。ニューヨーク大学教授。

（4）ステップ（step）については、第二章訳註18を参照。

（5）ソール・クリプキ（Saul Aaron Kripke, 一九四〇―）。アメリカの論理学者・哲学者。様相論理学の発展に貢献したほか、指示の因果説は言語哲学に大きな影響を与えた。邦訳された作品に

『名指しと必然性――様相の形而上学と心身問題』八木沢敬ほか訳、産業図書、一九八五（*Naming and Necessity*, Cambridge, MA: Harvard University Press, 1980）、『ウィトゲンシュタインのパラドックス』黒崎宏訳、産業図書、一九八三（*Wittgenstein on Rules and Private Language*, 1982）がある。飯田隆『規則と意味のパラドックス』ちくま学芸文庫、二〇一六は、『ウィトゲンシュタインのパラドックス』に焦点を絞ってクリプキの思想を解読している。

（6） identity statement を「同一性文」と訳す。「AはBである」という形式で、AとBが同一であることを示す文。ここで同一性文の、一方が固定されており他方が固定されていない、とは、「AはBである」という同一性文の要素のうち、Aが固定指示子でBが固定指示子ではない、などの場合を指している。

（7） サミュエル・クレメンス（Samuel Clemens）は、作家マーク・トウェインの本名。

（8） aspect を「アスペクト」とカタカナで音写する。ここでアスペクトとは、人が認知をするさいに対象となる事物がとるあらわれ方のこと。たとえば同じ金星が、ある時は「宵の明星」というアスペクトをとり、また別のときは「明けの明星」というアスペクトをとる。「様相」「相」「相貌」と訳されることもある。第六章を参照。

（9） aspectual shape を「アスペクト形態」と訳す。事物がある具体的なアスペクトをとるそのあり方を指す場合に、サールは「アスペクト形態」という言葉を用いている。

（10） ontological を「存在論的」と訳す。あらゆる存在者に共通の特徴や条件を探究する哲学の部門を「存在論」という。ここでは、存在者をどのような観点から見るかということについて、「一人称的・主観的」な観点と「三人称的・客観的」な観点のちがい、つまり、「存在論的」なちがいが論じられている。

(11) ダニエル・デネット (Daniel Clement Dennett 一九四二―)。アメリカの哲学者。認知科学や進化論を援用しながら一種の機能主義の立場から心の哲学を展開している。邦訳に、『「志向姿勢」の哲学――人は人の行動を読めるのか?』若島正ほか訳、白揚社、一九九六(*The Intentional Stance*, Bradford Books, 1987)、『解明される意識』山口泰司訳、青土社、一九九八(*Consciousness Explained*, Little, Brown & Company, 1991)、『ダーウィンの危険な思想』石川幹人ほか訳、青土社、二〇〇一(*Darwin's Dangerous Idea: Evolution and the Meanings of Life*, Simon & Schuster, 1995)、『心はどこにあるのか』土屋俊訳、ちくま学芸文庫、二〇一六(*Kinds of Minds: Towards an Understanding of Consciousness*, Basic Books, 1996)、『自由は進化する』山形浩生訳、NTT出版、二〇〇五(*Freedom Evolves*, Viking Press, 2003)などがある。

第四章　意識I――意識と心身問題

(1) 存在論とは、あらゆる存在者が共通で備える特徴や形式を探究する学問。アリストテレスによって創始された。カテゴリーとは、存在者のもっとも基本的なありかたをあらわす概念のこと。アリストテレスはカテゴリーとして「実体」「量」「質」「場所」「時間」などを挙げている。存在論的カテゴリーとは、存在者を特徴づける存在者の区別のこと。

(2) 自然が存在するもののすべてであり、心的現象を含む一切は自然科学の方法で説明できるとする哲学的立場。

(3) 近代科学において「万物理論」と言えば、物理学の四つの基本的な力(重力・強い相互作用・弱い相互作用・電磁気力)の統一を目指す理論を指す。ここでは、心的なものと物理的なものを統一的にとらえようとするサール自身の「生物学的自然主義」が「万物理論」にみたてられている。

(4) 二つの物体が同時に同じ空間を占められないという性質。
(5) 個々の要素間につながりがなく離ればなれになっている様子。
(6) ジェグォン・キム(Jaegwon Kim, 一九三四―)。アメリカの哲学者。心の哲学における代表的論客のひとり。ブラウン大学教授。邦訳に、『物理世界のなかの心』太田雅子訳、勁草書房、二〇〇六(*Mind in a Physical World*, 1998)、「随伴的かつ付随的な因果」金杉武司訳、『シリーズ心の哲学Ⅲ 翻訳篇』勁草書房、二〇〇四がある。
(7) 第三章「唯物論への反論」の「ソール・クリプキ――固定指示子」一一七頁を参照。
(8) 主語(S)と述語(P)の関係について、すべてのSについてPを否定する論理の形式を「全称否定」という。「すべてのSはPではない」というかたちをとる。ここでは、二元論が前提としている「物理的なものに還元できない心的なもの」つまり「物理的なものとは別にある心的なもの」について、そのような心的なものはまったく存在しない(「すべての〈物理的なものに還元できない心的なもの〉は存在しない」)というかたちをとる。

第五章 意識Ⅱ――意識の構造と神経生物学

(1) 存在そのものの意味や根元を考察する存在論的な見方と、知識の定義や起源、限界を考察する見方とのちがいが対照されている。
(2) transcendental unity of apperception を「統覚の超越論的統一」と訳す。直観に与えられる多様なものを結合し客観的対象とする作用をいう。カント『純粋理性批判(上)』篠田英雄訳、岩波文庫、一九六一、一八二頁を参照(第一巻第一部第二節「純粋悟性概念の先験的演繹」)。
(3) 右眼の視神経は脳の左葉に、左眼の視神経は右葉に入っていく。そのため視神経は交差している。これを視神経交叉という。
(4) ロジャー・スペリー (Roger Wolcott Sperry, 一九一三―九四)。アメリカの心理学者、神経学者。右脳と左脳の機能分化と統合の実証的研究で業績を残す。一九八一年にノーベル生理学・医学賞。
(5) マイケル・ガザニガ (Michael S. Gazzaniga, 一九三九―)。アメリカの認知神経科学者。ダートマス大学認知神経科学センター長。著書に『脳のなかの倫理――脳倫理学序説』梶山あゆみ訳、紀伊國屋書店、二〇〇六 (*The Ethical Brain*, Dana Press, 2005) など。
(6) 二〇世紀初頭、心理現象は要素の機械的結合からなるとする従来の心理学説にたいして、心理現象には要素の総和では説明できない全体性がある、と考える学説が提唱された。この心理現象が備える全体的な性質を「ゲシュタルト」と呼び、ゲシュタルトから心理を研究する立場は「ゲシュタルト心理学」と呼ばれる。創始期の研究者は、マックス・ウェルトハイマー (Max Wertheimer, 一八八〇―一九四三)、ヴォルフガング・ケーラー (Wolfgang Köhler, 一八八七―一九六七)、クルト・コフカ (Kurt Koffka, 一八八六―一九四一) など。W・ケーラー『ゲシタルト心理学入門』田中良久ほか訳、UP選書七六、東京大学出版会、一九七一、K・コフカ『ゲシュタルト心理学の原理』鈴木正弥訳、福村出版、一九九八などが邦訳されている。
(7) mysterian を「ミステリアン」とカタカナで表記する。直訳すれば「神秘主義者」とでもなろうが、哲学・思想史では mystic (神秘主義者) という言葉がここでの用法とは異なる伝統をもっており、宗教思想ともかかわって、人間を超えた絶対者との合一をめざす思想全般が広く「神秘主義」と呼ばれている。そこで、従来の用語と区別するために、ここでは「ミステリアン」という語を採用する。

(8) コリン・マッギン(Colin McGinn, 一九五〇―)。イングランドの哲学者。心の哲学と分析哲学を専門とする。心の哲学については、「認知的閉鎖説《コグニティヴ・クロージャー》」を提唱している。認知的閉鎖説とは、私たちには五感による知覚など、特定の認知能力が備わっているが、私たちが世界について理解できる事柄はこの認知の能力によって閉じられているという説。マッギンは、「意識」が「心身問題」のような難問を生じさせるのは、人間の認知に限界があり、意識が人間の認知の能力によっては把握できないものだからだ、と考える。関連する著作に『意識の〈神秘〉は解明できるか』石川幹人ほか訳、青土社、二〇〇一(Colin McGinn, *The Mysterious Flame: Conscious Minds in a Material World*, Basic Books, 1999)などがある。

(9) supervenience を、「付随性」あるいは「付随説」と訳す。「付随性」とはここでサールが解説している通り。この語は「スーパーヴィーニエンス」や「依存生起」などと訳されることもある。次段落で倫理学での用法が説明されているが、そこでは"supervenience"は「依存性」と訳されている。道徳の文脈に関連する場合は、「付随性〔依存性〕」と訳す。「付随性」については『事典 哲学の木』講談社、二〇〇二の「スーパービーニエンス」の項目(執筆=柏端達也)なども参照のこと。

(10) Neural Correlates of Consciousness の頭文字。「意識の神経的な相互作用」の意。

(11) building-block approach を「ビルディング・ブロック・アプローチ」、unified-field approach を「統合野アプローチ」と訳す。前者は「建築ブロック説」や「積木説」と訳されることもある。

第六章 志向性

(1) refer to を「指し示し」、reference を「指示」と訳す。

（2）intentionality-with-a-tを「ｔ字のインテンショナリティ（志向性）」、intensionality-with-an-sを「ｓ字のインテンショナリティ（内包性）」と訳す。英語では、intentionality（志向性）とintensionality（内包性）の綴りは一字しかちがわず紛らわしいためこのように強調されている。日本語では「志向性」「内包性」と訳されるので紛れはないが、with-a-tやwith-an-sと表記されている場合は、右のように訳す。

（3）speech actを「言語行為」と訳す。言葉は実際にある状況で発せられる（発話される）ことによって、なにがしかの機能をもつ。人は言葉を発することによって、事態を人に説明・伝達したり、仕事を依頼したり、約束を結んだり、とさまざまな行為を遂行する。このように言葉を用いる行為、言語による行為を言語行為《スピーチ・アクト》と呼ぶ。

（4）mind-to-world direction of fitを「心を世界へ適合させる方向」と訳す。

（5）world-to-mind direction of fitを「世界を心へ適合させる方向」と訳す。

（6）null direction of fitを「適合方向が無い」と訳す。

（7）causally self-referentialを「因果的な自己言及」と訳す。前述（本章訳註1）のとおり、本訳書では原則的にreferを「指し示し」、referenceを「指示」と訳している。この方針を貫徹すればcausally self-referentialも「自己指示的」となるが、「自己言及」を採る。『志向性』邦訳六六―六九頁参照。

（8）substitution testを「置換テスト」と訳す。なお、ここで付言されている「ライプニッツの法則」とは、「不可識別（弁別）者同一の原理」（le principe de l'identité des indiscernables）とも呼ばれるもので、たとえばライプニッツ『モナドロジー』第九節を参照。訳書には、『単子論』河野与一訳、岩波文庫、一九五一や『モナドロジー〈哲学の原理〉』西谷裕作訳、ライプニッツ著作集第九巻、工作舎、一九八九などがある。

（9）indexicalityを「指標性」、indexicalを「指標詞」と訳す。指標性とは、「私」や「今日」といった語のように、その言葉が用いられる文脈によって意味が変わる語の性質を示す概念。

（10）ヒラリー・パトナム（Hilary Putnam，一九二六―二〇一六）。アメリカの哲学者。論理学、科学哲学、言語哲学、心身問題など幅広い研究で知られる。邦訳作品に、『心・身体・世界――三つ撚りの綱／自然な実在論』野本和幸ほか訳、叢書・ウニベルシタス、法政大学出版局、二〇〇五、『理性・真理・歴史――内在的実在論の展開』野本和幸ほか訳、叢書・ウニベルシタス、法政大学出版局、一九九四、『実在論と理性』飯田隆ほか訳、勁草書房、一九九二など。

（11）タイラー・バージ（Tyler Burge，一九四六―）。アメリカの哲学者。言語哲学、心の哲学、フレーゲ研究などで知られる。邦訳論文に「個体主義と心的なもの」前田高弘訳、『シリーズ心の哲学Ⅲ　翻訳篇』勁草書房、二〇〇四がある。

（12）tharthritisを「門節炎」と訳す。関節炎（arthritis）の語頭に、thをつけた造語。

第七章　心的因果

（1）ヒューム（David Hume，一七一一―七六）。スコットランド出身の哲学者。ニュートンの自然学、ジョン・ロックの認識論を手がかりに、人間本性の解明を企てた『人間本性論』（一七三九―四〇）を刊行（『人性論』とも訳される）。人間が経験しうるものからいかにして経験しえないさまざまな観念（経験を超越したもの）をもつにいたるのかを探究した。

（2）causationを「因果」、causalityを「因果性」と訳す。

（3）「分析的」「総合的」という区別はカントによって明示された。「分析的」とは、ある言明の真偽を、その言明を分析（要素へと分解）することから判断できることを意味する。これにたいして「総合的」とは、ある言明の真偽を判断するさいに、言明だけを考察するだけでは判断できず、事実や経験と照合する必要があることを意味する。

（4） constant conjunction を「恒常的連接」と訳す。原因と結果が必然的に関係しあっているか否かということとは別に、単に事実としてある事象Aに別の事象Bがつづくということ（連接すること）が恒常的に観察されるさまをヒュームは「恒常的連接」と呼ぶ。「連接」であって「結合」ではないことに注意。ヒューム『人間本性論』第一巻第三部第一四節「必然的結合の観念について」法政大学出版局、第一巻、一八三―二〇三頁／岩波文庫版、第一分冊、二四〇―二六六頁／中公バックス版、四五二―四五七頁や、ヒューム『人間知性研究』斎藤繁雄ほか訳、法政大学出版局、二〇〇四の「第七章　必然的結合の観念について」（とりわけ、六六―六七頁）を参照。

（5） felt determination of the mind を「感じられる心の決定」と訳す。ヒュームの考えでは、原因と結果の必然的な結合は自然にあるのではなく、そのように感じる人間の心にある。「感じられる心の決定」とは、原因から結果への移行のように、ある物事から別の物事へと心が導かれる・結びつけるように心のなかで感じることを示している。ヒューム『人間本性論』第一巻第三部第一四節「必然的結合の観念について」（法政大学出版局版、第一巻、一九四―一九七頁）、ヒューム『人間知性研究』の「第七章　必然的結合の観念について」（六六―六七頁）を参照。

（6） ヒュームは『人間本性論』で、人間はどうして自分が経験していないことについての観念をもつことができるのか、という問いを立てている。そのしくみとしてヒュームは、人間が知覚や経験をつうじて受け取った「印象」が観念になると論じた。つまり、「必然的な結合」にかんする印象が存在しない、ということは、私たちは「必然的な結合」を経験しない、という意味である。

(7) エリザベス・アンスコム (Elizabeth Anscombe, 一九一九―二〇〇一)。イングランドの哲学者。ウィトゲンシュタインの高弟の一人。アリストテレス研究、ウィトゲンシュタインの遺稿編集と翻訳で知られる。著作に『インテンション――実践知の考察』菅豊彦訳、産業図書、一九八四 (*Intention*, Basil Blackwell, 1957) がある。

第八章　自由意志

(1) ウィリアム・ジェイムズ (William James, 一八四二―一九一〇)。アメリカの心理学者、哲学者。アメリカにおける実験心理学の創始者の一人。人間の認識を内省に基づいて考察する伝統的な認識論とは異なり、外的世界との関係のなかにある実践 (プラグマティズム) の観点から探究する。著作に『心理学原論』(*The Principles of Psychology*, 1890)、『宗教的経験の諸相』桝田啓三郎訳、岩波文庫、一九六九―七〇 (*The Varieties of Religious Experience*, 1902)、『プラグマティズム』桝田啓三郎訳、岩波文庫、一九五七 (*Pragmatism*, 1907)、『根本的経験論』桝田啓三郎ほか訳、イデー選書、白水社、一九九八 (*Essays in Radical Empiricism*, 1912)、『純粋経験の哲学』伊藤邦武訳、岩波文庫、二〇〇四などがある。

(2) ボトムアップな因果とは、システムのミクロな要素からマクロな要素へと因果が波及することを指す。具体的にはニューロンの発火のような神経生物学的なしくみ (ミクロ) から、ニューロンが連結しあった脳全体、ひいては脳を含む身体全体 (マクロ) のふるまいが決定され、その脳全体のふるまいから心理状態が決まる、という意味である。

(3) 生物の遺伝的特徴は遺伝子型によって決まる。この遺伝子型が色やかたちや大きさのような目に見える (観察できる) 形質としてあらわれたものを表現型という。

第九章　無意識と行動

（1）空間的に分布する量で、力や作用の伝達に関与するものを場、あるいは力の場と呼ぶ。電場や磁場など。

（2）フロイト（Sigmund Freud. 一八五六―一九三九）。精神分析の創始者。オーストリア出身。ウィーン大学医学部で神経病理学を研究し、神経病医として開業。ヒステリー患者の治療を試みるなかで、精神分析療法を考案。以後、無意識を中心に人間の精神を把握するためのさまざまな概念を打ち立てながら精神分析を深めた。日本語で読める文献は『フロイト著作集』全一一巻、人文書院ほか多数がある。

（3）ニーチェ（Friedrich Wilhelm Nietzsche. 一八四四―一九〇〇）。一九世紀ドイツの哲学者。『悲劇の誕生』（一八七二）を刊行。『ツァラトゥストラはこう言った』（一八八三―八五）、『道徳の系譜』（一八八七）など、同時代の精神を批判する独得の哲学を展開。邦訳作品に『ニーチェ全集』全一五巻別巻四、ちくま学芸文庫、一九九三―九四など。

（4）ドストエフスキー（Fyodor Mikhailovich Dostoevskii. 一八二一―八一）。一九世紀ロシア文学を代表する作家。『白痴』（一八六八）、『罪と罰』（一八六六）、『カラマーゾフの兄弟』（一八八〇）など、人間心理の複雑な機微を探究する作品を多く残した。ニーチェはドストエフスキーについて「彼は心理研究の領域で、私に何事かを教えた唯一の人である」と述べている。邦訳作品に、各種文庫や『ドストエフスキー全集』全二二巻別巻一、筑摩書房、一九六二―九一など。

（5）フロイトによる初期の精神分析理論では、人間の心は「意識」「前意識」「無意識」の三つの要素で把握される。「前意識」とは、目下は意識にあらわれていない（無意識である）が、条件が整えば容易に意識化される心的状態を指している。たとえば、いまは意識していないことを、あるきっかけで思い出すような記憶は前意識の一例。これにたいして「無意識」は、前意識のようには意識化されることのない、本来的な意味での無意識を指す。

(6) 精神分析の用語。意識にとって不都合だったり受け入れがたい観念や記憶や衝動を無意識へと追いやる精神の働きのこと。抑圧の過程自体、無意識のうちに遂行される。抑圧されたものは、なくなるのではなく、かたちを変えて意識へと戻るとされる。フロイト「抑圧」、『フロイト著作集第六巻』人文書院、一九七〇(Die Verdrängung, 1915)を参照。

(7) きっかけさえあれば意識にのぼる前意識(本章訳註5)に対して、意識されることなく働きつづける心的状態。意識されないものの潜在的に働きつづけていることから「力動的」と形容される。フロイト「精神分析における無意識の概念に関する二、三の覚書」、『フロイト著作集 第六巻』人文書院、一九七〇("Einige Bemerkungen über den Begriff des Unbewußten in der Psychoanalyse," 1912)を参照。

(8) 原文では、精神分析における「アクティング・アウト」の概念をふまえて acts out という言葉が用いられている。ドラの症例や催眠実験に見られるように、無意識の心的状態が因果的に働くことを、精神分析では「アクティング・アウト」と呼ぶ。

(9) 認知科学はしばしば、人間の心と脳の働きを情報科学の方法を用いて説明する。ここでは、子どもが言語を習得したり視覚的に知覚する過程を、情報処理の観点から記述する認知科学のやり方が参照されている。つまり、子どもが言語や視覚などを外部から入力されると、入力された刺激になんらかの演算処理を加える、というモデルが想定されている。この規則が0と1という二進数で語られるのも同様のアナロジーである。

(10) イーライリリー社が一九八八年に発売した抗うつ剤の商品名。脳内物質の一種であるセロトニンの流れを調整することで、うつ病の症状を緩和する。
(11) non-conscious を「非意識」と訳す。「無意識」には「意識にのぼらない」「意識がない」という含意があるが、「非意識」という言葉は、文字どおりに「意識でない」という意味。
(12) 第二章訳註10を参照。
(13) ウィトゲンシュタイン（Ludwig Wittgenstein, 一八八九―一九五一）。ウィーン生まれの哲学者。『論理哲学論考』（一九二二）によって二〇世紀の哲学に大きな影響を与える。後期の主著に『哲学探究』（一九五三）がある。邦訳に『ウィトゲンシュタイン全集』全一〇巻補巻二、大修館書店、一九七五―八八ほか。
(14) 人が感覚や感情といった内的な体験を自分のために表現しようとする言葉を、ウィトゲンシュタインは『哲学探究』の中で「私的言語」（private Sprache）と呼んだ。

第一〇章　知覚

(1) sense data を「感覚与件」と訳す。感覚をつうじて私たちに直接与えられるものを指す。
(2) バートランド・ラッセル（Bertrand Arthur William Russell, 一八七二―一九七〇）。イングランドの哲学者、論理学者。ホワイトヘッドとの共著『プリンキピア・マテマティカ』（一九一〇―一三）をはじめとして、『哲学の諸問題』（一九一二）、『外界に関するわれわれの知識』（一九一四）、『心の分析』（一九二一）、『物質の分析』（一九二七）、『人間の知識』（一九四八）ほか多数の著作がある。邦訳文献に『バートランド・ラッセル著作集』みすず書房がある。
(3) シェイクスピアの四大悲劇の一つに数えられる『マクベス』（一六〇六年頃執筆）の主人公。

戦場から凱旋の途上、三人の魔女から王になるだろうと告げられたマクベスは、彼の居城を訪れたダンカン王を殺害し王座に就く。その後次々と殺人に手を染めるマクベスだが、やがて国内に反乱が起き追い詰められていく。ここで言及されている短剣とは、マクベスが殺人の後、ことあるごとに見る幻の短剣のこと。

（4） appearance of a dagger を「見かけの短剣」と訳す。appearance は、哲学において「仮象」とも訳される言葉で、対応する客観的な実在がなく、感覚にだけあらわれる主観的な幻影という含意がある。

（5） phenomenalism を「現象主義」と訳す。

（6） transcendental を「超越論的」と訳す。経験そのものではなく、経験を成り立たせている条件を問題にする場合には、経験を越えた認識が必要になる。カントは『純粋理性批判』において、そうした営みを「超越論的」と呼んだ（ドイツ語では transzendental）。「先験的」と訳されることもある。

第一一章　自己

（1） プルタルコスの「テセウス伝」に類似した話が登場する。「テセウスが若者たちと一緒に乗って出帆し、無事にもどって来たその三十橈《じょう》船は（中略）アテネ人が保存していた。彼らは古い木材を取り去り、その代りに別の丈夫なのをあてがってもとどおりに組み立てたので、この船は哲学者たちの間で、成長をめぐる未解決の論議の一例となった。すなわち、ある者は船は同じままであるといい、ある者は同じままではないというのである」『プルタルコス英雄伝』上巻、村川堅太郎編訳、ちくま学芸文庫、一九九六、三一頁。

（2）フランツ・カフカ（Franz Kafka, 一八八三―一九二四）。プラハ出身の作家。ボヘミア王国労働者傷害保険協会に勤務するかたわら小説を書きつづける。ここでサールが参照している『変身』は一九一二年に書かれた作品で、セールスマンのグレーゴル・ザムザがある朝目覚めてみると巨大な虫に変身していた、という状況からはじまる小説。カフカの没後、生前発表されなかった遺稿を含む全集が友人のマックス・ブロートによって編集刊行された。邦訳には主要作品の各種文庫版のほか、『決定版カフカ全集』全一二巻、新潮社、一九八〇―八一や『カフカ小説全集』池内紀訳、全六巻、白水社、二〇〇〇―〇二などがある。

（3）ここでサールが参照しているロックの説は、ジョン・ロック『人間知性論』大槻春彦訳、岩波文庫の第二巻第二七章「同一性と差異性について」（邦訳では第二分冊）にあらわれる。

（4）ここで「推移的ではない」と訳した語の原語は、intransitive で、「自動詞」という意味もある。「推移」とは「うつりゆく」という意味だが、サールは論理学でいう「推移律」をも念頭においていると思われる。「推移律」とは、たとえば、「aならばb」と「bならばc」という二項同士の関係の定義から、「aならばc」が導出されることを指す。この直後にあらわれる記憶の例では、「老いた将軍が若い副官時代を記憶している」、「若い副官が子ども時代を記憶している」という二つの記憶の関係から、自動的に「年老いた将軍が子ども時代を記憶している」という記憶が必ずしも導出されないことが示唆されている。たとえばヒュームによる批判は、『人間本性論』第一巻第四部第六節「人格の同一性について」（前掲邦訳書、第一巻、二八五―二九八頁、とりわけ二九四―二九八頁を参照）。トマス・リード（Thomas Reid, 一七一〇―九六）は、スコットランドの哲学者。スコットランド常識学派の創始者とされる。著書に『心の哲学』朝広謙次郎訳、知泉書館、二〇〇四（*An Inquiry into the Human Mind on the Principles of Common Sense*, 1764）などがある。

(5) ここでサールが引いている議論はライプニッツの『形而上学叙説』(一六八六)第三四節にあらわれる。同書の邦訳には、『形而上学叙説』河野与一訳、岩波文庫、一九五〇、『モナドロジー形而上学叙説』清水富雄ほか訳、中公クラシックス、中央公論新社、二〇〇五などがある。なおライプニッツによる同一性にかんする議論としては『人間知性新論』第二部第二七章「同一性あるいは差異性とは何であるか」も参照(同書はロックの『人間知性論』に対する批判的検討の書)。邦訳は、『人間知性新論』米山優訳、みすず書房、一九八七、『ライプニッツ著作集』第四巻、谷川多佳子ほか訳、工作舎、一九九三がある。

(6) ヒュームは『人間本性論』の中で、「人間とは、思いもよらない速さでつぎつぎに継起し、絶え間のない流れと運動の中にある、さまざまな知覚の束 (a bundle of perceptions) あるいは集合に過ぎない、と敢えて断言しよう」と述べている。同書、第一巻第四部第六節「人格の同一性について」を参照。

訳者あとがき

本書はJohn R. Searle, *Mind: A Brief Introduction*, Oxford University Press, 2004の全訳である。二〇〇五年九月には原著のペーパーバック版も刊行されたが、内容に異同はない。

原著はオックスフォード大学出版局の「哲学の基礎シリーズ」（Fundamentals of Philosophy Series）の一冊として刊行された。シリーズの編者をつとめるのはジョン・マーティン・フィッシャー（カリフォルニア大学リヴァーサイド校）とジョン・ペリー（スタンフォード大学）。同シリーズでは、本書のほかにWalter Glannon, *Biomedical Ethics*やRobert Kane, *A Contemporary Introduction to Free Will*などが刊行されている。

本書の概要と意義

まずは、本書の概要を簡単に述べておこう（「訳者あとがき」から読みはじめる人もいるだろうから）。

本書は、アメリカ哲学界の重鎮ジョン・R・サールが書き下ろした「心の哲学」（Philosophy of Mind）の入門書である。心の哲学とは、その名のとおり、心の本性を問う哲学的分野の名称。とくに二〇世紀後半以降の英米を中心としてなされている議論をそう呼ぶことが多いようだ。もちろん、「心とはなにか？」という問いは、大昔から人びとを捉えて離さなかった大問題である。しかし現代の心の哲学は、高度に発達した自然科学（脳科学、認知科学、人工知能研究など）の知見を受け止めながら、その問いに答えようとしている点にその特質がある。

さて、本書の第一の売りは、原著副題の「A Brief Introduction」にあるとおり、全般的にたいへん平易な文体で書かれている点。読者対象として、哲学に興味をもつ一般読者や、哲学の初等コースを受講する学生などの非専門家が想定されている。もちろん、込み入った議論が必要な場合には若干の難解さは避けられないが、そうした場合であっても読みやすさにかんしては細心の配慮がなされている。これは四〇年におよぶ著者の研鑽とキャリアによってはじめて可能になった名人芸といってよいだろう。

本書の第二の売りは、現代の心の哲学についての包括的な見取図を描くとともに、著者独自の見解をも積極的に提示するものとなっている点。本書は、心の哲学をめぐってこれまでに提出されてきた諸回答——唯物論、唯心論、二元論、機能主義、行動主義、二重相貌説、等々——を詳細に解説するだけでなく、それらにいちいち検討と反駁を加えながら、最新の科学的知見をもとにしたサール自身の見解――生物学的自然主義――をも披瀝している。ここが単なる教科書（過去の諸学説の羅列）にとどまらない本書の魅力だ。心の哲学にかんするそのような仕事は、こと日本においてはほぼ皆無といってよいだろう。

読者は、冒頭からいきなりこんな断言に出くわすことになる。「よく知られている理論、しかも影響力のある理論が、そもそも全部誤っているという点で、心の哲学は、哲学のなかでも類を見ないテーマである」（「はじめに」）……この言葉からは、余裕のあるユーモア感覚と同時に、本書にかけるサールの意気込みもまた伝わってくるはずだ。

以上ふたつの理由から、本書は非専門家にとっても専門家にとっても有用な書だといえる。初めて心の哲学に触れる非専門家にとっては、目配りのゆきとどいた本書はよき導入の役割を果たすにちがいない。また、すでに哲学のトレーニングを積んだ専門家にとっては、サールの議論とどのような距離をとるにせよ、本書は錯綜した議論を整理したうえで自らの見解を再考しなおす機会を提供することになるだろう。

ここまでのところを一言でまとめると、本書は非専門家にとっても専門家にとっても読んでおいて損はない文献だということになる。いいかえれば、以上のとおり本書はそのまま安心してレジにもっていっていただける良書だということだ。

サールについて

次に、本書の著者とその経歴について簡単に紹介しよう。

著者のジョン・R・サールはアメリカの哲学者。一九三二年七月三一日、コロラド州デンバーに生まれた。一九四九年にウィスコンシン大学に入学し、一九五二年から一九五九年までイングランドのオックスフォード大学に留学した。オックスフォード大学滞在中の一九五五年には文学士号を、一九五九年には文学修士号と哲学修士号を取得している。その一九五九年にアメリカに帰国し、カリフォルニア大学バークレー校に赴任。助教授、准教授、正教授を経て、現在でも同大学で教鞭をとりつづけている。研究と作品の発表に身を捧げる哲学者であるとともに社会的事象への関心も高く、大学行政家としても知られている。

オックスフォード大学での修業時代において彼にもっとも大きな影響を与えたのは、当時のオックスフォード日常言語学派の中心人物であったJ・L・オースティンとP・F・ストローソンだった。とくに前者の影響は甚大で、一九六九年に刊行された最初の著作『言語行為——言語哲学への試論』勁草書房、一九八六（*Speech Acts: An Essay in the Philosophy of Language*, Cambridge University Press, 1969）は、そのタイトルのとおり、オースティンが開拓した言語行為《スピーチ・アクト》論をさらに進展させることをもくろんだ著作だ。その後も一九七〇年代まで、彼の仕事はおもに言語哲学を中心に展開されることになる。一九七九年には、メタファーなどの多様で曖昧な人間の言語活動に言語行為論的考察を加えた『表現と意味——言語行為論研究』誠信書房、二〇〇六（*Expression and Meaning: Studies in the Theory of Speech Acts*, Cambridge University Press, 1979）も刊行されている。言語行為の諸形態を精緻に分類し、それらの条件や規則を明確に確定しようとしたこれらの仕事は、いまでも高く評価されている。

なお、この時期にサールが主役のひとりとなった有名な論争が起こった。「デリダ‐サール論争」である。これは、フランスの哲学者ジャック・デリダが一九七一年に発表した「署名　出来事　コンテクスト」にたいして、サールがデリダのオースティン理解に照準をあわせて「差異ふたたび——デリダへの反論」と題する反論を寄せ、こんどはデリダが「有限責任会社ａｂｃ」なるテクストによってサールに再反論を行ったもの。テーマとなった「コミュニケーション」の可能性と不可能性をめぐって、当時は多くの哲学者や批評家を巻き込んで議論がなされた。読者のなかにはサールを「デリダ‐サール論争のサール」として記憶している人も少なくないかもしれない。論争の内容はとうていここで要約できるものではないので、興味をもった人は『現代思想　総特集＊デリダ——言語行為とコミュニケーション』第一六巻六号、青土社、一九八八、またジャック・デリダ『有限責任会社』高橋哲哉ほか訳、叢書・ウニベルシタス、法政大学出版局、二〇〇三を参照してほしい（なお、前者には両者の論文の全文が収録されているが、後者にはサール論文は収録されていないのでご注意を）。

さて、そのサールが、先に述べたとおり一九七〇年代なかばごろから、研究の中心を心の哲学に据えはじめるようになった（そしてこれは現在までつづく）。そのターニング・ポイントとなったのが、「志向性」概念への注目だ。志向性とは、心がなにかに注意を向けたり、関心をもつさまをいう。たとえば、太陽は地球から約一億五〇〇〇万キロメートルも遠くにあることを考えてみる。このとき、私の思考はたしかに「太陽」を指し示している。しかし、太陽と私のあいだにいったいどんな関係があるというのか。太陽が一億五〇〇〇万キロメートルも彼方にある私のところまではるばる太陽光線を送ってくれるように、私もまた心の光線を一億五〇〇〇万キロメートルも彼方にある太陽に送っていることになるのだろうか。それはなかなか信じがたいことだ。さらにしかし、もし太陽と私のあいだになにがしかの関係がなければ、私の思考がどうして太陽に届きうるのかということもまた想像しがたい。もちろんこのことは太陽だけにではなく、私たちが注意を向けたり関心をもったりするほかの物事のすべてについてあてはまることだ。こうした心の志向性がもつ摩訶不思議さは、言語哲学のみによっては解き明かすことができない。そう考えたサールは、本格的に心の哲学に取り組むことになった。志向性概念についての詳しい研究は『志向性——心の哲学』誠信書房、一九九七（*Intentionality: An Essay in the Philosophy of Mind*, Cambridge University Press, 1983）にまとめられている。

ところでこの「転回」を、単に研究領域が言語哲学から心の哲学へと切り替わったのだと理解するのは早計だろう。むしろ、言語哲学から出発した彼のキャリアが、志向性への注目を契機として、言語哲学をもその一部分として含む包括的な哲学——それがサールにとっての「心の哲学」である——への構築へと向かった、そう理解するのが妥当だ。実際、本書の第一章でも述べられているとおり、言語哲学は心の哲学の一特殊領域として位置づけられている。

ここで、サールがかかわった二つめの有名な論争についても簡単に触れておこう。本書でも触れられている「中国語の部屋論争」である。サールは一九八一年、「心・脳・プログラム」という論文を発表した。サールは本論文において、「中国語の部屋」という思考実験をつうじて「強い人工知能」——適切なプログラムを与えれば機械／コンピュータも心をもつことができるとする立場——を批判した。これは、本論文と同時に二八ものコメント／批判が付されて発表されるという異例の事態となった（本書でサールは、英語のものにかぎってもこれまで一〇〇以上の反論が寄せられていると言う）。内容については、本書の第三章I「7　ジョン・サール——中国語の部屋」で紹介されている。ちなみに、この論争の意義はどちらが勝ったか負けたかということにはなく——それはいまだに判定不能だ——、むしろサールの問題提起によって、当時ようやく現実的なものになりつつあった人工知能研究に強い刺激が与えられたことにある。同時にまた、この論争はサール自身の心の哲学の発展にとっても重要な契機になったにちがいない。もともと当時のバークレーは認知科学やコンピュータ・サイエンスの研究が有力な成果を世に問いつつあった。サールはこうした新しい学問の動向を支援し、また反論を加えながら研究をすすめることのできる恵まれた環境にあったわけだ。なお、件の論文「心・脳・プログラム」は、D・R・ホフスタッター、D・C・デネット編著『マインズ・アイ（下）』坂本百大監訳、TBSブリタニカ、一九九二に収録されている。

その後のサールは、自身の心の哲学の彫琢につとめることになる。とくに一九九二年に刊行された『ディスカバー・マインド！――哲学の挑戦』筑摩書房、二〇〇八（*The Rediscovery of the Mind*, MIT Press, 1992）や『意識の神秘――生物学的自然主義からの挑戦』新曜社、二〇一五（*The Mystery of Consciousness*, The New York Review of Books, 1997）は、心の哲学を束縛してきた旧来の思考の枠組や語彙――おもにデカルト的伝統における――から抜け出して心の哲学を刷新しようと試みた仕事だ。しかし、本書の「はじめに――この本を書いたわけ」にあるとおり、本書こそがはじめての、心の哲学というテーマ全体への包括的な入門書の試みである。

このような包括的な入門書には一定の視座が必要となる。それが「生物学的自然主義」（biological naturalism）である。これはサールの心の哲学の核心にある発想であり、本書はこの仮説の論証のために、はじめて本格的にあらわされた書物といってよいだろう。本書を理解するうえでも鍵となる主張なので、ここでも触れておきたい。

生物学的自然主義とは、従来の心身問題（心脳問題）に対する解決／解消案として、また、今後の心の哲学を導くための指針として提唱された主張である。

心身問題は、人間が心と身体の両方を備えているという前提から生じてきた難問だ。人間を構成する要素として、一方に身体や脳という物理的なものがあり、他方に意識や感覚といった心的（非物理的）なものがある。ここで、物理的なものと心的なものは互いにまったく異なる性質をもっているように思える。だとすれば、両者はいったいどのように関係しているのか？ これが心身問題の基本構図だ。

目下のところ有力な回答案には二元論と唯物論がある。二元論は、世界には物理的なものと心的なものとがあり、両者は互いに相容れないと考える。唯物論は、世界には物理的なものしか存在しないと考える。

サールはどちらの考え方も誤っているとみている。両者がともに同じ誤った前提のもとに議論をすすめているからだ。その誤った前提の最たるものが、先の「物理的なもの／心的なもの」という区別である。では、どう考えるのか。サールは、この区別そのものを拒否し、べつの区別を用いることで心身問題を解決／解消しようとする。重要なのは、物理的なものと心的なもののあいだの区別ではなく、次の二つの区別である。つまり、「因果的な還元／存在論的な還元」の区別、また、「一人称的な存在論／三人称的な存在論」の区別である。

心身問題において最大の係争点となってきたのは、「心的なものは物理的なものに還元できるか否か?」という問いであった。そこで還元できないと考える人は二元論者になり、還元できると考える人は唯物論者になるというわけだ。だが、ここには二重の混乱があるとサールは考える。それは当の還元という概念にかかわる混乱であり、また、世界の存在者が備える性質にかかわる混乱である。

心的なものは、ある意味ではたしかに物理的なものに還元できる。たとえば、私たちに意識現象が生じるのは、ニューロンやシナプスといった神経生物学的な過程が進行した結果である。神経生物学的な基盤が原因となって、そこから結果として意識や感覚といった心的現象が生じてくるのだから。このように、因果的観点からすれば、心的なものといえども神経生物学によってもれなく記述することができる。そして、因果的観点からはみだすような心的現象など存在しない。この意味で、心的なものは物理的なものに因果的には還元できる。

しかし、この事実によって、意識があらゆる意味において物理的なものに還元できると考えるのは誤りである。なぜなら意識はもともと特定の誰かによって経験されることでしか存在しない性質、つまり一人称的な性質を備えており、これは因果的な説明の埒外にある性質だからだ。因果的な説明は、科学者たちが共同でそれについての研究をすすめていることからも端的にわかるように、人びとのあいだで共有される知識として三人称的な性質を備えている。しかし、意識が本来的に備えている一人称的な性質は、そのありかた（存在論）が三人称的な性質とは異なっているために、三人称的な因果的説明によってはとらえられないものなのである。これは知的な進歩や努力の程度の問題ではない。いわば論理的または定義上の問題である。

以上をサールは次のようにまとめる。つまり、意識は因果的には還元可能であるが、存在論的には還元不可能である、と。だから、「心的なものは物理的なものに還元できるか否か？」という従来の心身問題の問いは、重要な二つの区別――因果的な還元／存在論的な還元の区別と一人称的な存在論／三人称的な存在論の区別――が適切になされないままに、誤って立てられた疑似問題なのである。

さて、意識は存在論的に還元不可能だとするこの主張は、意識という現象をいたずらにミステリアスな存在に仕立てあげることにならないだろうか。いや、むしろ逆である。サールは同時に、意識といえども因果的には完全に還元可能だと主張しているのだから。意識は存在論的に還元できないという言明は、論理的または定義上の事実を端的に述べたものにすぎない。

サールが自らの立場を「生物学的自然主義」と呼ぶゆえんもここにある。意識が因果的に還元可能であるという主張は、意識というものが自然界において特別な存在などではまったくなく、胃の消化や胚の減数分裂などと同様に「自然現象」の一つであることを含意している。意識を自然現象の一つとして扱い、現代の科学的知見と整合のとれた説明をそれに与えていく立場が生物学的自然主義なのである。

他の著書からサール自身の言葉を引いておこう。

なぜ「自然主義」かと言えば、この立場では心的なものは自然の一部だからだ。また、なぜ「生物学的」かと言えば、そのような心的現象を考えるさいに、たとえばコンピュータ的、行動主義的、社会的、あるいは言語的な説明ではなく、生物学的なやり方を採用しているからだ。(*Mind, Language and Society: Philosophy in the Real World*, Basic Books, 1998)

この生物学的自然主義によって、サールは私たちを未来の探究に向かってうながそうとしている。その探究とは、意識や感覚といった心的現象を人間がもつ生物学的性質として自然のなかに位置づけなおそうという探究である。これは、ある意味で大胆であると同時に禁欲的でもある姿勢だ。もはや心身問題にかかわる従来の哲学談義は不要だと言い放つ点において大胆であり、経験科学によってわかっていることとわからないことの区別を明確にして、わかっている事柄のほうから足場を組み立てていく点で禁欲的である。

この大胆かつ禁欲的な姿勢によるのだろうか、サールの主張は本国アメリカでも大きな議論を巻き起こしてきた。心の哲学をめぐって、本書にも登場するジェグォン・キムやダニエル・デネットをはじめ、見解を異にする哲学者たちとのあいだで多数の批判・応答が交わされている。サールの著作としては、『意識の神秘』に、デネットやチャーマーズとの応酬(の一部)や、生物学的自然主義と他の立場のちがいにかんする解説が収録されている。

以上、ごく簡単だが、サールの心の哲学のさわりをご紹介してみた。本書は先に述べたように、心の哲学への優れた入門書であると同時に、言ってみれば、サールが生物学的自然主義の主張をはじめて十全に述べた書物でもある。ぜひ本文にあたってサールの主張に耳を傾けてみていただきたい。事実に基づき簡潔を旨とするサールの議論は、それに賛同するにせよ反対するにせよ、読者がこの問題にどのように向かいあい、どのように考えるのかを隠れもなく映し出す鏡にもなるはずだ。

ところで、彼が社会的事象への強い関心をもちつづけてきたことも忘れてはならない。前に記したとおり、一九六〇年代には学生部長特別補佐として大学紛争にかかわり、その後は政府の大学問題大統領顧問などもつとめている。また、自身の心の哲学を主軸にすえた独自の社会論も発表しており、詳細は著書『心、言語、社会——現実世界における哲学』（未邦訳、*Mind, Language and Society: Philosophy in the Real World*, Basic Books, 1998）、『社会的世界の制作——人間文明の構造』勁草書房、二〇一八（*Making the Social World: The Structure of Human Civilization*, Oxford University Press, 2010）などで展開されている。この方面でのサールの仕事の検討／批判を含む日本語文献として、中山康雄『共同性の現代哲学——心から社会へ』勁草書房、二〇〇四を挙げておこう。

なお、サールは本国アメリカではすでに「大家」のひとりに数えられる哲学者ではあるが、残念ながら日本での一般的な知名度はそれほど高いとはいえない。とくに初期の言語哲学についてはよく知られているが、その後の心の哲学や社会論にかんする仕事についてはこれまで紹介されることがあまりなかった。現在のところ、単行本としては次の著作が邦訳されている（原著刊行順）。

『言語行為——言語哲学への試論』坂本百大ほか訳、勁草書房、一九八六
Speech Acts: An Essay in the Philosophy of Language, Cambridge University Press, 1969

『志向性』坂本百大監訳、誠信書房、一九九七
Intentionality: An Essay in the Philosophy of Mind, Cambridge University Press, 1983

『心・脳・科学』土屋俊訳、岩波書店、一九九三（新装版二〇〇五）
Minds, Brains and Science: The 1984 Reith Lectures, BBC, 1984
〔なお、本書の朝日出版社版を刊行後、次の本が翻訳されている。
『表現と意味――言語行為論研究』山田友幸訳、誠信書房、二〇〇六
Expression and Meaning: Studies in the Theory of Speech Acts, Cambridge University Press, 1979
『ディスカバー・マインド！――哲学の挑戦』宮原勇訳、筑摩書房、二〇〇八
The Rediscovery of the Mind, MIT Press, 1992
『意識の神秘――生物学的自然主義からの挑戦』菅野盾樹監訳、新曜社、二〇一五
The Mystery of Consciousness, The New York Review of Books, 1997
『行為と合理性』塩野直之訳、ジャン・ニコ講義セレクション3、勁草書房、二〇〇八
Rationality in Action, MIT Press, 2001
『社会的世界の制作――人間文明の構造』三谷武司訳、勁草書房、二〇一八
Making the Social World: The Structure of Human Civilization, Oxford University Press, 2010〕

本書は、サールの単行本としてはじつに一〇年ぶりの翻訳刊行となる。とくに一九八〇

年代以降の彼の仕事の多産ぶりを見るにつけ、紹介や邦訳の少なさが訳者にとっても気にかかっていた。これを契機として、サールの仕事や心の哲学への注目が日本でも高まることを期待したい。なお、心の哲学の歴史と現状を知るうえで有益な論文集として、信原幸弘編『シリーズ心の哲学』全三巻、勁草書房、二〇〇四を挙げておこう。入門書である本書を補完するうえでも役に立つ論文集だ。最後に、手前味噌でまことに恐縮ながら、心の哲学の核心をなす心身／心脳関係の問題を本書とはちがった角度から論じた拙著『心脳問題──「脳の世紀」を生き抜く』山本貴光、吉川浩満著、朝日出版社、二〇〇四（後に『脳がわかれば心がわかるか──脳科学リテラシー養成講座』太田出版、二〇一六として増補改訂）もあわせてご笑覧いただけたらうれしい。

おわりに

本書の刊行は、朝日出版社第二編集部の赤井茂樹さんのお誘いによるものだった。このような良書を翻訳する機会を提供してくれた氏に心から感謝したい。また、第二編集部のみなさんにも資料の手配などでたいへんお世話になった。とくに河西恵里さんからは、訳者の拙い訳文の細かなチェックだけでなく、訳語や文体にいたるまで有益なアドヴァイスをいただいた（たいへんな重労働だったと想像する）。感謝のしようもない。また、本書の訳文・訳註作成にあたっては、本書に登場する書物はもちろんのこと、そのほか多くの先達の仕事から恩恵を被っている。訳文の誤りの責任はすべて訳者にあることはいうまでもない。誤植や誤訳のご指摘は大歓迎。今後も本書の「ヴァージョン・アップ」につとめていきたい。

訳者［山本貴光＋吉川浩満］

ちくま学芸文庫版への付記

本書は、二〇〇六年に朝日出版社から刊行されたジョン・R・サール『MiND――心の哲学』を文庫化したものである。文庫化にあたり、訳文を見直し表現を改めた箇所がある。また、言及されている文献について気づいた限りで書誌を更新した。

本書の刊行にあたっては筑摩書房ちくま学芸文庫編集部の田所健太郎さんのお世話になった。記して感謝申し上げる。

二〇一八年九月一日

訳　者

人名索引

ア 行

カ 行

サ 行

タ 行

ナ 行

ハ 行

マ 行

ラ　行

ワ　行

事項索引

ア 行

カ 行

サ　行

タ 行

ナ 行

ハ 行

マ　行

ヤ　行

ラ　行

ワ　行

読書案内

第一章　心の哲学が抱える一二の問題

R. デカルト『デカルト著作集』全四巻、白水社

Descartes, R., *The Philosophical Writings of Descartes*, trans. J. Collingham, R. Stoothoff, and D. Murdoch, 2 vols., Cambridge: Cambridge University Press, 1985, vol. II

とりわけ、『省察』の「第二省察」、「第六省察」、「反論と応答」なかでも第四反論に対する著者の応答を参照。

心の哲学への一般的な入門書はたくさん書かれている。

Armstrong, D. M., *The Mind-Body Problem, An Opinionated Introduction*, Boulder, CO: Westview Press, 1999.

P. M. チャーチランド『物質と意識』信原幸弘、西堤優訳、森北出版、2016

Churchland, P. M., *Matter and Consciousness*, Cambridge, MA: MIT Press, 1988.

Heil, J., *Philosophy of Mind*, London and New York: Routledge, 1998.

Jacquette, D., *Philosophy of Mind*, Englewood Cliffs, NJ: Prentice Hall, 1994.

Kim, J., *The Philosophy of Mind*, Boulder, CO: Westview Press, 1998.

Lyons, W., *Matters of the Mind*, New York: Routledge, 2001.

心の哲学にかんする一般的な論文集もいくつかあげておこう。

Block, N., ed., *Readings in Philosophy of Psychology*, vol. 1, Cambridge, MA: Harvard University Press, 1980.

Chalmers, D., ed., *Philosophy of Mind*, Classical and Contemporary Readings, New York: Oxford University Press, 2002.

Heil, J., ed., *Philosophy of Mind, A Guide and Anthology*, Oxford: Oxford University Press, 2004.
Lycan, W., ed., *Mind and Cognition: A Reader*, Cambridge, MA: Blackwell 1990.
O'Connor, T., and D. Robb, eds. *Philosophy of Mind*, Contemporary Readings, London and New York: Routledge, 2003.
Rosenthal, D. M., ed., *The Nature of Mind*, New York: Oxford University Press, 1991.

第二章　唯物論への転回

ここでは、本章で検討した議論のなかでも、もっとも基礎的な議論にかんする書物を選んだ。

D. M. アームストロング『心の唯物論』鈴木登訳、双書プロブレーマタ、勁草書房、1996
Armstrong, D. M., *A Materialist Theory of the Mind*, London: Routledge, 1993.
Block, N., "Troubles with Functionalism," in *Minnesota Studies in the Philosophy of Science*, vol. IX, ed. C. Wade Savage, Minneapolis: University of Minnesota Press, 1978, 261-325, reprinted in Block, ed., *Readings in Philosophy of Psychology*, vol. 1, Cambridge, MA: Harvard University Press, 1980.
C. V. ボースト編『心と脳は同一か』吉村章ほか訳、現代思想選書、北樹出版、1987
Borst, C., ed., *The Mind/Brain Identity Theory*, New York: St. Martin's Press, 1970.
P. M. チャーチランド「消去的唯物論と命題的態度」関森隆史訳、信原幸弘編『シリーズ心の哲学Ⅲ　翻訳篇』勁草書房、2004
Churchland, P. M., "Eliminative Materialism and the Propositional Attitudes," in Rosenthal, D., ed., *The Nature of Mind*, New York: Oxford University Press, 1991, 601-612.
T. クレイン『心は機械で作れるか』土屋賢二監訳、勁草書房、2001
Crane, T., *The Mechanical Mind*, 2nd ed., London: Routledge, 2003.

D. デイヴィドソン「心的出来事」、『行為と出来事』服部裕幸ほか訳、勁草書房、1990
Davidson, D., "Mental Events," in *Essays on Actions and Events*, Oxford: Oxford University Press, 1980, 207–227.
H. ファイグル『こころともの』伊藤笏康訳、勁草書房、1989
Feigl, H., "The 'Mental' and the 'Physical'," in *Minnesota Studies in the Philosophy of Science*, vol. 2, eds. H. Feigl, M. Scriven, and G. Maxwell, Minneapolis: University of Minnesota Press, 1958.
Haugeland, J., ed., *Mind Design: Philosophy, Psychology, Artificial Intelligence*, Cambridge, MA: A Bradford Book, MIT Press, 1982.
Hempel, C., "The Logical Analysis of Psychology," in Block ed., *Readings in Philosophy of Psychology*, vol. 1, Cambridge, MA: Harvard University Press, 1980.
Lewis, D., "Psychophysical and Theoretical Identifications" and "Mad Pain and Martian Pain," both in Block, ed., *Readings in Philosophy of Psychology*, vol. 1, Cambridge, MA: Harvard University Press, 1980.
McDermott, D. V., *Mind and Mechanism*, Cambridge, MA: MIT Press, 2001.
Nagel, T., "Armstrong on the Mind," in Block, ed., *Readings in Philosophy of Psychology*, vol. 1, Cambridge, MA: Harvard University Press, 1980.
Place, U. T., "Is Consciousness a Brain Process?" in *British Journal of Psychology*, vol. 47, pt. 1, 1956, 44–50.
Putnam, P., "The Nature of Mental States," in Block, ed., *Readings in Philosophy of Psychology*, vol. 1, Cambridge, MA: Harvard University Press, 1980.
G. ライル『心の概念』坂本百大、宮下治子、服部裕幸訳、みすず書房、1987
Ryle, G., *The Concept of Mind*, London: Hutchinson, 1949.
Smart, J. J. C., "Sensations and Brain Processes," in Rosenthal, D., ed., *The Nature of Mind*, New York: Oxford University Press, 1991,

169-176.
J. R. サール『ディスカバー・マインド！』宮原勇訳、筑摩書房、2008
Searle, J. R., *The Rediscovery of the Mind*, Cambridge, MA: MIT Press, 1992.
A. テューリング「計算機械と知能」、D. R. ホフスタッター、D. C. デネット編著『マインズ・アイ』坂本百大監訳、TBSブリタニカ、1992
Turing, A., "Computing Machinery and Intelligence," in *Mind*, vol. 59, 1950: 433-460.

第三章　唯物論への反論

Block, N., "Troubles with Functionalism," in *Minnesota Studies in the Philosophy of Science*, Minneapolis: University of Minnesota Press, vol. 9, 1978: 261-325. Reprinted in Block, ed., *Readings in Philosophy of Psychology*, vol. 1, Cambridge, MA: Harvard University Press, 1980, 268-305.
Jackson, F., "What Mary Didn't Know," *Journal of Philosophy*, vol. 83, 1986: 291-295; also "Epiphenomenal Qualia," in *Philosophical Quarterly*, vol. 32, 1986: 127-136.
S. A. クリプキ『名指しと必然性――様相の形而上学と心身問題』八木沢敬、野家啓一訳、産業図書、1985
Kripke, S. A., *Naming and Necessity*, Cambridge MA: Harvard University Press, 1980, excerpts in Chalmers, D. ed., *Philosophy of Mind, Classical and Contemporary Readings*, New York: Oxford University Press, 2002, 329-332.
McGinn, C., "Anomalous Monism and Kripke's Cartesian Intuitions," in Block, ed., *Readings in Philosophy of Psychology*, vol. 1, Cambridge, MA: Harvard University Press, 1980, 156-158.
Nagel, T., "Armstrong on the Mind," in Block, ed., *Readings in Philosophy of Psychology*, vol. 1, Cambridge, MA: Harvard University Press, 1980, 200-206.
T. ネーゲル『どこでもないところからの眺め』中村昇、山田雅大、

岡山敬二、齋藤宣之、新海太郎、鈴木保早訳、春秋社、2009
Nagel, T., *The View from Nowhere*, New York: Oxford University Press, 1986.
T. ネーゲル「コウモリであるとはいかなることか？」、D. R. ホフスタッター、D. C. デネット編著『マインズ・アイ』坂本百大監訳、TBS ブリタニカ、1992
Nagel, T., "What Is It Like to be a Bat?," in *Philosophical Review*, vol. 83, 1974: 435-450, reprinted in Chalmers, ed., *The Philosophy of Mind: Classical and Contemporary Readings*, New York: Oxford University Press, 2002.
J. R. サール「心・脳・プログラム」、D. R. ホフスタッター、D. C. デネット編著『マインズ・アイ』坂本百大監訳、TBS ブリタニカ、1992
Searle, J. R., "Minds, Brains, and Programs," in *Behavioral and Brain Science*, 3, 1980, 417-424, reprinted in O'Connor, T. and D. Robb, *Philosophy of Mind, Contemporary Readings*, London: Routledge, 2003, 332-352.
J. R. サール『心・脳・科学』土屋俊訳、岩波人文書セレクション、岩波書店、2015〔新装版〕
Searle, J. R., *Minds, Brains and Science*, Cambridge, MA: Harvard University Press, 1984.
J. R. サール『ディスカバー・マインド！』宮原勇訳、筑摩書房、2008
Searle, J. R., *The Rediscovery of the Mind*, Cambridge, MA: MIT Press, 1992.

第四章　意識Ｉ——意識と心身問題

現在活躍中の論者のものを含めて、近年、意識にかんする研究は膨大な量にのぼっている。ここでは代表的なサンプルを一覧しておこう。

D. チャーマーズ『意識する心——脳と精神の根本理論を求めて』林一訳、白揚社、2001
Chalmers, D., *The Conscious Mind*, Oxford: Oxford University Press, 1996.

D. デネット『解明される意識』山口泰司訳、青土社、1998
Dennett, D., *Consciousness Explained*, Boston: Little Brown, 1991.
McGinn, C., *The Problem of Consciousness: Essays toward a Resolution*, Cambridge MA: Basil Blackwell, 1991.
T. ネーゲル『どこでもないところからの眺め』中村昇、山田雅大、岡山敬二、齋藤宜之、新海太郎、鈴木保早訳、春秋社、2009
Nagel, T., *The View from Nowhere*, Oxford: Oxford University Press, 1986.
O'Shaughnessy, B., *Consciousness and the World*, Oxford: Oxford University Press, 2000.
J. R. サール『意識の神秘』菅野盾樹監訳、新曜社、2015
Searle, J. R., *The Mystery of Consciousness*, New York: New York Review of Books, 1997.
J. R. サール『ディスカバー・マインド!』宮原勇訳、筑摩書房、2008
Searle, J. R., *The Rediscovery of the Mind*, Cambridge, MA: MIT Press, 1992.
Siewert, C., *The Significance of Consciousness*, Princeton: Princeton University Press, 1998.
Tye, M., *Ten Problems of Consciousness*, Cambridge, MA: MIT Press, 1995.

意識に関する浩瀚な論文集(800頁以上)もある。

Block, N., O. Flanagan, and G. Guzeldere, eds., *The Nature of Consciousness: Philosophical Debates*, Cambridge, MA: MIT Press, 1997.

神経生物学にかかわる文献は、次項「第五章　意識Ⅱ」に掲げよう。

第五章　意識Ⅱ——意識の構造と神経生物学

神経生物学による意識へのアプローチは多数ある。

F. クリック『DNA に魂はあるか——驚異の仮説』中原英臣訳、講談社、1995

Crick, F., *The Astonishing Hypothesis*, New York: Scribner's, 1994.
A. ダマシオ『意識と自己』田中三彦訳、講談社学術文庫、2018
Damasio, A. R., *The Feeling of What Happens: Body and Emotion in the Making of Consciousness*, New York: Harcourt Brace & Co., 1999.
Edelman, G., *The Remembered Present*, New York: Basic Books, 1989.
Llinas, R., *I of the Vortex: From Neurons to Self*, Cambridge, MA: MIT Press, 2001.
Searle, J. R., "Consciousness," in *Annual Review of Neuroscience*, vol. 23, 2000, reprinted in Searle, J. R., *Consciousness and Language*, Cambridge: Cambridge University Press, 2002.（この論文には、意識についての現代神経生物学研究の広範な書誌が含まれている。）
C. コッホ『意識の探求』土谷尚嗣、金井良太訳、岩波書店、2006
Koch, C., *The Quest for Consciousness: A Neurobiological Approach*, Englewood, CO: Roberts and Co., 2004.

第六章　志向性

T. バージ「個体主義と心的なもの」前田高弘訳、信原幸弘編『シリーズ心の哲学Ⅲ　翻訳篇』勁草書房、2004
Burge, T., "Individualism and the Mental," in *Midwest Studies in Philosophy* 4, 1979.
Fodor, J., "Meaning and the World Order," in *Psychosemantics*, Cambridge, MA: MIT Press, chap. 4, 1988, reprinted in O'Connor, T., and D. Robb, eds., *Philosophy of Mind, Contemporary Readings*, London and New York: Routledge, 2003.
H. パトナム「「意味」の意味」、大出晁監修『精神と世界に関する方法』、紀伊國屋書店、1975
Putnam, H., "The Meaning of Meaning," in *Language, Mind, and Knowledge*, Gunderson, K., ed., *Minnesota Readings in the Philosophy of Science*, vol. 9, Minneapolis: University of Minnesota Press, 1975, 131-193.

J. R. サール『志向性――心の哲学』坂本百大監訳、誠信書房、1997
Searle, J. R., *Intentionality, An Essay in the Philosophy of Mind*, Cambridge: Cambridge University Press, 1983.

第七章　心的因果

D. デイヴィドソン「行為・理由・原因」、『行為と出来事』服部裕幸、柴田正良訳、勁草書房、1990
Davidson, D., "Actions, Reasons and Causes," in *Essays on Actions and Events*, New York: Oxford University Press, 1980.

Heil, J., and A. Mele, eds., *Mental Causation*, Oxford: Clarendon Press, 1993.

J. キム『物理世界のなかの心』太田雅子訳、双書現代哲学、勁草書房、2006
Kim, J., *Mind in a Physical World: An Essay on the Mind-Body Problem and Causation*, Cambridge, MA: MIT Press, 1998.

J. R. サール『志向性――心の哲学』坂本百大監訳、誠信書房、1997
Searle, J. R., *Intentionality: An Essay in the Philosophy of Mind*, Cambridge: Cambridge University Press, 1983.

第八章　自由意志

自由意志にかんする論文は、この書物に集成されている。

Watson, G., ed., *Free Will*, 2nd ed., Oxford: Oxford University Press, 2003.

最近の本としては次のものがある。

Kane, R., *The Significance of Free Will*, Oxford: Oxford University Press, 1996.

Smilansky, S., *Free Will and Illusion*, Oxford: Oxford University Press, 2002.

Wolf, S., *Freedom within Reason*, Oxford: Oxford University Press, 1994.

Wegner, D. N., *The Illusion of Conscious Will*, Cambridge, MA: MIT

Press, 2003.
J. R. サール『行為と合理性』塩野直之訳、ジャン・ニコ講義セレクション、勁草書房、2008
Searle, J. R., *Rationality in Action*, Cambridge, MA: MIT Press, 2001.

第九章　無意識と行動

S. フロイト「精神分析における無意識の概念に関する二、三の覚書」小此木啓吾訳、『フロイト著作集』第六巻、人文書院、42-48 頁
Freud, S., 1912 "A Note on The Unconscious in Psychoanalysis," in *Collected Papers*, vol. 4, J. Riviere, trans., New York: Basic Books, 1959, 22-29.
S. フロイト「無意識について」井村恒郎訳、『フロイト著作集』第六巻、人文書院、87-113 頁
Freud, S., 1915, "The Unconscious," in *Collected Papers*, vol. 4, J. Riviere, trans., New York: Basic Books, 1959, 98-136.
J. R. サール『ディスカバー・マインド！』宮原勇訳、筑摩書房、2008
Searle, J. R., *The Rediscovery of the Mind*, Cambridge, MA: MIT Press, 1992, chap. 7.
J. R. サール『行為と合理性』塩野直之訳、ジャン・ニコ講義セレクション、勁草書房、2008
Searle, J. R., *Rationality in Action*, Cambridge, MA: MIT Press, 2001.

第一〇章　知覚

知覚の実在論に対する古典的な批判としては次の本を参照。

G. バークリー『人知原理論』宮武昭訳、ちくま学芸文庫、2018
Berkeley, G., *Principles of Human Knowledge*, Dancy, J., ed., Oxford: Oxford University Press, 1998.

なお、次の本も参照のこと。

G. バークリ『ハイラスとフィロナスの三つの対話』戸田剛文訳、岩

波文庫、岩波書店、2008
Berkeley, G., *Three Dialogues between Hylas and Philonous*, Turbayne, C., ed., Indianapolis: Bobbs-Merrill Educational Publishing, 1985.

感覚与件《センス・データ》論の現代における主張については次の本を参照。

A. J. エア『経験的知識の基礎』神野慧一郎、中才敏郎、中谷隆雄訳、双書プロブレーマタ、勁草書房、1991
Ayer, A. J., *The Foundations of Empirical Knowledge*, London: Macmillan, 1953.

感覚与件論への批判としては次の本を参照。

J. L. オースティン『知覚の言語――センスとセンシビリア』丹治信春、守屋唱進訳、双書プロブレーマタ、勁草書房、1984
Austin, J. L., *Sense and Sensibilia*, Warnock, G. J., ed., Oxford: Clarendon Press, 1962.

知覚の志向性にかんする解説としては次の本を参照。

J. R. サール『志向性――心の哲学』坂本百大監訳、誠信書房、1997、第二章
Searle, J. R., *Intentionality: An Essay in the Philosophy of Mind*, Cambridge: Cambridge University Press, 1983, chap. 2.

第一一章　自己

自己にかんする懐疑論の古典的な主張としては次の本を参照。

D. ヒューム『人間本性論』全3冊、木曾好能、石川徹、中釜浩一、伊勢俊彦訳、法政大学出版局、2011-2012
Hume, D., *Treatise of Human Nature*, Selby-Bigge, L. A., ed., Oxford: Clarendon Press, 1951.

第一巻第四部第六節の人格の同一性にかんする 251-263 頁〔邦訳書では第一巻、285-298 頁〕と 623-639 頁の「付録」〔邦訳書では同 311-330 頁〕を参照のこと。

ロックの構想については次の本を参照。

J. ロック『人間知性論』大槻春彦訳、岩波文庫、岩波書店、1972-1977

Locke, J., *Essay Concerning Human Understanding*, London: Routledge, 1894.

とりわけ、〔第二巻〕第二七章「同一性と差異性について」を参照のこと。

本章で提起された諸問題については、次の本を参照。

D. パーフィット『理由と人格――非人格性の倫理へ』森村進訳、勁草書房、1998

Parfit, D., *Reasons and Persons*, Oxford: Oxford University Press, 1986.

J. R. サール『行為と合理性』塩野直之訳、ジャン・ニコ講義セレクション、勁草書房、2008

Searle, J. R., *Rationality in Action*, Cambridge, MA: MIT Press, 2001.

特に第三章を参照。

試論集としては次の本がある。

Perry, J., ed., *Personal Identity*, Berkeley and Los Angeles: University of California Press, 1975.

本書は、二〇〇六年三月、朝日出版社より刊行された。

アマルティア・セン講義
経済学と倫理学
アマルティア・セン
徳永澄憲／松本保美／青山治城訳

経済学は人を幸福にできるか？ 多大な学問的・社会的貢献で知られる当代随一の経済学者、セン。その根本をなす思想を平明に説いた記念碑的講義。

アマルティア・セン講義
グローバリゼーションと人間の安全保障
アマルティア・セン
加藤幹雄訳

貧困なき世界は可能か。ノーベル賞経済学者が今日のグローバル化の実像を見定め、個人の生や自由を確保し、公正で豊かな世界を築くための道を説く。

日本の経済統制
中村隆英

戦時中から戦後にかけて経済への国家統制とはどのようなものであったのか。その歴史と内包する論理を実体験とともに明らかにした名著。（岡崎哲二）

第二の産業分水嶺
マイケル・J・ピオリ／チャールズ・F・セーブル
山之内靖／永易浩一／菅山あつみ訳

資本主義の根幹をなすのは生産過程である。各国の産業構造の変動を歴史的に検証し、20世紀後半から成長が停滞した真の原因を解明する。（水野和夫）

ポランニー・コレクション
経済と自由
カール・ポランニー
福田邦夫ほか訳

二度の大戦を引き起こした近代市場社会の問題点をえぐり出し、真の平和に寄与する社会科学の構築を目指す。ポランニー思想の全てが分かる論稿集。

経済思想入門
松原隆一郎

スミス、マルクス、ケインズら経済学の巨人たちは、どのような問題に対峙し思想を形成したのか。その今日的意義までを視野に説く、入門書の決定版。

ドーキンス vs. グールド
キム・ステルレルニー
狩野秀之訳

「利己的な遺伝子」か「断続平衡説」か？ 両者の視点を公正かつ徹底的に検証して、生物進化における大論争に決着をつける。（新妻昭夫）

自己組織化と進化の論理
スチュアート・カウフマン
米沢富美子監訳
森弘之ほか訳

すべての秩序は自然発生的に生まれる、この「自己組織化」に則り、進化や生命のネットワーク、さらに経済や民主主義にいたるまで解明。

人間とはなにか（上）
マイケル・S・ガザニガ
柴田裕之訳

人間を人間たらしめているものとは何か？ 脳科学界を長年牽引してきた著者が、最新の科学的成果を織り交ぜつつその核心に迫るスリリングな試み。

人間とはなにか(下)　マイケル・S・ガザニガ　柴田裕之訳

人間の脳はほかの動物の脳といったい何が違うのか？　社会性、道徳、情動、芸術など多方面から「人間らしさ」の根源を問う。ガザニガ渾身の大著！

私の植物散歩　木村陽二郎

日本の四季を彩る樹木や草木。本書は、植物学者がそれら一つ一つを、故事を織り交ぜつつ書き綴った随筆集である。美麗な植物画を多数収録。（坂崎重盛）

デカルトの誤り　アントニオ・R・ダマシオ　田中三彦訳

脳と身体は強く関わり合っている。脳の障害がもたらす情動の変化を検証し「我思う、ゆえに我あり」というデカルトの心身二元論に挑戦する。

心はどこにあるのか　ダニエル・C・デネット　土屋俊訳

動物に心はあるか、ロボットは心をもつか、そもそも心はいかにして生まれたのか。いまだ解けないこの謎に、第一人者が真正面から挑む最良の入門書。

動物と人間の世界認識　日髙敏隆

人間含め動物の世界認識は、固有の主体をもって客観的世界から抽出・抽象した主観的なものである。動物行動学からの認識論。（村上陽一郎）

人間はどういう動物か　日髙敏隆

動物行動学の見地から見た人間の「生き方」と「論理」とは。身近な問題から、人を紛争へ駆りたてる「美学」まで、やさしく深く読み解く。（絲山秋子）

心の仕組み(上)　スティーブン・ピンカー　椋田直子訳

心とは自然淘汰を経て設計されたニューラル・コンピュータだ！　鬼才ピンカーが言語、認識、情動、恋愛や芸術など、心と脳の謎に鋭く切り込む！

心の仕組み(下)　スティーブン・ピンカー　山下篤子訳

人はなぜ、どうやって世界を認識し、言語を使い、愛を育み、宗教や芸術など精神活動をするのか？　進化心理学の立場から、心の謎の極地に迫る！

宇宙船地球号　操縦マニュアル　バックミンスター・フラー　芹沢高志訳

地球をひとつの宇宙船として捉えた全地球主義的思考宣言の書。発想の大転換を刺激的に迫り、エコロジー・ムーブメントの原点となった。

ちくま学芸文庫

MiND《マインド》 心《こころ》の哲学《てつがく》

二〇一八年十一月十日　第一刷発行

著　者　ジョン・R・サール
訳　者　山本貴光（やまもと・たかみつ）
　　　　吉川浩満（よしかわ・ひろみつ）
発行者　喜入冬子
発行所　株式会社　筑摩書房
　　　　東京都台東区蔵前二―五―三　〒一一一―八七五五
　　　　電話番号　〇三―五六八七―二六〇一（代表）
装幀者　安野光雅
印刷所　株式会社精興社
製本所　加藤製本株式会社

乱丁・落丁本の場合は、送料小社負担でお取り替えいたします。

本書をコピー、スキャニング等の方法により無許諾で複製することは、法令に規定された場合を除いて禁止されています。請負業者等の第三者によるデジタル化は一切認められていませんので、ご注意ください。

© TAKAMITSU YAMAMOTO/HIROMITSU YOSHIKAWA 2018

ISBN978-4-480-09885-6 C0110